Regulação e universalização dos serviços públicos
Análise crítica da regulação da energia elétrica e das telecomunicações

Paulo Roberto Ferreira Motta

Regulação e universalização dos serviços públicos
Análise crítica da regulação da energia elétrica e das telecomunicações

Belo Horizonte

2009

© 2009 Editora Fórum Ltda.
É proibida a reprodução total ou parcial desta obra, por qualquer meio eletrônico, inclusive por processos xerográficos, sem autorização expressa do Editor.

Conselho Editorial

Adilson Abreu Dallari
André Ramos Tavares
Carlos Ayres Britto
Carlos Mário da Silva Velloso
Carlos Pinto Coelho Motta
Cármen Lúcia Antunes Rocha
Clovis Beznos
Cristiana Fortini
Diogo de Figueiredo Moreira Neto
Egon Bockmann Moreira
Emerson Gabardo
Fabrício Motta
Flávio Henrique Unes Pereira

Floriano de Azevedo Marques Neto
Gustavo Justino de Oliveira
Jorge Ulisses Jacoby Fernandes
José Nilo de Castro
Juarez Freitas
Lúcia Valle Figueiredo
Luciano Ferraz
Márcio Cammarosano
Maria Sylvia Zanella Di Pietro
Oswaldo Othon de Pontes Saraiva Filho
Paulo Modesto
Romeu Felipe Bacellar Filho

Luís Cláudio Rodrigues Ferreira
Presidente e Editor

Coordenação editorial: Olga M. A. Sousa
Revisão: Cida Ribeiro
Bibliotecária: Lissandra Ruas Lima - CRB 2961 - 6ª Região
Projeto gráfico e capa: Walter Santos
Formatação: Marcelo Belico

Av. Afonso Pena, 2770 - 15º/16º andar – Funcionários - CEP 30130-007
Belo Horizonte - Minas Gerais – Tel.: (31) 2121.4900 / 2121.4949
www.editoraforum.com.br – editoraforum@editoraforum.com.br

M921r   Motta, Paulo Roberto Ferreira

Regulação e universalização dos serviços públicos: análise crítica da regulação da energia elétrica e das telecomunicações / Paulo Roberto Ferreira Motta. Belo Horizonte: Fórum, 2009.

237 p.
ISBN 978-85-7700-265-8

1. Direito público. 2. Direito administrativo econômico. 3. Direito administrativo. I. Título.

CDD: 341
CDU: 342

Informação bibliográfica deste livro, conforme a NBR 6023:2002 da Associação Brasileira de Normas Técnicas (ABNT):

MOTTA, Paulo Roberto Ferreira. *Regulação e universalização dos serviços públicos*: análise crítica da regulação da energia elétrica e das telecomunicações. Belo Horizonte: Fórum, 2009. 237 p. ISBN 978-85-7700-265-8.

Eu estava esparramado na rede
Jeca Urbanóide de papo pro ar
Me bateu a pergunta meio a esmo
Na verdade, o Brasil o que será?
O Brasil é o homem que tem sede
Ou o que vive da seca do sertão?
Ou será que o Brasil dos dois é o mesmo
O que vai e o que vem na contramão?
O Brasil é um caboclo sem dinheiro
Procurando o Doutor nalgum lugar
Ou será o professor Darcy Ribeiro
Que fugiu do hospital pra se tratar?
O Brasil é o que tem talher de prata
Ou aquele que só come com a mão?
Ou será que o Brasil é o que não come
O Brasil gordo na contradição?
O Brasil que bate tambor de lata
Ou que bate carteira na estação?
O Brasil é o lixo que consome
Ou tem nele o maná da criação
Brasil, Mauro Silva, Dunga e Zinho
Que é Brasil zero a zero e campeão
Ou o Brasil que parou pelo caminho
Zico, Sócrates, Júnior e Falcão
O Brasil é uma foto do Betinho
Ou um vídeo da favela Naval?
São os trens da alegria de Brasília
Ou os trens de subúrbio da Central?
Brasil-Globo de Roberto Marinho?
Brasil-bairro-garotos-Candeal
Quem vê do Vidigal o mar e as ilhas
Ou quem das ilhas vê o Vidigal:
O Brasil alagado, palafita
Seco açude sangrado chapadão?
Ou será que é uma Avenida Paulista?
Qual a cara da cara da Nação?
A gente é torto igual
Garrincha e Aleijadinho
Ninguém precisa consertar
Se não der certo, a gente se vira sozinho
Decerto, então, nada vai dar.

Celso Viáfora & Vicente Barreto

Para Raquel Dias da Silveira Motta, *Ouro em Pó*, direto das *Minas* das *Geraes*.

Este livro recebeu aportes substanciosos dos professores Romeu Felipe Bacellar Filho, Juarez Freitas, Carlos Frederico Marés de Souza Filho, Regina Maria Macedo Ferrari e Clèmerson Mérlin Clève que compuseram o Tribunal Acadêmico que lhe deu aprovação. Todos os defeitos pertencem exclusivamente ao autor.

Os que passaram viveram para nós; nós, para os vindouros; ninguém para si.

São Pedro Crisólogo – Bispo e Doutor da Igreja

Se você não acredita que haja um preço para esse doce paraíso, só me lembre de te mostrar as cicatrizes.

Bob Dylan – *Scars of sweet paradise*

Dizem que os acadêmicos e intelectuais devem ser neutros, mas não há neutralidade no pensamento.

Florestan Fernandes

*Ninguém vive de esperança,
nem se mantém com promessa,
quem espera nunca alcança,
quem quiser faça e não peça.
E a miséria só termina,
onde a justiça começa.*

Vaine Darde & Jaime Júnior

Sumário

Primeiras palavras 15

O instituto jurídico da regulação 39
    O conceito de regulação 39
    A questão semântica 40
    A regulação na doutrina estrangeira 42
    Uma reflexão sobre os aportes doutrinários estrangeiros 44
    A regulação na doutrina brasileira 46
    O conceito deste trabalho 54
    O processo administrativo da regulação 70
    O processo administrativo da regulação: audiências e consultas públicas nas agências reguladoras: controle social ou déficit democrático? 72
    A limitação mínima, média ou máxima da liberdade e da propriedade 80
    A opção ideológica do legislador 81
    A funcionalidade e racionalidade do mercado 83
    Uma indagação: qual a razão de a regulação ser apresentada como algo novo e revolucionário? 84

A regulação e a regulação neoliberal 91
    Introdução 91
    A regulação como ideologia 91
    A crise do Estado Social 92
    A transferência de modelos jurídicos 102
    A fuga do Direito Administrativo 123
    O "poder regulador" e a função regulatória 127
    Função regulatória 129
    A delegificação 132

A universalização na Constituição Federal 137
    Introdução 137
    A universalização como princípio nuclear do serviço público 147
    Da noção de serviço público 149
    A reserva constitucional dos serviços públicos 153
    A universalização prometida 158
    O cidadão-usuário como sujeito da regulação e da universalização material dos serviços públicos 161
    Os vícios de origem 164

A não-regulação do setor elétrico 167

O *kit* regulatório das telecomunicações 170

As estruturas do serviço público 185

Introdução.. 185

O compartilhamento.. 188

A indevida transferência de regime jurídico................................ 191

Da tributação do uso de bens públicos por prestadoras de
serviços públicos 197

Outras considerações necessárias... 200

Da natureza jurídica dos valores cobrados.................................. 201

Do interesse local 202

A competência da União para fixação das tarifas e o equilíbrio
econômico nos contratos de concessão 205

O artigo 19, III, da Constituição Federal..................................... 206

Privilégios fiscais expressamente vedados pelo texto constitucional........... 207

Da cobrança sobre bens públicos federais................................... 208

A função social da propriedade 210

Penúltimas palavras 217

Referências 223

Primeiras palavras

O rei da vela. Peça teatral de Oswald de Andrade. São Paulo. Escritório de usura de Abelardo & Abelardo. O personagem Pitanga implora pela prorrogação do empréstimo. Abelardo I, inflexível, dá ordens para executá-lo. Pitanga vai embora chorando. Abelardo I (para Abelardo II): "Mas esta cena basta para nos identificar perante o público. Não preciso mais falar com nenhum dos meus clientes. São todos iguais. Sobretudo não me traga pais que não podem comprar sapatos para os filhos..."[1]

Copiei a forma, mas, como Oswald de Andrade, não guardo nenhuma simpatia por agiotas. "Mas esta cena basta para nos identificar perante o público". Creio que a identificação perante o público é a serventia de uma introdução.

Embora discorde do eminente professor Marçal Justen Filho sobre a necessidade da *imparcialidade* do jurista, concordo plenamente que

> é necessário que o leitor conheça o autor da obra que lê para que possa avaliar as opções pessoais realizadas. Somente assim será possível aderir ou rejeitar teses que retratam certa visão do mundo que informa o autor e se retrata em todas de posição fundamentais. Trata-se de evitar o mascaramento de certas convicções político-ideológicas através de argumentações travestidas de feição lógico-abstrata. Especialmente quando se discutem as funções do Estado, é imperioso que cada sujeito indique suas convicções e se manifeste com clareza e sinceridade. Ocultar os pressupostos ideológicos representará violação ao dever de honestidade inerente à natureza da função científica.[2]

Portanto, desde já, quero concordar com Guillermo Andrés Muñoz no sentido de que "o exame jurídico de um determinado segmento da realidade deve partir inexoravelmente das normas vigentes. Em especial, dos preceitos constitucionais. Para alguns a tarefa do jurista começa e termina nessa visão estéril". Fechando o

---

[1] ANDRADE, Oswald. *O rei da vela*. São Paulo: Abril Cultural, 1976. p. 15.
[2] JUSTEN FILHO. *O direito das agências reguladoras independentes*, p. 10-11.

seu pensamento, este notável jurista e humanista argentino, conclui que "essa opção metodológica nem sempre é o caminho mais adequado para se chegar ao conhecimento da realidade. Sobretudo nos momentos de transição, nas épocas de mudança".[3]

No mesmo diapasão, Luís Roberto Barroso sustenta que "a interpretação dos fenômenos políticos e jurídicos não é um exercício abstrato de busca de verdades universais e atemporais. Toda interpretação é produto de uma época, de um momento histórico, e envolve os fatos a serem enquadrados, o sistema jurídico, as circunstâncias dos intérpretes e o imaginário de cada um".[4]

Poderia escrever sobre a regulação dos serviços públicos, o que, por si só, já seria uma difícil empreitada. Por outro lado, a tarefa de escrever apenas sobre o princípio da universalização dos serviços públicos seria complexa. Contudo, a ambição que tenho é maior do que a minha (talvez inexistente) razão.

Pelos fatos antes mencionados, resolvi escrever, e defender a tese, o que é mais importante do que simplesmente escrever, que a regulação existente hoje no Direito Administrativo da economia brasileiro vem servindo muito mais para criar óbices à universalização dos serviços públicos, do que para garanti-la, num insuportável paradoxo sistêmico.

Quando descobri Fernando Pessoa, ambicionei um dia poder dizer, e quem sabe até mesmo escrever: "Não sou nada. Nunca serei nada. Não posso querer ser nada. À parte disso, tenho em mim todos os sonhos do mundo".[5]

Creio também que estudar e escrever sobre regulação e universalização de serviços públicos é um *dever* impostergável.

O professor Calixto Salomão Filho sustenta, e quero aderir ao posicionamento, desde agora, que "para o estudioso do Direito, escrever sobre regulação de um desafio transforma-se em

---

[3] MUÑOZ. Os entes reguladores como instrumento de controle de serviços públicos no direito comparado. In: SUNDFELD. *Direito administrativo econômico*, p. 141.

[4] BARROSO. Fundamentos teóricos e filosóficos do novo direito constitucional brasileiro: (pós-modernidade, teoria crítica e pós-positivismo). *Revista Tributária de Direito Público*, n. 29, p. 32.

[5] PESSOA. *Tabacaria e outros poemas*, p. 50.

um dever". Isto porque, "é imperioso descobrir fundamentos e sistematizar princípios, transformando a regulação de uma técnica em uma *ars* (*boni aequo*) no sentido latino próprio do termo". O que "não implica tornar o raciocínio jurídico estanque a análises e considerações vindas de outras áreas do conhecimento. O método interdisciplinar de análise é imperativo em matéria de ciências sociais". O que importa, segundo as sábias palavras, é "dar prevalência à força sistematizadora do Direito, organizando as idéias em função de endereços éticos, morais e constitucionais, e não de imperativos econômicos".[6]

Toda a minha vida universitária, como discente, foi feita em universidade pública. Assim, meu bacharelado, mestrado e doutorado foram suportados pelo contribuinte, que é, por elementar, cidadão usuário dos serviços públicos e em última instância, financiador dos mesmos. Ética e moral, e porque não sustentar que também constitucionalmente, tenho um compromisso com esta realidade de que fui sujeito ativo como beneficiário de recursos tão penosamente direcionados à universidade pública. Chega a hora, portanto, de devolver uma mínima fração do muito que devo a todos aqueles que foram responsáveis pelo financiamento de minha formação.

Por outro lado, venho realizando toda a minha carreira docente em universidades privadas e constato, diariamente, o extraordinário sacrifício realizado por outros cidadãos usuários de serviços públicos, apenados duplamente, como contribuintes e como devedores de altas mensalidades. Deles, também sou devedor.

Ademais, e fica aqui o primeiro desabafo, jamais esquecerei uma constatação haurida de uma conversa com José Luís Said, fraterno amigo argentino, além de competente e ético professor de Direito Público, quando me disse: "Velho, na minha Pátria existem professores da universidade estatal que defendem a idéia de que o Estado Social morreu". Said, depois de um largo silêncio, certamente com o olhar falsamente perdido de quem mirou, por muito tempo, o horizonte debaixo do sol das noites e da lua dos

---

[6] SALOMÃO FILHO. *Regulação da atividade econômica*: princípios e fundamentos jurídicos. p. 11-12.

dias na *Tierra del Fuego*, completou: "Não é certo. Dói. É traição com a universidade!"

Nossos países, *Hermano*, por certo, são muito semelhantes, principalmente em suas misérias e desgraças.

****

"Penso, logo existo". A descoberta de Descartes iniciou uma revolução na história evolutiva da humanidade. "Comunico, via satélite, logo existo"[7] iniciou uma nova era, onde o conceito de evolução, em termos axiológicos, é discutível.

Assim, como sustenta graciosamente Javier Cremades, nos dias de hoje, "Romeu não precisaria se pendurar nas sacadas", bastando "mandar uns *faxes* engenhosos".[8] Restaria saber se o romance, através de *faxes* ou e-mails, interessaria a um certo inglês, que seria universalmente conhecido como *william@shakespeare. com.uk*, e teria seu local de trabalho repleto de fios, cabos e dutos das *Telecom* e *Water and Power Co.* E, nas calçadas poderia conversar com seus contemporâneos, ao mesmo tempo em que lia seu *newspaper* no portal da *web* do seu *palmtop*, enquanto aguardava na *lanhouse* as fotos digitalizadas da estréia de *Hamlet* em Copenhague, que receberia em seu celular.

O setor mais atraente à investigação jurídica na nova configuração estatal surgida no final do anterior milênio reside nos serviços públicos e suas evidentes repercussões em todos os setores da vida humana, notadamente no desenvolvimento econômico e político, com as dramáticas questões humanas que traz consigo.

Então, é importante salientar, como fez Fábio Nusdeo, que os processos de desenvolvimento geram custos sociais consideráveis, não trazendo, no mais das vezes, melhoria nos indicadores de bem-estar e distribuição equitativa de renda. Assim, os beneficiários do progresso não alcançam a maioria da população.[9]

---

[7] A expressão pertence a CREMADES (Coord.). El derecho de las telecomunicaciones en Europa y en España. In: CREMADES (Coord.). *Derecho de las telecomunicaciones*, p. 81.

[8] Op. cit., p. 81.

[9] NUSDEO. Desenvolvimento econômico: um retrospecto e algumas perspectivas. In: SALOMÃO FILHO. *Regulação e desenvolvimento*, p. 13.

Sérgio Varella Bruna lembra que desenvolvimento é "algo mais do simples crescimento econômico, pois essa idéia compreende um salto de quantidade e não simplesmente um salto quantitativo, mediante a realização do ideal de justiça social, que se logra atingir mediante distribuição de riqueza".[10]

Para Fábio Konder Comparato, "a análise dos *custos de transação*, como dizem os economistas, tem aconselhado os centros de poder econômico e financeiro — as empresas transnacionais e as organizações internacionais de caráter econômico — a simplificar, ao máximo, os canais de interlocução com os países periféricos".[11]

A nefasta simbiose das duas realidades colocadas nos parágrafos anteriores introduz, no plano político, a questão de que os governos que desejam satisfazer as necessidades de suas populações não encontram nos foros internacionais, e notadamente nos organismos multilaterais de crédito, apoio para suas propostas econômicas.

O poente do segundo milênio, com o esgotamento dos socialismos de todos os matizes, trouxe ao mundo o monopólio político de um velho conhecido de todos: o *mercado.*

Com a ausência de adversários ideológicos, solitário no *Olimpo* das ideias e dos destinos humanos, o velho mercado passa a ser o *novo deus*, regendo, imperando, a vida de todos e todas as vidas.

Sem prejuízo de se traçar aqui apenas a primeira linha introdutória, é impossível ignorar a influência que o *mercado* está exercendo sobre todos os ordenamentos jurídicos. A influência mais intensa, pelo menos neste momento, reside exatamente no direito dos serviços públicos, até mesmo porque é o setor, em todos os países, que mais rapidamente se revoluciona juridicamente, assim como é o *locus* onde são realizadas, nos novos modelos de prestação, as maiores inversões econômicas.

---

[10] BRUNA. Procedimentos normativos da administração e desenvolvimento econômico. In: SALOMÃO FILHO. *Regulação e desenvolvimento*, p. 235.

[11] COMPARATO. As garantias institucionais dos direitos humanos. *Revista Trimestral de Direito Público*, n. 32, p. 8.

Nesta permanente revolução, chocam-se, violentamente, os princípios jurídicos tradicionais do serviço público, o que vale dizer, um regime com substrato formal jurídico de Direito Público, e os princípios jurídicos da livre competição que, por sua vez, significa um regime com substrato formal jurídico de Direito Privado.

Tendo a nova legislação,[12] notadamente a legislação sobre energia elétrica, bem como da Lei Geral de Telecomunicações, doravante LGT, mas não só, trazido ao ordenamento jurídico positivo brasileiro grandes e profundas inovações no Direito Administrativo — inclusive contando em seu texto com as expressões regime jurídico de Direito Público e regime jurídico de Direito Privado, além de serviço de interesse coletivo e serviço de interesse restrito[13] —,

---

[12] BRASIL. Lei nº 8987, de 13 de fevereiro de 1995 – Dispõe sobre o regime de concessão e permissão da prestação de serviços públicos previsto no artigo 175 da Constituição Federal e dá outras providências.

BRASIL. Lei nº 9.427, de 26 de dezembro de 1996 – Institui a Agência Nacional de Energia Elétrica – ANEEL, disciplina o regime das concessões de serviços públicos de energia elétrica, e dá outras providências.

BRASIL. Lei nº 9.472, de 16 de julho de 1997 – Dispõe sobre a organização dos serviços de telecomunicações, a criação e funcionamento de um órgão regulador e outros aspectos institucionais, nos termos da Emenda Constitucional 8, de 1995.

BRASIL. Lei nº 9.478, de 6 de agosto de 1997 – Dispõe sobre a política energética nacional, as atividades relativas ao monopólio do petróleo, institui o Conselho Nacional de Política Energética e a Agência Nacional do Petróleo e dá outras providências.

BRASIL. Lei nº 9.990, de 21 de julho de 2000 – Prorroga o período de transição previsto na Lei. 9.478, de 6 de agosto de 1997, que dispõe sobre a política energética nacional, as atividades relativas ao monopólio do petróleo, institui o Conselho Nacional de Política Energética e a Agência Nacional de Petróleo, e dá outras providências, e altera dispositivos da Lei 9.718, de 27 de novembro de 1998, que altera a legislação tributária federal.

[13] As modificações não são meramente semânticas, mas trazem no seu bojo profundas inovações. Dinorá Musetti Grotti realizou a síntese das mesmas demonstrando que "A lei prevê claramente que o serviço coletivo pode ser prestado exclusivamente no regime público, exclusivamente no regime privado ou concomitantemente nos regimes públicos e privados (art. 65), cabendo ao Presidente da República definir as modalidades de serviço que serão exploradas no regime público (...). No exercício dessa competência constante do Plano Geral de Outorgas (Decreto n. 2.534, de 02.04.98, *DOU*, 03 abr. 1998), o Poder Executivo foi ao ponto extremo em favor da privatização dos serviços. Ficou definido que somente o 'serviço telefônico fixo comutado destinado ao uso público em geral' será prestado no regime público, mesmo assim, admitindo-se sua exploração concomitantemente no regime privado, sendo os demais serviços e prestadores sujeitos a autorizações, em regime privado (arts. 1º, 3º e 9º) (....). O que muda substancialmente nos serviços públicos em regime público e privado é a relação da prestadora com o Poder Público, principalmente nos seguintes aspectos: a) não há contrato com o Poder Público, mas sim o estabelecimento de uma relação jurídica não contratual, advinda de uma autorização; b) não há dever de continuidade na prestação dos serviços; c) não há dever de universalização de serviços; d) não há direito à manutenção do equilíbrio econômico-financeiro; e) o direito de exploração dos serviços é por prazo indeterminado; f) os preços são livres, inexistindo, portanto, controle estatal a respeito". GROTTI.

Regulação e universalização dos serviços públicos | 21

resta verificar, como tarefa de competência e, acrescento, legitimidade do operador do Direito, se a semântica utilizada pelo legislador guarda, ou não, correspondência, nos mundos jurídicos do ser e do dever ser, com o regime jurídico de Direito Público e o regime jurídico de Direito Privado, e se tal é permitido pela Constituição da República Federativa do Brasil.

Evidente que, até mesmo por razões éticas, a análise jurídica *pura* não pode ser realizada, sob pena de falsidade insanável. Neste sentido, o trabalho procura enfocar o tema sem olvidar que a sociedade em que o autor está inserido possui um *modus vivendi* próprio, que nem sempre se modifica e se adapta aos processos unificadores de valores requeridos pela mundialização (também, e principalmente, jurídica) em que vivemos.

Eticamente é necessário confessar, se tal fosse preciso, que a leitura deste *modus vivendi* da sociedade brasileira pelo autor pode, e deve, diferir das de outros operadores de Direito. Afinal, se pensar é existir, pensar (e digitar) diferente é existir diferentemente, e assim realizar-se, racional e democraticamente, como ser humano.

Compartilho com Jorge Luis Salomoni[14] a ideia de que as reformas estruturais operadas nos Estados periféricos são reformas sem modelos, ou melhor, o modelo tem sua raiz em outros contextos, pretendendo ser globalizado através da ideologia dominante sem atender as particularidades de cada nação. Assim, e mais uma vez acompanhando Salomoni, se pode concluir que há uma verdade que é a economia de mercado, mas existem diferentes maneiras de

---

Regime jurídico das telecomunicações: autorização, permissão e concessão. *Revista de Direito Administrativo*, n. 224, p. 186-187. Sobre o tema veja-se também a síntese perfeita de SILVEIRA. A reforma dos serviços de telecomunicações e o atual modelo de concorrência do sistema telefônico fixo comutado. *Fórum Administrativo*, p. 1499-1505 onde resta demonstrado que "(...) a Lei Geral de Telecomunicações subverteu conceitos tradicionais de diversos institutos de Direito Administrativo, a começar pela própria noção de serviço público, cujo regime jurídico da prestação tanto pode ser público, quanto parcialmente privado, com certas derrogações por normas e princípios do regime jurídico-administrativo. Entendemos que os serviços de telefonia fixa, quando submetidos à prestação mediante regime de Direito Privado, o regime deve, inevitavelmente, ser derrogado por normas e princípios de Direito Administrativo, mesmo porque tratam-se obviamente de serviços públicos, por força do art. 21, XI, da Constituição Federal de 1988". Op. cit., p. 1500.

[14] SALOMONI. Reforma del estado: su configuración constitucional a través de la reforma de 1994. *AeDP* 7, p. 92-93.

interpretá-la e de construí-la, de modo que se adapte a diferentes identidades nacionais e garanta a cada uma delas desenvolvimento sustentado.[15]

O já citado professor Fábio Nusdeo ensina que o desenvolvimento "é um caminho, um itinerário, uma passagem de um estado de coisas para outro". Neste aspecto, tendo em vista que o desenvolvimento, como processo, traz uma série de modificações que transcendem o econômico, estes câmbios somente são válidos se trouxerem e "responderem pela sustentabilidade do processo".[16]

O fenômeno vivido nas privatizações brasileiras, onde os grandes investimentos ocorreram, e de resto de todas as nações periféricas, é muito mais do que um mero processo de passagem de empresas estatais para mãos privadas, se constituindo numa verdadeira transferência de soberania econômica.[17]

Nos países em que o Estado Social e Democrático de Direito foi muito mais uma realidade presente no preâmbulo das Constituições do que nas ruas, há evidentes problemas de legitimação deste mesmo Estado.

Rocco Buttiglione leciona no sentido de que o Estado é o protetor e o assegurador dos interesses econômicos do povo.[18] E, pelo menos até o momento, a inteligência humana não criou melhor método de proteção segura e eficaz destes interesses através do serviço público. E sempre através do serviço público porque, como sustenta Celso Antônio Bandeira de Mello, coloca os mesmo sob "aquela disciplina que naturalmente corresponde ao próprio Estado, isto é, uma disciplina de Direito Público".[19]

Romeu Felipe Bacellar Filho, realizando a exegese do art. 1º da Constituição Federal de 1988, preleciona no sentido de que "se a cidadania e a dignidade da pessoa humana constituem fundamentos do Estado, o interesse perseguido com o exercício da

---

[15] Aprofundar em SANTOS. *Por uma nova globalização*: do pensamento único à consciência universal. 9. ed. Rio de Janeiro: Record, 2002.

[16] Op. cit., p. 16-17.

[17] MEILÁN GIL. *El servicio público en el Derecho actual*. Apud: FARRANDO (h). Servicios públicos y privatizaciones. *AeDP* 7, p. 159.

[18] BUTTIGLIONE. *Identidad y Globalización*, apud SALOMONI, idem, p. 92.

[19] BANDEIRA DE MELLO. *Curso de direito administrativo*. 14. ed., p. 599-600.

Regulação e universalização dos serviços públicos | 23

função administrativa deve encontrar seu princípio e fim no interesse dos próprios cidadãos, tanto numa perspectiva individual, quanto coletiva".[20]

A temática abordada no presente trabalho é a de que o atual Direito dos serviços públicos no Brasil trafega entre o tradicional conceito do serviço público e a livre competição (ao menos, e por agora basta, semanticamente), o que vale dizer, por dois regimes jurídicos diferentes, e, no mais das vezes, conflitantes.

O que pretendo discutir é a universalização dos serviços públicos como forma de assegurar o desenvolvimento econômico da nação brasileira. Afinal, caso não haja a pretendida universalização, as reformas encetadas de nada valerão e, o que é pior, servirão apenas para transformar o que antes era estatal — não conseguindo se tornar público — em privado.

Nesta toada, estudar a denominada regulação dos serviços públicos se faz indispensável. Isto porque de nada valerá regular serviços públicos se este fenômeno jurídico não tiver como horizonte visível (e realizável) a universalização. Os caminhos percorridos até agora, conforme se verá nos capítulos que seguem, não estão levando à pretendida (e mais do que necessária) universalização, o que se afigura, no mínimo, uma grave incoerência.

Ensina Celso Antônio Bandeira de Mello que "seria um contra-senso abicar, por via interpretativa, na conclusão de que o Direito, incongruentemente, prevê e regula um certo instituto, mas, ao mesmo tempo, propõe-se a levantar óbices a que ele se viabilize".[21]

---

[20] BACELLAR FILHO. Profissionalização da função pública: a experiência brasileira. *Cadernos da Escola de Direito e Relações Internacionais da Faculdades do Brasil*, n. 1, p. 18. No mesmo trabalho, o autor faz à colação o entendimento de Andréa Pubusa no sentido de que, diante do princípio democrático e da soberania popular, inexistem interesses do Estado ou dos seus aparatos que não sejam instrumentais em relação à comunidade nem, enfim, decisões despidas de elementos de democratividade. "O funcionário não serve o governo e comanda os cidadãos, mas serve exclusivamente os cidadãos". Verticalizando, o doutrinador italiano vai além, já que conclui que "a administração não é *puissance publique*, mas *servizio publico*, substancial, entendida como criação de igualdade de oportunidades e do princípio de solidariedade sobre o qual se funda o ordenamento jurídico italiano". PUBUSA. *Diritti dei Cittadini e publica amministrazione*, p. 48-49, apud, op. cit., p. 18.

[21] BANDEIRA DE MELLO. Natureza jurídica do pedágio: taxa? preço?. *Revista Tributária de Direito Público*, n. 32, p. 26.

A nova legislação sobre energia, telecomunicações, estradas, ferrovias e etc. representa a morte do serviço público e a supremacia absoluta, total, única, da livre competição? Em outras palavras, o mercado possui a capacidade de destruir todos os ícones do serviço público?

Apostilou Guillermo Andrés Muñoz que serviço público equivale a uma titularidade pública,[22] o que vale dizer pertence a todo o público, e não apenas ao Estado, enquanto a livre competição equivale a uma titularidade privada. Portanto, o serviço público procura satisfazer as necessidades de toda uma coletividade, enquanto a livre competição possui outros valores, variadas vezes antinômicos aos da sociedade.

No mesmo sentido, assiste toda razão a Celso Antônio Bandeira de Mello quando sustenta que "se assim não fosse, é bem de ver que o serviço não seria público, não seria voltado para satisfazer a coletividade, mas apenas a interesses privados". Continua o eminente autor: "Se não fora pela relevância para o todo social, o Estado não teria porque assumir tal atividade".[23]

Esta antinomia axiológica somente pode ser superada pela racionalidade. Mas, segundo Guillermo Andrés Muñoz, a racionalidade atual, e aqui reside a grande dificuldade de legitimação dos processos vividos pelo mundo de hoje,[24] é uma racionalidade que se resume à funcionalidade e à eficácia,[25] o que justifica, mas não legitima, o fato de os ordenamentos jurídicos dos países que aderiram ao neoliberalismo tentem colocar a livre competição onde antes havia o tradicional serviço público. Contudo, esse novo posicionamento estatal é utópico, constituindo-se esta utopia neoliberal na tentativa de construir uma sociedade sem utopias.[26]

O mesmo Muñoz, calcado em Kant, lembra que os seres humanos não são como as mercadorias, não têm preço, mas sim dignidade.[27] Mariano Brito, outro notável humanista e administrativista,

---

[22] MUÑOZ. Servicio público y concesión. *AeDP* 7, p. 84.
[23] BANDEIRA DE MELLO. *Curso de direito administrativo*. 14. ed., p. 602-603.
[24] FIORI. *60 lições dos 90*: uma década de neoliberalismo. 2. ed. Rio de Janeiro: Record, 2002. Passim.
[25] MUÑOZ, op. cit., p. 83.
[26] Idem, p. 83.
[27] Ibidem, p. cit.

defende a nobre ideia de que "o bem comum procura assegurar a participação de todos os indivíduos nas vantagens do desenvolvimento. O bem comum reclama ser alcançado e participado por todos e cada um dos componentes da coletividade".[28]

Diogo Rosenthal Coutinho faz a pergunta óbvia sobre a universalização: quem a financia em países subdesenvolvidos? E responde: "Se a ela se atribuir um caráter intrinsecamente redistributivo, não parece lógico imputar o ônus do investimento à população (consumidores e contribuintes)".[29]

No atual estágio regulatório que o país atravessa, muitos dos custos da universalização estão sendo, pelos mais variados instrumentos jurídicos, impingidos ao cidadão usuário. Esta política agride, violentamente, toda e qualquer lógica racional. Primeiro, porque a concessão de serviço público perde característica nuclear do instituto: *a prestação da atividade por conta e risco do prestador*. Segundo, porque joga nas depauperadas rendas dos usuários, pessoas físicas e pessoas jurídicas, geralmente de pequeno porte, obrigação legal e contratual da empresa prestadora e/ou do Estado. Terceiro, o sistema possui perversidade brutal porque a regulação, além de trazer, na maioria do subproduto gerado pelos seus receituários neoliberais, desemprego, abaixamento salarial, debilidade sindical,[30] implica aumento tarifário para garantir a expansão das redes.

José Saramago, o escritor português prêmio *Nobel* de literatura, comentando os terríveis acontecimentos de Nova Iorque e Washington em 11 de setembro de 2001,[31] predica no sentido de que todas as religiões, em nome de Deus, dedicam-se a interpretar perversamente textos sagrados que deveriam merecer respeito

---

[28] BRITO. *La cuestión económica y el Estado Social de Derecho*, p. 89-90, apud LABAURE ALISERIS. *Estudios sobre la reforma del estado*. Montevideo: Amalio Fernandez, 2002. p. 18.

[29] COUTINHO. A universalização do serviço público para o desenvolvimento como uma tarefa da regulação. In: SALOMÃO FILHO. *Regulação e desenvolvimento*. São Paulo: Malheiros, 2002. p. 80.

[30] Aumentando assim, consideravelmente o *público cativo do Estado*, que segundo MARQUES NETO. *Regulação estatal e interesses* públicos, p. 17, são "aqueles que se encontram em situação de hipossuficiência e que, portanto, não podem prescindir da intervenção do Estado".

[31] SARAMAGO. El 'factor Dios'. *El País*, 18 set. 2001. Disponível em: <www.elpais.es>.

por parte daqueles que dizem crer nos mesmos. Por isso criam um *fator deus* para justificar os crimes praticados pelo fanatismo. Mais, "que há um conúbio pactuado entre a religião e o Estado contra a liberdade de consciência e contra o mais humano dos direitos: o direito de dizer não, o direito à heresia, o direito de escolher outra coisa, que é aquilo que a palavra heresia significa".[32]

Este *fator deus*, observo, não encontra fiéis fora da esfera onde se localizam os seus sacerdotes e fanáticos seguidores.

O que se compreende bem, como faz com perfeição Renato Janine Ribeiro, é que os atuais *fundamentalistas do mercado*[33] utilizam os mesmos discursos dos pregadores de outras eras, quando defendiam (indefensáveis) posições e exclusão social. "Estes são os que determinam uma hierarquia na sociedade como sendo desejado por Deus, determinada pela natureza (é o que dizia o pensamento tradicional) ou, pelo menos — assim hoje expressa o discurso dominante —, como resultado normal do jogo das relações sociais de mercado".[34]

Nesta filtragem, mais uma vez, vale consignar a precisa assertiva de Renato Janine Ribeiro: "Numa sociedade democrática atual, o espaço público se delineia no conflito de inúmeros discursos que o atravessam e constituem — incluindo os que tratam diretamente da política e da economia, mas também todos os que dizem algo sobre e para a sociedade, até mesmo, não rato, os religiosos". Não há lógica, portanto, em acreditar que a economia "fale por último, que seja sua a decisão soberana, como, na sociedade pré-democrática do século XVIII, a voz de Roma".[35]

A desigualdade social vem sendo, sistematicamente, incentivada pelas políticas econômicas impostas por organismos internacionais às nações periféricas.[36] Isto leva à perpetuação da má

---

[32] Idem.

[33] A expressão "fundamentalistas do mercado" pertence a STIGLITZ. *A globalização e seus malefícios*, p. 65.

[34] RIBEIRO. *A sociedade contra o social*: o alto custo da vida pública no Brasil, p. 20.

[35] Op. cit., p. 22.

[36] Cf. os libelos produzidos contra o FMI por dois autores norte-americanos da mais alta responsabilidade: STIGLITZ, Joseph E., op. cit.; e BLUSTEIN, Paul. *Vexame*: os bastidores do FMI na crise que abalou o sistema financeiro mundial. Rio de Janeiro: Record, 2002.

distribuição de renda, causa de praticamente todos os problemas sociais do mundo.[37]

Fábio Nusdeo demonstra que "o combustível básico do desenvolvimento são os investimentos" sendo que "estes somente podem sair das camadas de maior renda, nas quais a propensão marginal a consumir é menor. Ainda quando os investimentos provenham do setor público, este obterá os correspondentes montantes via tributação, que normalmente incide sobre a renda destinada ao consumo". Em assim sendo, "estabelece-se o círculo vicioso da má distribuição" cujo resultado é o seguinte:

1. as camadas de menor nível de renda são proporcionalmente mais tributadas a fim se lhes comprimir o consumo;

2. o produto da arrecadação vai para investimentos públicos ou créditos subsidiados, ambos beneficiando direta ou indiretamente os setores de maior renda no campo privado;

3. estes últimos utilizam-se para os seus investimentos do seu excedente de renda não tributado, passando deles a haurir juros ou lucros, também não tão tributados para não os inibir.[38]

Com toda certeza, e qualquer criança chegaria à mesma conclusão, tal sistema somente alarga ainda mais o fosso entre os minoritariamente ricos e os majoritariamente pobres. Como o condimento de uma regulação cujos custos de universalização são suportados pelos usuários, a perversidade sistêmica é evidente.

Pedro J. Frias sustenta que o Estado deve ser o próprio herdeiro de si mesmo,[39] já que a justiça, a segurança, os grandes equilíbrios entre o capital e o trabalho, a produção e o consumo, não podem escapar ao Estado.[40] Mas este Estado deve possuir um outro modo de gestão, aberto à sociedade, controlado e descentralizado.[41]

Para Mariano Brito "não se pretende a neutralização do Estado ante uma atividade privada desenvolvida segundo os impulsos

---

[37] DUPAS. *Economia global e exclusão social*: pobreza, emprego, estado e o futuro do capitalismo, passim.

[38] Op. cit., p. 21.

[39] FRIAS. Los breviários del siglo XXI. *AeDP 8*. p. 89-90.

[40] Op. cit., p. cit.

[41] Idem.

28 | Paulo Roberto Ferreira Motta

de um suposto princípio do melhor resultado absoluto, *nunca demonstrado*".[42]

No campo do Direito Público, esta herança tem nome: serviço público. E o mesmo só pode vir a ser público se for universal.

E é contra a universalidade que se arvoram os críticos do serviço público, quando defendem, fanaticamente, eficácia, lucratividade, eficiência e redução de custos das empresas prestadoras dos mesmos serviços, o que somente pode ser obtido, dentro da ótica neoliberal, com a privatização (aqui em duplo sentido, primeiro como de alienação do capital público, mas, principalmente como subordinação a um regime de Direito Privado).

O que raramente surge confessado, é que, conforme verifica Renato Janine Ribeiro:

> Este discurso transmite, implícita ou subliminarmente, a convicção — pouco contestada — de que a *sociedade é ativa enquanto economia, e passiva enquanto vida social.* (...) remetem-se à carência, à passividade, assuntos importantes como a saúde, a educação, a habitação, o transporte coletivo. Ao modo de tratá-los, confere-se o selo do fisiologismo e do clientelismo. Aos profissionais dessas áreas se paga mal e se põe sob suspeita.[43]

Carlos Labaure Aliseris nota que "como assinala Bobbio, a distinção entre o público e o privado se duplica com a distinção entre política e economia, com a consequência de que a primazia do público sobre o privado é interpretada como a superioridade da política sobre a economia".[44]

Esta política econômica, como averba com precisão Fábio Nusdeo, "desdobra-se por um conjunto complexo e extenso de medidas, e se estende por largo período de tempo, abarcando mais de uma geração". Pretende, assim, a regulação da atividade econômica manter "instituições estáveis e colocadas ao abrigo de impulsos e iniciativas ávidas de obtenção de resultados retumbantes a curto prazo, com relação aos quais a comunidade somente foi

---

[42] BRITO. La desmonopolización de los servicios públicos prestados por el Estado. *Anuário de Derecho Administrativo*, t. III, p. 194, grifei.

[43] RIBEIRO, op. cit., p. 23.

[44] LABAURE ALISERIS, op. cit., p. 68.

Regulação e universalização dos serviços públicos | 29

informada de seus possíveis resultados positivos e desinformada quanto aos efetivos custos".[45]

Joseph E. Stiglitz, com a autoridade de quem foi por sete anos chefe do Conselho de Consultores Econômicos do governo de Bill Clinton, bem como economista-chefe e vice-presidente *senior* do Banco Mundial, além de uma sólida carreira acadêmica que lhe propiciou ganhar o prêmio *Nobel* de Economia em 2001, e que é um ardoroso defensor de políticas de austeridade fiscal, privatização e liberalização do mercado, escreveu candente manifesto contra tal estado de coisas.[46] Especificamente sobre o tema ensina que nestes processos ocorreram fatos que serviram de combustível para o notável malogro destas reformas. Em síntese, são três as observações:

Primeira: *empresas privatizadas antes de ser reformado o mercado de capitais.* Este fato implica que estas empresas ficassem nas mãos de pessoas próximas da aposentadoria, não ocorrendo incentivos para a criação de riqueza a longo prazo, apenas para a divisão de ativos para honrar os compromissos com a renda mensal dos aposentados.[47]

Foi, com certeza, o que aconteceu no Brasil, onde a maioria das antigas estatais teve seu controle acionário adquirido, exclusiva ou parcialmente, por fundos de pensão estrangeiros — representados por bancos de investimentos — ou nacionais (geralmente de empresas estatais).

Segunda: *privatizações promovidas antes da criação de um regime de concorrência eficaz*, que ocasiona dois problemas gravíssimos: a) a criação de monopólios e b) incentivos políticos para evitar a criação de um regime eficaz de concorrência.[48]

Com exceção das telecomunicações, e mesmo assim nem tanto, conforme analiso nos capítulos subsequentes, foi exatamente isto que ocorreu no Brasil.

---

[45] NUSDEO, op. cit., p. 23.
[46] STIGLITZ, op. cit. Especificamente, mas não só, o Capítulo 6.
[47] Op. cit., p. 311.
[48] Idem, idem.

Terceira: *privatização promovida em um sistema federal, mas deixando Estados e autoridades locais (Municípios) livres para determinar impostos, aluguéis e regulamentações por conta própria,* o que implica no aumento tarifário pela busca de rendas públicas por partes destes entes.[49]

Mais uma vez — e a redundância tem como causa o açodado processo regulatório —, é exatamente isso que está ocorrendo no Brasil com a majoração tarifária em virtude de tributação estadual e municipal inexistentes ou com alíquotas mais baixas ao tempo das empresas prestadoras de serviços públicos (taxas que jamais foram cobradas antes da privatização).

Todo este *plus* é agregado na tarifação e, consequentemente, pago pelo usuário, como a agravante de que este mesmo usuário, na qualidade de contribuinte, já suporta uma das maiores cargas tributárias do mundo, muito superior ao terço do PIB.[50]

A nova legislação brasileira regulatória de serviços públicos trouxe, além das dramáticas questões analisadas no parágrafo anterior, inúmeras modificações no regime de prestação dos mesmos.

---

[49] Idem, ibidem.

[50] O diário *Valor Econômico* (Proposta reduz impostos para teles. 30 e 31 dez. 2002, p. A3) trouxe artigo sobre a tributação na área de telecomunicações no Brasil. "Segundo o trabalho dos técnicos Lázaro José de Brito e Lacy Dias da Silva, a carga tributária sobre os serviços de telefonia oscilam entre 40% e 63% dos valores das contas dos assinantes — o maior percentual do mundo, muito acima dos 21% da Argentina, por exemplo. O ICMS é o principal responsável por isso, mas, segundo os técnicos, há estudos que mostram ser possível reduzir em até 10 pontos percentuais o imposto cobrado pelos Estados, e, ainda assim, aumentar a arrecadação, com a expansão dos serviços proporcionada pela queda dos preços". O jornal *Folha de S.Paulo* (Tarifas públicas sobem mais que o dobro da inflação no governo FHC. 31 dez. 2002. p. B-1), em matéria sob o título "Tarifas públicas sobem mais que o dobro da inflação no governo FHC", demonstra que "As tarifas públicas subiram em média 203,04% durante os dois mandatos de Fernando Henrique Cardoso. Esses reajustes equivalem a mais do que o dobro da inflação acumulada no período de 19995 a 2002. O cálculo foi feito pelo Banco Central e inclui os reajustes ocorridos até o mês de outubro último. Nos últimos oito anos, o IPCA (Índice de Preços ao Consumidor Amplo) acumulou alta de 90,78%. Os maiores aumentos foram observados no caso da telefonia fixa e do gás de cozinha. Os reajustes destes produtos ficaram em 509,70% e 4521,37%, respectivamente, nos últimos oito anos. As passagens de ônibus subiram 203,12%, e as taxas de água e esgoto foram reajustadas em 169,21%. Segundo o BC, os elevados reajustes se explicam pelas privatizações e pela alta do dólar a partir de 1999, quando o câmbio deixou de ser controlado pelo governo e passou a flutuar livremente. 'Um fator relevante é o processo de realinhamento de tarifas e eliminação de subsídios cruzados nos setores que sofreram privatização', diz o estudo do BC. Ou seja, as privatizações transferiram para o setor privado a definição dos preços de serviços públicos. Além disso, a política adotada pelo governo FHC — de redução da influência do Estado na economia — levou ao fim dos subsídios às concessionárias de serviços públicos. Com isso, as tarifas subiram mais do que a inflação".

Regulação e universalização dos serviços públicos | 31

Estou-me a braços com a inequívoca reserva de Guillermo Andrés Muñoz quando sustenta que "com diferenças de matizes se fala de uma nova concepção de serviços públicos, nova concepção que em alguns casos procura amputar a titularidade estatal por não resultar essencial e ter efeitos perturbadores".[51] O mesmo autor lança a seguinte pergunta: "Qual a finalidade que se persegue neste novo conceito de serviço público?" E responde: "A segurança jurídica". Contudo, continua perguntando: "Segurança jurídica de quem?" E conclui; "Das empresas prestadoras de serviços públicos".[52]

Com notável franqueza, Conrado Hübner Mendes nota que "a busca por recursos estrangeiros obriga o país a se adaptar às exigências de conglomerados econômicos transnacionais, com a finalidade de proporcionar segurança a seus investimentos". O que induz a pensar que, "desta maneira, um arcabouço regulatório uniforme entre os diversos países é condição primeira para facilitar o livre intercâmbio de capitais", razão pela qual o processo ocasiona um dilema: "Como proporcionar segurança aos investidores estrangeiros sem a criação de instituições reguladoras fortes e independentes, semelhantes às americanas? De outro lado, como transportar este modelo regulatório sem ferir nosso regime constitucional, adaptando-o à nossa cultura política e econômica?".[53]

Na mesma obra coletiva de onde tirei a citação de Conrado Hübner Mendes, há profunda observação de Guillermo Andrés Muñoz sobre a proteção aos investimentos estrangeiros na Argentina, que sinteticamente implicou a renúncia ao Poder Legislativo e, de forma mais ampla, à jurisdição dos seus juízes.[54]

Refletindo, penso que, sem precisar deslocar o problema para Washington, ocorre o mesmo no Brasil, com extraordinária gama

---

[51] MUÑOZ, op. cit., p. 85.

[52] Idem, p. 85-86.

[53] MENDES. Reforma do estado e agências reguladores: estabelecendo os parâmetros de discussão. In: SUNDFELD (Coord.). *Direito administrativo econômico*. São Paulo: Malheiros, 2000. p. 101-102.

[54] MUÑOZ. *El arbitraje en los contratos internacionales celebrados por el Estado*, apud *Entes reguladores como instrumento de controle...*, op. cit., p. 145. Para se ver a que ponto chegou certo setor da doutrina argentina no afã de proteger as inversões externas e defender a renúncia da soberania de seu próprio país, cf. YMAZ VIDELA. *Protección de inversiones extranjeras*: tratados bilaterales: sus efectos en las contrataciones administrativas. Buenos Aires: La Ley, 1999.

de funções (notadamente normativas) que as agências reguladoras receberam, inconstitucionalmente, nas suas leis de criação.[55]

E dessa forma também estamos renunciando ao nosso Poder Legislativo e amputando do Poder Executivo, que são aqueles constituídos democraticamente de eleitos pelo povo, para formular as políticas públicas referentes aos serviços públicos estruturais, tudo em nome de uma regulação independente dos Poderes da República, mas de todo dependente da imperial vontade dos capitais internacionais.

Em outras épocas, tal fato tinha nomenclatura própria: colonialismo e imperialismo. Hoje, semanticamente, tais processos são descritos como regulação técnica e despolitizada.

O processo privatizante brasileiro, como de resto nos demais países da América Latina, possui uma falha original e estrutural, eis que serviu muito mais como fator de arrecadação da União Federal para fazer frente aos seus compromissos com credores externos, implicando na venda de ativos de empresas estatais, do que como fator de desenvolvimento nacional.[56] O cidadão usuário, que

---

[55] Confira-se MOTTA. *Agências reguladoras*. São Paulo: Manole, 2003. Neste trabalho sustento que "Na verdade, as Agências Reguladoras, pelas suas próprias características essenciais, e pelo verdadeiro sentido do instituto da regulação econômica, exercem ampla e profunda função normativa, inovando, significativamente, no ordenamento jurídico positivo. *Aqui, reside uma inconstitucionalidade estrutural das Agências Reguladoras perante o sistema constitucional vigente no Brasil*, que, conforme antes visto, não admite que ato administrativo, venha a criar (ou fazer desaparecer) aquilo que a lei não criou (ou fez desaparecer). Pode-se, assim, concluir que as decisões técnicas das Agências Reguladoras, em face da realidade constitucional vigente, sempre se constituirão em abuso do poder regulamentar ou invasão de competência legislativa, se elas não forem devidamente controladas. Mais, se as Agências Reguladoras não puderem atuar, dentro dos *standards* dados pelo legislador, no sentido de regularem questões técnicas, sua existência será completamente destituída de sentido. O que demonstra, mais uma vez, a quase impossibilidade de se vislumbrar um local adequado para que elas possam se localizar no sistema jurídico brasileiro. Tem-se, portanto, mais uma questão: perante o disposto nos artigos 5º, II, 37, *caput*, 49, 68, 84, IV da Constituição Federal, as Agências Reguladoras não têm permissão para o exercício da função normativa, muito embora essa conclusão seja, reconheça-se, e tal reconhecimento se impõe, não só em termos jurídicos, mas, sobretudo éticos, muito mais um exercício reflexivo do que uma realidade constitucional. Por essa razão, as Agências Reguladoras, no exercício de suas funções normativas, em matéria técnica, vão, fatalmente, e (quase) sempre, violar os limites que a Constituição Federal colocou à delegação da função normativa entre os Poderes". Op. cit. p. 178-179.

[56] Além do que, juridicamente, foi estabelecido um "esdrúxulo procedimento uniforme" "com as mesmas exigências" da "privatização do porte da Companhia Vale do Rio Doce e ao arrendamento, com prazo determinado, de uma área portuária de dez mil metros quadrados". BORGES. Aspectos polêmicos das licitações nas privatizações. In: MODESTO; MENDONÇA, (Coord.). *Direito do estado*: novos rumos. São Paulo: Max Limonad, 2001. t. II, p. 188-189.

percebe no bolso tal processo, não se deixou iludir. Afinal, no *novo direito* dos novos serviços, antes públicos, agora eufemisticamente denominados de *interesse geral*, o mesmo cidadão usuário parece não ter encontrado seu lugar ou, ao menos, encontrado o lugar que os discursos oficiais, ideológicos e legitimadores das privatizações prometeram.

As frustrações e as impaciências originam um subproduto pavoroso e de sérias implicações ao Estado Democrático. Como notam Bernard Perret e Guy Roustang, quando há um sentimento difuso na sociedade de que o Estado deixou de ter influência na orientação fundamental do desenvolvimento, a mesma perde fé na democracia, e esta, muitas vezes, pode ser definitiva. Os autores concluem que o referido subproduto é a demonstração cabal da "estreiteza dos limites fixados no imaginário social pela mundialização da economia".[57]

Tal fenômeno apenas repete no Brasil o que aconteceu em outros países periféricos do capitalismo. Jorge Luis Salomoni sustenta que nos contratos de concessão de serviços públicos deve ser introduzida a ideia de que, em face da magnitude do risco que assume a empresa prestadora (e, acrescento o Estado concedente), é tarefa fundamental do direito introduzir o cidadão usuário como elemento determinante de todo e qualquer procedimento utilizado para análise do novo serviço público.[58]

O *novo* serviço público (ou de *interesse geral*, como preferem seus apologistas) até tentou realizar tal processo, com a edição da nova legislação regulatória. Na prática, a missão vem se constituindo em fracasso. A demonstração do malogro da regulação em assegurar a universalização do serviço público é o objetivo deste trabalho.

Estas *novas* noções que inundam a doutrina com a expressão *serviços de interesse geral* nascem do direito norte-americano e

---

[57] PERRET; ROUSTANG. *La economía contra la sociedad*: crisis de la integración social y cultural, p. 7.

[58] SALOMONI. Reforma del estado: su configuración constitucional a través de la reforma de 1994. *AeDP* 7, p. 109. As idéias do autor foram publicadas em português, no texto "Regulação dos serviços públicos e defesa da concorrência na Argentina", In: *Direito administrativo econômico*.

recebem hoje novos aportes do Direito europeu. É *rodriguiano óbvio ululante* que, nestes lugares, os problemas sociais são muito menores e menos intensos que os vividos no Brasil. Do mesmo modo, os de ordem econômica.

Assim, se o processo assume números dramáticos em ambientes de alto desenvolvimento econômico e social, adquire ainda maior dramaticidade nas nações periféricas. Afinal, como recorda o jornalista Elio Gaspari, o Brasil "depois de atravessar a Revolução Industrial investindo na mão de obra escrava e de entrar na alvorada do mundo dos computadores pessoais com uma reserva de mercado retrógrada e cartorial, o Brasil corre o risco de perder o passo da economia digital". Isso porque, segundo o articulista, "as grandes operadoras de telefonia ficam com os benefícios dos custos baixos das comunicações de voz sobre IP".[59]

Aqui cabe uma indagação: se o quadro é esse, por que o *novo Direito* insiste em não visualizar esta realidade e continua aprofundando tal estado de coisas? A resposta é a de que os operadores do Direito, cultores de tal situação, passaram a enxergar e defender a possibilidade da legitimidade do Estado Democrático e Social de Direito sem qualquer conteúdo social. Tal opção, a meu ver, é que explica a defesa intransigente e a produção doutrinária (não reflexiva) estribada em princípios estranhos à tradição jurídica brasileira. Parece, assim, haver a satisfação do dever cumprido quando se sustenta que pouco importa o modo de prestação do serviço público (ou simplesmente *serviço* ou *atividade* para alguns), desde que o Estado mantenha a *titularidade* do mesmo. Ademais, continua esta sustentação ideológica, e não jurídica, de que o Direito tem o condão de solucionar os problemas surgidos.

Não foi só parte do setor jurídico, contudo, que se deixou seduzir pelo *canto da sereia*. Na verdade, grande parcela da sociedade pensante embarcou no mesmo rumo. Afinal, o discurso dominante é avassalador e conquista muitos dos melhores cérebros. Sobre o tema, Renato Janine Ribeiro diz que as estatais "foram privatizadas, e o débito social só aumentou. O problema é que,

---

[59] GASPARI. Boa notícia: *Free* chegará às livrarias. *Gazeta do Povo*, p. 24, 2 ago. 2009.

antes mesmo de se proceder à privatização de uma estatal ou outra, o discurso dominante em nossa imprensa já tinha privatizado 'a sociedade'".[60]

Jürgen Habermas, falando sobre o ambiente em que vive, a Alemanha e a União Europeia, aponta que a "legitimação do Estado Democrático não se satisfaz pelo fato de que as leis e sentenças se pronunciem segundo o procedimento prescrito", eis que, nas questões fundamentais da vida, "não é suficiente a legitimidade procedimental".[61]

Obrigo-me a concluir que não é possível compreender a ideia de que o fim supremo da Administração Pública e do Estado não seja outro senão o cidadão usuário do serviço público, uma vez que, inexistindo serviço público, com o seu substrato formal de Direito Público, de nada serve a existência da estrutura jurídico-orgânica da Administração Pública e da estrutura constitucional do Estado. Mais, os legítimos interesses da cidadania não podem e nem devem ser confundidos com os interesses estatais. Ou o Direito Público serve para assegurar uma Administração Pública cumpridora de seus deveres — entre os quais, e principalmente, mas não exclusivamente, encontramos o serviço público —, ou o Direito serve apenas para diletantes e estéreis discussões acerca das diferenças e semelhanças das *public utilities* e os *serviços de interesse geral*, a ser travada, até mesmo em homenagem à terminologia, tão a gosto do *mantra* do mercado, em inglês americano e britânico.

Enquanto isso, as pessoas realmente preocupadas com o destino do Direito do seu país, em que o mesmo se positiva, certamente sem fazer muito alarde, para não atrapalhar as *maravilhosas e profundas* discussões sobre as *public utilities*, continuarão a folhear as obras fundamentais do velho e afrancesado instituto jurídico que retirou milhões de seres humanos das cloacas em que viviam antes do 14 de *julho de 1789*.

Os princípios jurídicos do novo regime positivo dos serviços públicos na União Europeia, que *mutatis mutantis*, são os velhos

---

[60] RIBEIRO, op. cit., p. 24.
[61] HABERMAS. *Derecho y violencia*: un trauma alemán. Ensayos políticos. Apud SALOMONI, op. cit.

princípios do regime jurídico das *public utilities* norte-americanas, somente servem para o Brasil, se, e somente se, puderem ser elemento de universalização dos serviços públicos, garantindo-se o acesso irrestrito dos mesmos pela população. Do modo diverso, tais aportes de nada valerão e a finalidade da regulação não será outra, que não a de proteger, com escandalosa exclusividade, os interesses das empresas prestadoras, fortalecendo-se, assim, a ideologia das três desigualdades a que alude Luís Roberto Barroso: a econômica, a política e a filosófica:

> Desigualdade econômica, que se materializa no abismo entre os que têm e os que não têm, com a consequente dificuldade de se estabelecer um projeto comum da sociedade. Desigualdade política, que faz com que importantes opções de políticas públicas atendam prioritariamente aos setores que detêm força eleitoral e parlamentar, mesmo quando já sejam os mais favorecidos. Desigualdade filosófica: o vício nacional de buscar o privilégio em vez do direito, aliado à incapacidade de perceber o outro, o próximo.[62]

Que fique assim assentado, até para se evitar surpresa com o que vem à frente, que no conflito entre serviço público e qualquer outra tragicômica adjetivação que afaste o mesmo da universalidade, este trabalho não abrirá mão de exercer o mais humano dos direitos: *o de dizer não, o direito à heresia, o direito de escolher outra coisa*, até mesmo porque alguns juristas estão se equiparando a alguns *sacerdotes fundamentalistas*, no sentido de interpretar perversamente o Texto denominado Constituição — tudo em nome do *mercado* — sem o menor respeito pela herança cultural que a mesma carrega no seu ventre e sem a qual não pode existir como tal. Ou, como diz Luís Roberto Barroso, "se lhe fosse dada a escolha", a pós-modernidade "provavelmente substituiria a Constituição por um mapa astral".[63]

Meu amigo Salomoni escreveu: "Crer, como o grande filósofo francês Gilles Deleuze, que é necessário, hoje, mais do que nunca, pensar, para poder criar assim novas formas de vida, porque o

---

[62] BARROSO, op. cit., p. 56. Consulte-se, também LEÃO. Globalização e o constitucionalismo pós-moderno. In: LEÃO; PAMPLONA FILHO (Org.). *Globalização e direito*. Rio de Janeiro: Forense, 2002.

[63] Op. cit., p. 37.

pensamento é sempre criação. Criação que permite resistir. Resistir à imbecilidade, ao presente ruim, à intolerância."[64]

****

Como tudo que venho escrevendo nestes últimos anos, optei pelo uso coloquial da linguagem. Homenageio, assim, o grande iconoclasta Oswald de Andrade, que, como poucos, conheceu as lutas e as tempestades e como poucos amou a palavra liberdade e por ela brigou.[65] Nesta pugna contou com uma única arma: a língua sem arcaísmos. Sem erudição. Natural e neológica. A contribuição milionária de todos os erros. Como falamos. Como somos. Tudo isto contra o mundo reversível e as ideias objetivadas. Cadaverizadas. O stop do pensamento que é dinâmico. O indivíduo vítima do sistema. Fonte de injustiças clássicas. Das injustiças românticas. E os esquecimentos das conquistas anteriores[66] que é o que estão tentando fazer com o serviço público.

À frente surgirão conceitos doutrinários sobre a universalização dos serviços públicos.

Creio, respeitosamente, que nenhum consegue ser melhor que este de Oswald de Andrade:

> Estou convencido de que só seremos felizes sobre a terra quando toda a humanidade, num mundo redimido, comer à mesma mesa, com a mesma fome justa satisfeita, sob o mesmo tendal da fraternidade e democracia.[67]

---

[64] SALOMÓN, op. cit., p. 125.
[65] ANDRADE, op. cit., p. 5.
[66] Idem, p. 9.
[67] Ibidem, p. 17.

O instituto jurídico da regulação

Sumário: O conceito de regulação - A questão semântica - A regulação na doutrina estrangeira - Uma reflexão sobre os aportes doutrinários estrangeiros - A regulação na doutrina brasileira - O conceito deste trabalho - O processo administrativo da regulação - O processo administrativo da regulação: audiências e consultas públicas nas agências reguladoras: controle social ou déficit democrático - A limitação mínima, média ou máxima da liberdade e da propriedade - A opção ideológica do legislador - A funcionalidade e racionalidade do mercado - Uma indagação: qual a razão de a regulação ser apresentada como algo novo e revolucionário?

O conceito de regulação

Qualquer conceito para cumprir com a sua serventia, que é a de descrever com inteireza o fenômeno estudado, deve partir da sua origem histórica. Aqui, certamente, se encontram as necessidades que levaram a cultura humana a produzir dado conceito, seja ele jurídico ou pertencente aos demais ramos do conhecimento.

A expressão *regulation*, como fiz constar no meu trabalho sobre agências reguladoras,[68] tem sua origem nas formulações dos profissionais anglo-saxões estudiosos da economia e visava, na sua origem, realizar a distinção entre a regulamentação clássica dos direitos e a intervenção do Estado na atividade econômica.[69]

Assim, na sua gênese, e a partir de uma perspectiva econômica, e não jurídica, mas revestida de juridicidade, uma vez que materializada em normas positivadas, a regulação adquire a feição

---

[68] MOTTA, op. cit., p. 47 et seq.
[69] BUSTAMANTE. *Desregulación entre el derecho y la economía*, p. 60.

de ser um instituto que visava, já em tempos imemoriais, corrigir e prevenir as consequências de uma economia descontrolada. A rigor, a principal preocupação da construção conceitual do instituto da regulação mirava, em tempos pretéritos, impedir a constituição de monopólios privados.[70] Numa origem ainda mais remota, encontramos a regulação como a fórmula adotada para estabelecer *standards* no modo de atuação dos *common calling*, que eram profissionais que podem ser tidos como ancestrais dos médicos, dentistas e veterinários, no sentido de obrigá-los a exercer suas atividades de forma universalizada e com os seus honorários tabelados pelo Poder Público.[71]

Estabelecidas as origens históricas do instituto, cujas raízes são encontradas no direito anglo-saxão medieval, importa realizar um panorama doutrinário do mesmo.

Antes se faz necessário, todavia, demonstrar que há uma questão semântica que deve ser enfrentada.

A questão semântica

Calixto Salomão Filho, Marçal Justen Filho, Maria Sylvia Zanella Di Pietro, Odete Medauar e Washington Peluso Albino de Souza alertam para o perigo da expressão inglesa *regulation*.

Na língua portuguesa, em face da sua imensa riqueza, a mesma pode ser traduzida como *regulamentação* ou *regulação*. É por isso que deve ser considerada a observação de Washington Peluso Albino de Souza de que "por vezes o seu emprego não recebe o devido cuidado, ao se estabelecer a diferença entre ambas".[72]

Ainda, temos, para Odete Medauar, que:

> Deve-se notar, de início, que o vocábulo inglês *regulation,* ao ser traduzido para línguas latinas, como o francês e o português, pode adquirir conotações diversas, em virtude da diferenciação dos verbos *regler/reglementer,* de um lado, e *regular/regulamentar* de outro. *Regulation* pode gerar a tradução

---

[70] MATA. Los entes reguladores de los servicios públicos. In: *El derecho administrativo argentino, hoy*, p. 117.

[71] MONTERO PASCUAL. Titularidad privada de los servicios de interés general. In: CREMADES. *Derecho de las telecomunicaciones.* Madrid: La Ley, 1997. p. 1244-1255.

[72] SOUZA. Primeiras linhas do direito econômico. 4. ed., p. 334.

Regulação e universalização dos serviços públicos | 41

para o verbo regular ou para o verbo regulamentar. Veja-se que o termo inglês *regulation* não significa, no direito anglo-saxônico, a edição de regulamentos, pois esta se expressa pelo termo *rulemaking*.[73]

Razão pela qual,

ao se cogitar do aspecto estritamente normativo, para quem entende que regulamentar ou editar regulamentos significa só explicitar a lei, os sentidos mostram-se diversos; regulamentar teria sentido mais restrito do que regular. Para quem aceita a possibilidade de haver regulamentos destinados, não apenas a explicitar a lei, mas a disciplinar matérias não privativas de lei, haveria identidade dos termos, sob o estrito ângulo normativo.[74]

Para Maria Sylvia Zanella Di Pietro:

Regular significa estabelecer regras, independentemente de quem as dite, seja o Legislativo ou o Executivo, ainda que por meio de órgãos de Administração direta ou entidades da Administração indireta. Trata-se de um vocábulo de sentido amplo, que abrange, inclusive, a regulamentação, que tem um sentido mais estrito. (...) Regulamentar significa também ditar regras jurídicas, porém, no direito brasileiro, como competência exclusiva do Poder Executivo. Perante a atual Constituição, o poder regulamentar é exclusivo do Chefe do Poder Executivo (art. 84, IV), não sendo incluído, no parágrafo único do mesmo dispositivo, entre as competências delegáveis".[75]

Para Marçal Justen Filho, "a expressão regulamentação corresponde ao desempenho de função normativa infra-ordenada, pela qual se detalham as condições de aplicação de uma norma de cunho abstrato e geral".[76] Dificuldades também são narradas por Calixto Salomão Filho, muito embora não discrepem do até aqui visto.[77]

---

[73] MEDAUAR. Regulação e auto regulação. *Revista de Direito Administrativo*, n. 228, p. 124. Sobre o poder regulamentar nos Estados Unidos, aprofundar em COMELLA DORDA. *Límites del poder reglamentario en el derecho administrativo de los Estados Unidos*: evolución de los modelos tradicionales, control judicial y técnicas de negociación. Barcelona: Cedecs Editorial, 1997, todo. Sobre o tema específico da diferença entre *regulation e rulemaking*, o que vale dizer entre *order* e *ruler*, consultar CARBONELL; MUGA. *Agencias y procedimiento administrativo en Estados Unidos de América*. Madrid: Marcial Pons, 1996. p. 56 et. seq.

[74] Op. cit., p. 124-125.

[75] DI PIETRO. *Parcerias na administração pública*. 3. ed., p. 140.

[76] Op. cit., p. 15.

[77] SALOMÃO FILHO. *Regulação da atividade econômica*: princípios e fundamentos jurídicos, p. 13-14.

Creio que há um indevido cuidado e uma confusão ainda mais grave, qual seja, o de confundir aquilo que não pode ser confundido. Refiro-me ao exercício da função dita regulatória por pessoas não autorizadas ao exercício de funções normativas de estatuição primária de direito. Ou seja, pretende-se, certamente por alquimia não prevista na Constituição, que a simples palavra *regulação* tenha uma força, certamente esotérica ou sagrada, capaz de transformar o que é, originariamente, *regulation* em *rulemaking*, para permitir ao servidor público de uma agência reguladora o exercício de poder conferido pela Carta Magna ao Legislativo e a regulamentação do mesmo de forma privativa e indelegável ao Chefe do Poder Executivo. Sobre o assunto, volto nos tópicos que aparecem adiante, denominados "poder regulatório", "função regulatória" e "delegificação".

Que se gravem, no melhor bronze, as sábias palavras de Caio Tácito, no sentido de que "a chave de abertura do Direito Administrativo se identifica, em suma, com a vigência do *princípio da legalidade* que serve de limite ao arbítrio e identifica a fronteira da competência da Administração Pública, diferenciando as áreas próprias do poder discricionário e do poder vinculado".[78] Ou então estas: "somente quando a norma estatal afirma, o direito dos administrados e, como consequência, limita a amplitude do poder político, é que a Administração do Estado ingressa no plano formal da legalidade".[79]

Desnecessário demonstrar, pela sua obviedade, que a primeira, e mais vulgar, mas não menos grave e terrível forma de violar a legalidade, é ignorar a competência para a materialização da mesma.

A regulação na doutrina estrangeira

Para Ismael Mata,[80] "a regulação é uma política que consiste em uma restrição, ou interferência, nas atividades de um sujeito regulado por alguém (ente regulador) que não desenvolve ditas

---

[78] TÁCITO. *Temas de direito público*: estudos e pareceres, v. 3, p. 9.

[79] Op. cit., p. 17.

[80] As contribuições de Ismael Mata e Santiago Muñoz Machado já constam no meu Agências Reguladoras, op. cit., p. 48 et seq. A de Vital Moreira foi agora incorporada.

atividades e que estabelece as regras restritivas e controla o cumprimento das mesmas de forma continuada", o que permite concluir que a regulação é (a) uma ação distinta e externa da atividade regulada; (b) uma limitação à liberdade do regulado; (c) uma política pública, que responde ao interesse geral ou público; (d) pressupõe um padrão, um modelo, que não é outra coisa senão a conduta desejada das atividades do regulado; (e) esta conduta (comissiva ou omissiva) está contida na norma regulatória e a verificação do cumprimento desta é a tarefa do controle realizado; e (f) é um processo permanente, dinâmico, de ajuste para assegurar a regularidade e a continuidade os serviços prestados".[81]

Santiago Muñoz Machado defende a ideia de que a regulação é um conjunto de técnicas de intervenção pública no mercado, devendo ser entendida como um controle prolongado e localizado, exercido por uma agência pública, sobre uma atividade à qual a comunidade atribui relevância social.[82]

Como nota importante, que realça e abre caminho para o que vem a frente, o mesmo autor demonstra que há uma diferença entre regulação e poder de polícia, qual seja, que o poder de polícia é atividade da Administração Pública *sobre os agentes do mercado;* enquanto a regulação é atividade legislativa que atua *sobre o mercado.*

O contributo de Vital Moreira para a construção doutrinária da regulação é original e merece transcrição de seus princípios fundamentais. Em apertada síntese, considera que a regulação é "o estabelecimento e a implementação de regras para a atividade econômica destinadas a garantir o seu funcionamento equilibrado, de acordo com determinados objetivos públicos".[83]

O autor de Coimbra realizou uma construção tipológica da regulação partilhando as competências regulatórias conforme tenham origens na sociedade civil ou no Estado. Autorregulação no primeiro caso e regulação propriamente dita no segundo, sendo

---

[81] Op. cit., p. 115

[82] MUÑOZ MACHADO. *Servicio público y mercado*, t. I, p. 264.

[83] MOREIRA. *Auto-regulação profissional e administração pública.* Coimbra: Almedina, 1997. p. 34.

que as raízes históricas da primeira são encontradas desde longa data. No campo da regulação estatal propriamente dita, o autor trabalha com os conceitos de concentração e desconcentração, aqui vislumbrando as agências reguladoras — autoridades administrativas independentes — na nomenclatura europeia. Partindo desta tríplice tipologia, Vital Moreira sustenta que os tipos regulatórios não são unitários, comportando diferenças de titulares, modelos e de soluções aplicáveis, demonstrando, com isso, algo que setores consideráveis da doutrina brasileira sistematicamente esquecem ou ignoram, ou seja, de que a regulação antecede o neoliberalismo e a instituição das agências reguladoras.[84]

Uma reflexão sobre os aportes doutrinários estrangeiros

Parece, assim, que vem sendo desapercebida uma realidade absolutamente aparente, quando se buscam aportes doutrinários no Direito europeu contemporâneo de modo irrefletido.

Como leciona Marçal Justen Filho, a "União Européia não presta diretamente serviços públicos, mas é titular de competências regulativas aptas a determinar o perfil das atividades econômicas e não econômicas em todos os Estados-membros".[85] Continuando a preleção, o mesmo autor, utiliza uma simbologia de importantes consequências, uma vez que se poderia ter "uma imagem não de todo absurda para representar a União Européia" que "seria a de um Estado clássico de que se tivessem tirado o povo, o território e as competências administrativas de prestação direta de serviços". O resultado, segundo Justen Filho, "seria uma estrutura institucional governativa, dotada de competências regulatórias".[86]

A conclusão que se pode retirar, e a mesma é minha, e não do professor citado, é a de que a União Europeia não possui demandas sociais, uma vez que é um *estado sem povo, território e sem serviços públicos,* sendo as mesmas processadas perante os Estados nacionais.

---

[84] Op. cit., passim.
[85] JUSTEN FILHO, op. cit., p. 26.
[86] Idem. Idem.

Reside aqui, portanto, uma dificuldade advinda da importação irrefletida de aportes doutrinários estrangeiros. Explico. A União Europeia, como nota o professor Marçal Justen Filho, realizou o "afastamento definitivo de concepções econômicas de feição keynesiana".[87] Tal conclusão, comportando controvérsias no seu alcance, o que faço questão de fazer constar, implica no fato de que a produção regulatória da Europa unificada vem se apartando dos postulados do Estado Social e estabelecendo um regime jurídico de Direito Privado na prestação de inúmeros serviços públicos.

Entretanto, o modelo europeu não pode ser transposto, ainda mais na atual fase em que se encontra, de desprestígio das formulações keynesianas, para outros países cujo processo evolutivo econômico e social se encontra, ainda, em estágio muito distante do modelo da União Europeia.

O atual modelo econômico e social praticado na União Europeia não teve a sua implantação realizada toda de uma só vez, em todos os países. Verifique-se, por ser verdade histórica incontestável, que Espanha, Grécia, Irlanda e Portugal, os *primos pobres* da União, ainda no tempo em que esta era denominada Comunidade Econômica Europeia, receberam, muito a fundo perdido, substanciais aportes financeiros de Bruxelas, financiados pelos Tesouros dos demais países.

Pode-se, portanto, concluir que o afastamento das concepções econômicas de feição keynesiana foi precedido por inúmeras, substanciais, intensas e prolongadas concepções econômicas de feição keynesiana, exatamente para dotar os *primos pobres* da então Comunidade, agora União, de estruturas possíveis, e passíveis, de suportar, a atual formulação jurídico-econômica, bem como nos setores pobres dos países ricos da Europa então comunitária.

A regulação havida na União Europeia pode ser comparada, ao fim e ao cabo, com uma cirurgia realizada após uma longa e continuada terapia de fortalecimento orgânico pela dotação de anticorpos, com a utilização de poderosos anestésicos antes, durante e depois da intervenção cirúrgica. Em outros lugares, como no Brasil, muitas vezes passa completamente despercebido aos

---

[87] JUSTEN FILHO, op. cit., p. 27.

apologistas das regulações estrangeiras, que se pretende realizar a mesma cirurgia sem a terapia e sem a anestesia.

Resta averbar, por derradeiro nesta parte, que o afastamento da *feição keynesiana* explica a profunda recessão em que se encontra atualmente a Europa Comunitária, após a queda do *Muro de Wall Street*.

De qualquer modo, não se afigura inteiramente veraz, muito embora tenha muito de verdade, a ideia de que regulações embasadas nos princípios do Direito Privado, tais como, por exemplo, a livre fixação dos preços de determinados serviços públicos pelo mercado, é, no modo que vem sendo realizada na Europa, abandono da intervenção de caráter keynesiano. Ora, tal defesa intransigente do *fator mercado* olvida, sempre, que na União Europeia existem alguns mecanismos no sentido de neutralizar a livre atuação do mercado na fixação de preços das tarifas de serviços públicos, notadamente os estruturais.

Existem, no citado Continente, políticas de complementação de renda mínima que servem para minorar os efeitos da fixação tarifária livre, bem como a previsão legal de tarifas diferenciadas para os setores mais desprotegidos da sociedade. Ou seja, ao invés de subsidiar o mesmo, integralmente, jogando o ônus na empresa privada, adotam políticas tributárias de distribuição de renda mínima. Ao invés do empresário arcar com os custos integrais, o mesmo é diluído entre todos os contribuintes.

Sobre o tema volto, verticalizando-o.

Apenas aponto, neste momento, que o afastamento das formulações keynesianas na União Europeia é, induvidosamente, a maior das causas da recessão e falta de perspectivas do Continente como um todo.

A regulação na doutrina brasileira

No meu trabalho sobre agências reguladoras demonstrei que a questão regulatória no Brasil possui tradição doutrinária e foi, em determinados momentos históricos, objeto de grande preocupação governamental, notadamente no *Estado Novo,* mas não só.[88]

---

[88] Op. cit., p. 79 et seq.

A produção doutrinária brasileira torna-se intensa, e de alta qualidade, frise-se, com a promulgação da Constituição de 1934, que no seu art. 137, determinava a edição de lei para *regular, fiscalizar e revisar as tarifas dos serviços públicos explorados por concessão ou delegação.* Pela curta duração da Constituição aludida, a determinação não foi levada a cabo durante a vigência da mesma.

Com a outorga da Carta da 1937 também houve a determinação de edição de lei para *regular, fiscalizar e revisar as tarifas dos serviços públicos explorados por concessão* (art. 147).

No sentido de dar eficácia ao citado art. 147, da Constituição de 1937, Francisco Campos, na época Ministro da Justiça, constituiu uma comissão formada por Odilon Braga, Luiz de Anhaia Mello, Alves de Souza, Bilac Pinto e Plínio Branco, para elaboração de anteprojeto de lei.

Alguns dos integrantes da referida comissão aproveitaram a experiência haurida e produziram textos doutrinários. Destacaram-se, na empreitada, Anhaia Mello e Bilac Pinto.

Anhaia Mello já pregava, na época, a ideia, hoje tão em voga, de que "ao legislativo incumbe fixar princípios e não detalhes" pois a "regulação, propriamente dita, deve caber a uma agência".[89]

Bilac Pinto, por sua vez, sustentou que a regulação (por ele denominada de regulamentação, sendo a designação usual na época) era o "método de controle dos serviços de utilidade pública" que possuía uma tríplice finalidade: "(a) assegurar o serviço adequado; (b) fixar tarifas razoáveis; e, (c) garantir a estabilidade financeira".[90]

Também merece destaque a análise produzida por Caio Tácito, que, sem utilizar a expressão regulação, e sim *intervenção*

---

[89] MELLO. *O problema econômico dos serviços de utilidade pública*, p. 99-100.

[90] PINTO. *Regulamentação efetiva dos serviços de utilidade pública*, p. 129. Conferir do autor também o estudo denominado Concessão de serviço público — sistema francês — sistema norte-americano — influência sobre o direito brasileiro — regras aplicáveis às concessões ou licenças a prazo indeterminado — transporte coletivo de passageiros em São Paulo. *Estudos de direito público*: edição comemorativa do cinquentenário da fundação da *Revista Forense*, bem como outro estudo importante na evolução doutrinária do Direito Administrativo brasileiro: O declínio das sociedades de economia mista e o advento das modernas empresas públicas. *Revista de Direito Administrativo*: seleção histórica, matéria doutrinária publicada em números antigos (de 1 a 150).

48 | Paulo Roberto Ferreira Motta

no domínio econômico e social,[91] parte do pressuposto de que a mesma somente pode ser entendida através do conceito de serviço público que é "uma noção fugidia e variável, assemelhando-se, na disparidade de critérios e definições, a um *diálogo* de surdos, em que não se entendem os interlocutores, conforme a sátira de Marcel Waline",[92] razão pela qual "não há um conceito apriorístico de serviço público, elastecendo-se o seu âmbito na medida em que se expande a presença do Estado nos domínios da vida social contemporânea".[93] Assim, a intervenção do Estado no domínio econômico e social é conceituada pelo Mestre como sendo a

> exacerbação ou agravamento de uma dicotomia entre os fins administrativos do Estado, que já fazia distinguir, nos autores mais antigos, a *atividade jurídica* e a *atividade social* da Administração Pública. Desenvolvida especialmente por Orlando em seu clássico *Trattato di diritto amministrativo,* foi recentemente endossada no verbete de Guido Zanobini para a *Enciclopédia del diritto* (1958, vol. II, pág. 236).[94] Na primeira atividade, como exercício da soberania do Estado e de seu poder de império, atende-se à preservação do direito objetivo, à ordem pública, à paz e à segurança coletivas. É uma atividade de tutela do ordenamento jurídico, caracterizando-se pelo poder de coação próprio e privativo do Estado. Na atividade social, ao contrário, a Administração cuida de assuntos de interesse coletivo, visando ao bem-estar e ao progresso social, mediante o fornecimento de serviços aos particulares. A primeira atividade corresponde uma *ação* administrativa; à segunda, uma *prestação* administrativa.[95]

Contemporaneamente, Alexandre Aragão sustenta "que a noção de regulação implica a integração de diversas funções" razão pela qual existem "três poderes inerentes à regulação: aquele de editar a regra, o de assegurar a sua aplicação e o de reprimir as infrações".[96] Como conceito, apresenta a seguinte conclusão:

> O conjunto de medidas legislativas, administrativas e convencionais, abstratas ou concretas, pelas quais o Estado, de maneira restritiva da

---

[91] TÁCITO. *Temas de direito público*: estudos e pareceres. v. 1, p. 639.

[92] Op. cit., p. 637.

[93] Idem, p. 638.

[94] Muito embora a edição anterior nominada não decline, o original de Caio Tácito foi produzido, conforme a leitura do mesmo permite concluir, na década de 1960.

[95] Op. cit., p. 639.

[96] ARAGÃO. As concessões e autorizações petrolíferas e o poder normativo da ANP. *Revista de Direito Administrativo*, n. 228, p. 262.

liberdade privada ou meramente indutiva, determina, controla, ou influencia o comportamento dos agentes econômicos, evitando que lesem os interesses sociais definidos no marco da Constituição e orientando-se em direções socialmente desejáveis.[97]

Carlos Ari Sundfeld entende que a regulação não é um instituto jurídico, "mas sim uma opção de política econômica",[98] razão pela qual sustenta que ela

enquanto espécie de intervenção estatal, manifesta-se tanto por poderes e ações com objetivos declaradamente econômicos (o controle de concentrações empresariais, a repressão de infrações à ordem econômica, o controle de preços e tarifas, a admissão de novos agentes no mercado) como por outros com justificativas diversas, mas efeitos econômicos inevitáveis (medidas ambientais, urbanísticas, de normalização, de disciplina das profissões etc.). Fazem regulação autoridades cuja missão seja cuidar de um específico campo de atividades considerado em seu conjunto (o mercado de ações, as telecomunicações, a energia, os seguros de saúde, o petróleo), mas também aquelas com poderes sobre a generalidade dos agentes da economia (exemplo: órgãos ambientais). A regulação atinge tanto os agentes atuantes em setores ditos privados (o comércio, a indústria, os serviços comuns — enfim, as "atividades econômicas em sentido estrito") como os que, estando especialmente habilitados, operam em áreas de reserva estatal (prestação de "serviços públicos", exploração de "bens públicos" e de "monopólios" estatais).[99]

Cristiane Derani, apenas no contexto dos serviços públicos, considera que a noção de regulação passa pela atividade de "assegurar, entre os direitos e as obrigações de cada um, o tipo de equilíbrio desejado pela lei". "O equilíbrio buscado está entre os interesses antagônicos interindividuais. A regulação não é definição de políticas, é uma mediação pontual e imediata visando a uma certa estabilidade na produção de bens, que estão fora do mercado, por agentes do mercado".[100]

Eduardo B. Krause conceitua regulação, apenas em relação aos serviços públicos concedidos, partindo do pressuposto da necessidade de as autoridades regulatórias exercerem quatro ações: conhecer, conviver, conciliar e decidir. Concluindo:

---

[97] ARAGÃO. Agências reguladoras e a evolução do direito administrativo econômico, p. 37.
[98] SUNDFELD (Coord.). *Direito administrativo econômico*. São Paulo: Malheiros, 2000. p. 23.
[99] Idem, p. 18.
[100] Idem, p. 18.

Regular é o somatório de atos contínuos referentes a prestação dos serviços públicos delegados que se suportam numa relação contratual entre delegante e delegatário, bem como na aproximação de todas as partes envolvidas, buscando o conhecimento, a convivência e a conciliação. Distanciando-se, porém, quando exaurida a mediação, para decidir com absoluta autonomia, isenção e equidistância A regulação não é tão-somente um ato econômico ou jurídico. Está no seu cerne o equilíbrio dos contratos, a qualidade dos serviços prestados e a consequente satisfação dos usuários.[101]

Floriano de Azevedo Marques Neto entende regulação como "a atividade estatal mediante a qual o Estado, por meio de intervenção direta ou indireta, condiciona, restringe, normatiza ou incentiva a atividade econômica de modo a preservar a sua existência, assegurar o seu equilíbrio interno ou atingir determinados objetivos públicos como a proteção de hipossuficiência ou a consagração de políticas públicas".[102]

De qualquer modo, para o citado autor, "se a atividade é considerada serviço público o é por ter alguma relevância social, sendo natural que seja explorada de modo contínuo e extensivo à maior parcela da população possível. Isso justifica a exigência de uma forte regulação".[103]

Marcos Juruena Villela Souto, que trabalha com o conceito de *função regulatória,* defende a ideia de que a mesma é compatível com as funções da Administração, sendo, portanto, "discricionária, de direção, normativa, sancionatória" variando "conforme o tipo de atividade (polícia administrativa, gestão de serviços públicos, ordenamento econômico e ordenamento social)".[104] Partidário de que a regulação deve ser um processo despolitizado, o referido autor sustenta que há uma distinção entre a função regulatória e a legislativa, uma vez que esta "vem impregnada de decisões de natureza política acerca do que representa o atendimento do

---

[101] KRAUSE. *Agências de regulação:* conceito, legislação e prática no Brasil, p. 19.

[102] MARQUES NETO. A nova regulação dos serviços públicos. *Revista de Direito Administrativo,* n. 228, p. 14.

[103] Op. cit., p. 20.

[104] SOUTO. A função regulatória. In: SOUTO; MARSHAL (Coord.). *Direito empresarial público.* Rio de Janeiro: Lumen Juris, 2002, p. 20. Aprofundar em, do mesmo autor. *Direito administrativo regulatório,* p. 23 et seq.

Regulação e universalização dos serviços públicos | 51

interesse público pelo setor privado, fixado pela maioria definida no processo eleitoral".[105]

Na sua construção doutrinária, aproxima a função regulatória da função regulamentar quando entende que sendo a lei genérica, "distante da realidade dos fatos e despida de especialização inerente à concretização dos interesses de cada grupamento econômico e social", deve-se atribuir à função regulatória "um papel de ligação entre a lei e o administrado", para se obter "a implementação desse conjunto de decisões de natureza política, tendo por essência a execução da vontade da lei pela autoridade estatal, com vistas ao eficiente funcionamento dos agentes econômicos e dos mercados, atuando de forma neutra e despolitizada".[106]

Sustenta também Souto que a regulação visa à obtenção da eficiência, razão pela qual deve ser "ditada por conceitos de uma análise econômica do direito" para "alcançar o equilíbrio que envolva os interesses da sociedade, eventualmente representados pelo Poder Público, os interesses e consumidores — e, em especial, usuários de serviços públicos — e os interesses de fornecedores, em especial, os prestadores de serviços públicos" o que leva à conclusão de que a norma regulatória visa atender "ao princípio constitucional da eficiência, quando esta alcançar a equidistância entre esses vértices de um triângulo equilátero".[107]

Nelson Garcia Pereira dos Santos vislumbra na regulação um duplo papel, o de criar condições atrativas ao capital externo e aos investimentos internacionais[108] e a tecnicidade da mesma, o que vale dizer, a despolitização, realizada por "entidade especializada, embasada em prerrogativas constitucionais, legais ou contratuais, cuja finalidade é proporcionar e manter condições adequadas de exercício das atividades reguladas e monitorar seus reflexos econômicos, de acordo com diretrizes políticas preestabelecidas"[109] objetivando "o atendimento, pelas concessionárias de serviços

---

[105] Op. cit., p. 20.
[106] Idem, p. 21.
[107] Ibidem, idem.
[108] SANTOS. Regulação de serviços públicos. In: SOUTO; MARSHALL (Coord.). *Direito empresarial público*. Rio de Janeiro: Lumen Juris, 2002. p. 215.
[109] Op. cit., p. 220.

públicos, da própria vontade do Legislativo, manifestada pela aprovação dos diplomas legais (...) que prevêem a execução delegada daqueles serviços, prestados adequadamente".[110]

Segundo Odete Medauar, a regulação "não visa exclusivamente a atividade econômica e aos serviços públicos", mas, a exemplo de outros países, pode ser encontrada nos "serviços sensíveis" da vida social, como "preservação de dados pessoais, segurança do trabalho, acesso a documentos, relações raciais. São relações e valores não econômicos, fugindo, portanto, à idéia de que regulação inclui necessariamente concorrência".[111]

Para a referida autora, a regulação abrange:

a) a edição de normas;

b) a fiscalização de seu cumprimento;

c) a imposição de sanções;

d) a medição de conflitos.

Adiciona: "não se incluindo, necessariamente, na atividade regulatória a fixação de políticas para o setor", muito embora reconheça ser "viável a contribuição das agências para tanto, com a participação de representantes de todos os segmentos envolvidos".[112]

A formulação realizada por Marçal Justen Filho parte do pressuposto de que a regulação é "o controle estatal sobre o poder econômico". "Ou seja, se o exercício da atividade empresarial e a titularidade dos bens econômicos gera núcleos de poder, a disciplina do Direito Econômico se orienta a impor um controle externo às relações privadas". Isto se traduz na necessidade de "conformar as decisões privadas, orientando-as à realização de certos valores de interesse coletivo, e de fiscalizar o desempenho das atividades dotadas dessa relevância socioeconômica (e, portanto, política)".[113]

Outra importante característica apontada pelo autor reside no fato de que a autonomia privada sofre sensível redução, uma vez que "as decisões empresariais privadas, inclusive no âmbito tecnológico, dependem da aprovação estatal prévia ou de fiscalização

---

[110] Idem, p. 221.
[111] MEDAUAR, op. cit., p. 126.
[112] Idem, idem.
[113] JUSTEN FILHO, op. cit., p. 29.

permanente",[114] produzindo-se o fenômeno da "funcionalização das atividades desempenhadas pelos particulares".[115]

Então, há uma retirada do Estado, pelo fim da prestação direta de suas atividades, com a assunção das mesmas pela iniciativa privada, com a contrapartida de que os particulares se tornam "instrumentos de realização dos fins públicos específicos".[116]

O que se compreende bem é que, para Justen Filho, o objetivo da regulação é o de "conjugar as vantagens provenientes da capacidade empresarial privada com a realização de fins de interesse público" e, "especialmente quando a atividade apresentar relevância coletiva, o Estado determinará os fins a atingir, mesmo quando seja resguardada a autonomia privada no tocante à seleção dos meios".[117]

Calixto Salomão Filho qualifica como defeituosa a construção de uma teoria jurídica da regulação, eis que denota a "influência que a teoria econômica da regulação de origem marcadamente norte-americana tem tido sobre a formulação do modelo brasileiro de organização dos setores privatizados".[118] Construção a que se pode adicionar outra, que a *febre* das agências por que passa o país e a aparente crença no poder dessas agências de corretamente organizar as relações econômicas nesses setores invocam a concepção econômica mais liberal em função da teoria da regulação. Nada podemos antecipar, apenas dizer que segundo o autor, "suas consequências e seus perigos devem ser convenientemente avaliados e sopesados".[119]

Tais fatores é que justificam que se trabalhe com o conceito amplo de regulação, ou seja, aquele que permite ver a regulação tanto na concessão da prestação de serviços públicos à iniciativa privada quanto à atividade econômica propriamente dita.[120]

---

[114] Op. cit., p. 29.

[115] Idem, idem.

[116] Ibidem, p. 30.

[117] Ibidem, ibidem.

[118] SALOMÃO FILHO. *Regulação da atividade econômica*: princípios e fundamentos jurídicos, p. 15.

[119] Op. cit., p. 15.

[120] Idem, p. 15. Além da obra antes citada, o professor Calixto Salomão possui outras duas que abordam a questão regulatória, bem como uma outra série de temas relacionados à mesma que precisam ser consultadas: *Direito concorrencial*: as estruturas e regulação e

O conceito deste trabalho

Em outro estudo,[121] sustentei que os processos regulatórios não são necessariamente idênticos nos países, nem as formulações jurídicas aplicadas são iguais, muito embora, na matéria de fundo, haja uma identificação, talvez inédita na história da humanidade, dos institutos jurídicos recriados: alienação de bens públicos, concessões, contratação de prestadores de serviços, quebra de monopólios estatais e privados, liberalização legal de determinadas atividades antes vedadas aos particulares, ou seja, institutos jurídicos já existentes.

Feita a preliminar, considero, que se a regulação trata de institutos jurídicos já existentes, é evidente que como instituto jurídico a mesma sempre existiu, claro que, muitas vezes, denominada de *poder de polícia*. Verbero, portanto, que o conceito de regulação somente pode ser construído a partir, e por meio, do conceito jurídico de poder de polícia.[122]

Restará, entrementes, constatar que, embora haja uma diferença fundamental, relativa aos sujeitos como se viu, notadamente no aporte de Santiago Muñoz Machado, a regulação nada mais é

---

desenvolvimento, esta coletiva. É, sem desfavor aos demais, notável estudioso da temática regulatória em todas as suas facetas e em todos os seus entornos, além de profundo conhecedor do direito comparado, notadamente o norte-americano, sem que, em momento algum, perca o horizonte de que está fazendo ciência jurídica no Brasil. Assim, por evidente, possui o devido, e sempre necessário, a meu juízo, critério científico de, analisando a doutrina e a jurisprudência estrangeiras, filtrar as soluções propostas, descartando aquelas que não guardam nenhuma correlação lógica com a realidade, e necessidades, nacionais. Como se não bastasse o extraordinário conhecimento jurídico que demonstra nas suas obras, o Professor Calixto Salomão Filho trafega com invulgar maestria pelas mais diversas escolas econômicas, principalmente as que informam os diferentes tipos regulatórios.

[121] MOTTA, op. cit., p. 47 et seq.

[122] No mesmo sentido, aprofundar em MENDES, op. cit., p. 116-117, que sustenta que a regulação "por sua vez, parece que assume sentido mais amplo do que se deu à administração ordenadora e ao poder de polícia. A doutrina de Direito Econômico faz uso desse termo para tratar da mecânica estatal da ordenação das atividades econômicas em geral, incluindo, portanto, os serviços públicos e as atividades econômicas em sentido estrito. Sendo assim, o Estado desempenha a regulação tanto quando tem um vínculo genérico com o administrado (livre iniciativa da atividade econômica em sentido estrito) quando no caso de possuir um vínculo específico (serviços públicos prestados mediante concessão ou permissão). Alberto Venâncio Filho, em sua obra clássica de 1968, aproveita-se da passagem de Bernard Chenot, o qual considera que o Direito Regulador Econômico 'se desenvolveu pelo alargamento da noção de política, e conclui afirmando que, hoje ainda, apesar do abrandamento de certas restrições, a legislação e a regulamentação das atividades econômicas transbordaram largamente a noção de polícia". VENÂNCIO FILHO, op. cit., p. 83.

Regulação e universalização dos serviços públicos | 55

que um processo jurídico de aprofundamento e transbordamento do poder de polícia, que também é uma intervenção pública sobre dada atividade, realizada de modo prolongado e localizado, sendo que a intervenção se justifica perante o Direito em virtude de a atividade regulada ser tida como de relevância social. Seu caráter cambiante reside exatamente neste tópico, ou seja, como a sociedade evolui, aquilo que ontem era tido como de relevância social, no presente não é, e no futuro pode voltar a ser.

Os exemplos podem ser arrolados em *numerus primus*. Contudo, basta um, para demonstrar a inteireza do fenômeno, no caso, a regulação do tráfego de veículos em qualquer cidade do mundo. Ao tempo em que os veículos eram movidos pela força animal, a regulação estabelecia um dado conjunto normativo. Com o desenvolvimento dos motores movidos a gasolina a regulação passou por um processo de modificações. Agora, com a pluralidade de fontes energéticas, a regulação intervém na atividade econômica de fabricação de motores para veículos, dispondo sobre motores movidos a gasolina, diesel, eletricidade, álcool e etc. Todavia, radicalmente (de raiz, de origem, de fonte) a regulação, materialmente falando, continua a mesma, ou seja, a forma jurídica (e não econômica) de intervenção do Poder Público no mercado de fabricação e comercialização de motores para autoveículos.

O aprofundamento e o transbordamento do poder de polícia se traduzem no fato de que os sujeitos da regulação diferem, no mais das vezes, dos sujeitos do poder de polícia. Neste, conforme antes visto, a atuação da Administração Pública se faz em relação aos agentes do mercado e na regulação o sujeito é o próprio mercado. O que explica, por certo, que o poder de polícia tradicional não tem preocupações maiores com o mercado. Neste, para prosseguir no mesmo exemplo antes encetado, caso um fabricante de motores não tenha cumprido com a regulação existente sobre a emissão de contaminantes na atmosfera, estará sujeito a ser impedido de comercializar seus equipamentos enquanto não adaptá-los às determinações legais. Mas pode ser que este fabricante seja o único, em dado território nacional, a produzir estes motores, e não tenha, de imediato, condições de cumprir a norma regulatória, pelos mais diversos motivos, e o país, por razões de política econômica, não disponha de recursos em moeda estrangeira para importar os produtos em questão de fabricantes externos. Neste caso, como a preocupação é o mercado como um todo, e não um único sujeito do mercado, as soluções da regulação teriam de ser radicalmente diferentes do que a simples proibição da comercialização dos motores, sob pena do sistema econômico sofrer um forte abalo de funcionalidade e eficácia. Poderiam surgir, portanto, soluções como as de, por exemplo, obrigar os consumidores a implantarem, às suas próprias expensas, determinados filtros, ou então, se suspender, por determinado tempo, a eficácia (ou a vigência conforme a opção feita) da norma reguladora de poluentes no que se refere à comercialização de motores para automóveis.

Note-se, por importante, que o aprofundamento do poder de polícia não é movimento novo na doutrina. Agora, para que se possa avançar, torna-se necessário, e imperioso, situar, e dar contornos precisos, a que poder de polícia estou referindo.

Celso Antônio Bandeira de Mello, invocando Agustín Gordillo, sustenta que o melhor seria abandonar a expressão *poder de polícia* e substituí-la por outra, que melhor define o instituto, como *limitações à liberdade e à propriedade*.[123]

No mesmo diapasão crítico, Garrido Falla, defende a ideia de que o poder de polícia tem, necessariamente, que sofrer o impacto da evolução do conceito de ordem pública,[124] razão pela qual o conceito é de difícil acomodação com o Estado de Direito.[125]

---

[123] BANDEIRA DE MELLO. *Curso de direito administrativo*. 14. ed., p. 696.

[124] GARRIDO FALLA. *Tratado de derecho administrativo*, v. 2, p. 130. Sobre o poder de polícia da ordem pública consulte-se de CRETELLA JÚNIOR (Coord.). *Direito administrativo da ordem pública*, 3. ed., com estudos de Álvaro Lazzarini (*Polícia de manutenção da ordem pública*); Caio Tácito (*Poder de polícia e polícia de poder*); Diogo de Figueiredo Moreira Neto (*Direito administrativo da segurança pública*); Hely Lopes Meirelles (*Polícia de manutenção da ordem pública e suas atribuições*); em Sérgio de Andréa Ferreira (*Poder e autoridade da polícia administrativa*).

[125] Op. cit., p. 128. Sobre a origem do poder de polícia, bem como o seu evidente caráter ideológico justificador do absolutismo, há obra reitora na doutrina internacional, produzida em língua portuguesa: HESPANHA. *Poder e instituições na Europa do antigo regime*: colectânea de textos, onde se destacam os estudos de Pierangelo Schiera (*Sociedade de estados, de ordens ou corporativa*); Vives, J. Vicens (*A estrutura administrativa estadual nos séculos XVI e XVII*); José Antônio Maravall (*A função do direito privado e da propriedade como limite do poder do estado*); Pierangelo Schiera (*A polícia como síntese de ordem e de bem-estar no moderno estado centralizado*).

Sustenta Bandeira de Mello que o designativo poder de polícia "engloba, sob um único nome, coisas radicalmente distintas, submetidas a regimes de inconciliável diversidade: leis e atos administrativos; isto é, disposições superiores e providências subalternas" o que leva a "lamentáveis e temíveis confusões", porque faz com que, muitas vezes, se reconheça "à Administração poderes que seriam inconcebíveis (no Estado de Direito), dando-lhe uma sobranceira que não possui, por ser imprópria de quem nada mais pode fazer senão atuar com base em lei que lhe confira os poderes tais ou quais e a serem exercidos nos termos e forma por ela estabelecidas".[126]

É tal confusão, por suposto, causada pelo impróprio designativo englobando coisas diferentes sob mesma denominação, conforme demonstra Celso Antônio Bandeira de Mello, que leva determinadas pessoas a considerar, certamente de modo absurdo, que, tendo a Constituição Federal, mediante a Emenda Constitucional nº 8/1995, incorporado ao art. 21, XI, a expressão "criação de um órgão regulador", esse, no caso a ANATEL, possa realizar, com inexistente cobertura constitucional, aquilo que não pode, por expressa determinação, também constitucional, ou seja, instituir primariamente o direito.

A expressão em comento, criação de um órgão regulador, não é norma constitucional programática, mas de mera indicação e autorização para que o Poder Executivo pudesse criar, como criou, ente público com funções de regulação. Aliás, até no vernáculo é infeliz, uma vez que a agência reguladora em questão foi instituída como autarquia, que é, por elementar, *ente* da Administração Pública indireta, e não centro de competência despersonalizado da Administração Pública direta.

Razão assiste, sem dúvida, a Marçal Justen Filho quando sustenta que, "É, radicalmente antijurídica a afirmativa de que, como o Brasil abraçou um modelo regulatório, então se produziu o surgimento de competência do Executivo para editar regulamento autônomo".[127]

---

[126] BANDEIRA DE MELLO. *Curso*..., 14. ed., p. 696.
[127] JUSTEN FILHO, op. cit., p. 499.

A propósito e com causa de razão, aqui cabe a observação, ligeira, da viciada incoerência existente em determinadas exegeses dos comandos constitucionais no Brasil, sempre contra, e nunca a favor da cidadania. Qualquer pessoa, por força do vício da aplicação irrefletida, no mais das vezes, da teoria da eficácia das normas constitucionais, notadamente as programáticas, concluiria que, sendo limitada, de algum modo, a eficácia das que versam sobre a dignidade da pessoa humana e do valor social do trabalho, não haveria direito, até mesmo de ação, contra o Poder Público, por parte de um trabalhador que estivesse percebendo mensalmente quantia incapaz de atender a suas necessidades vitais básicas e às de sua família com moradia, alimentação, educação, saúde, lazer, vestuário, higiene, transporte e previdência social. Neste caso, seriam capazes de escrever um tratado, com milhares de páginas, sobre a impossibilidade da imediata aplicabilidade dos Princípios Fundamentais da República e dos Direitos Sociais constantes, respectivamente, nos arts. 1º, III, IV, e 7°, IV, da Constituição Federal. Mas basta uma simples expressão — até mesmo vazia de conteúdo cognitivo, uma vez que órgãos reguladores sempre foram encontrados nas mais humildes prefeituras do país, desde o tempo que regulavam a localização dos bebedouros dos cavalos — para sepultar, nas mentes destas pessoas, os princípios da separação dos Poderes e da Legalidade.[128]

Voltando a Celso Antônio Bandeira de Mello, depois do parêntese suscitado no parágrafo anterior, importa usar a "expressão poder de polícia quando estivermos nos referindo tanto às leis condicionadoras da liberdade e da propriedade quanto aos atos administrativos pelos quais se procede a suas concreções",[129]

---

[128] Sobre a efetividade das normas constitucionais programáticas, consulte-se Regina Maria Macedo Nery Ferrari, *Normas constitucionais programáticas*: normatividade, operatividade e efetividade, que, na p. 222, sustenta "Tais normas, além de traduzirem um efeito inibitório para o Legislativo, Executivo e Judiciário, conferem ao destinatário o direito de exigir o cumprimento da prestação nela prevista, de modo que não se altere o seu significado o direito de exigir o cumprimento da prestação nela prevista, de modo que não se altere o seu significado original, gerando, portanto, efeitos jurídicos, situações subjetivas". O exemplo do salário mínimo foi retirado da obra da eminente professora. Sobre a temática colocada consulte-se PRUDENTE, Antônio Souza. Salário mínimo inconstitucional. *Revista Tributária de Direito Público*, n. 21, p. 157-160.

[129] Idem, idem.

uma vez que é "o conjunto de medidas coercitivas utilizadas pela Administração para que o particular ajuste sua atividade a uma finalidade de utilidade pública",[130] como quer Fernando Garrido Falla. Para, tão-só, comportamentos administrativos, a expressão recomendada é a da "polícia administrativa".[131]

A constatação implica que há um poder de polícia em sentido amplo, ou seja, aquele que visa dar contornos que delineiam a liberdade e propriedade dos cidadãos, regulando, portanto, direitos privados.[132] Já em sentido estrito, ou seja, de polícia administrativa, refere-se "unicamente com as intervenções, quer gerais e abstratas, como os regulamentos, quer concretas e específicas (...) do Poder Executivo destinadas a alcançar o mesmo fim de prevenir e obstar o desenvolvimento de atividades particulares contrastantes com os interesses sociais".

Com toda certeza, podemos afirmar que a regulação se constitui, conforme o caso, de forma ampla no poder de polícia ou, restritamente, na polícia administrativa. Isso implica que o Estado, visando tutelar a liberdade de iniciativa, para fazê-la conforme ao direito (*ars boni aequo*, como defende Calixto Salomão Filho),[133] determina, quer através da lei ou do regulamento, por exemplo, a largura máxima (diâmetro) que os cabos de fibra ótica devem ter, bem como os dutos que os protegem, nas vias públicas e nas propriedades particulares, tudo para assegurar que os meios tecnológicos (por exemplo, sons e imagens), que por estes mesmos cabos trafegam, possam ser emitidos pelo produtor e recepcionados pelos consumidores. A função regulatória, no exemplo citado, foi a do *poder de polícia*. Constatado que a polegada prevista na norma regulatória foi obedecida (intervenção específica, no caso), a *polícia administrativa*, mediante autorização ou licença, permite que o cabo de fibra ótica possa, no mercado, ser livremente comercializado, uma vez que foi alcançada a finalidade da norma regulatória (poder de polícia), que no caso, visava regular o espaço dos dutos,

---

[130] Op. cit., p. 125
[131] BANDEIRA DE MELLO, op. cit., p. 696-697.
[132] Idem, p. 697.
[133] Vide a Introdução.

para que outros produtores de sons e imagens pudessem também exercer a sua atividade econômica e, concretizar-se, deste modo, a livre competição regrada, juridicamente, pela regulação.

Translúcido, portanto, que não alcanço; confesso, a insistência daqueles que defendem ser a função regulatória, uma função econômica. Como expõe a doutrina italiana, impediu-se, atuando juridicamente, "um dano para a coletividade, que poderia resultar do exercício da liberdade e da propriedade se uma e outra não fossem contidas em limites estabelecidos à vista do propósito de harmonizá-las com os interesses da coletividade".[134]

Até este momento estamos diante da regulação de uma atividade econômica. Em relação aos serviços públicos, a manifestação do Estado, mais uma vez de caráter jurídico, e não econômico, adquire outros tons. Na livre iniciativa, os sujeitos da regulação (os produtores de bens e de serviços e os consumidores) estão submetidos a um vínculo geral de sujeição, "como consequência de que nem o direito de liberdade pode ser absoluto, nem a propriedade pode ser utilizada contrariamente aos interesses da comunidade".[135] Isso explicaria por que, na atividade econômica, a mesma se queda sujeita às normas estatais, pela submissão à legalidade e, à sua outra face, a isonomia. Há, portanto, uma sujeição geral, indistinta, sobre todos que estão sujeitos ao império da lei.[136] Esta ideia de sujeição, nota com perfeição Fernando Garrido Falla, mesmo que não estivesse especificada nas Constituições, e estão na maioria dos países, por se tratar de algo que se localiza na essência do moderno Direito Administrativo, está perfeitamente justificada, ainda que, eventualmente, o Direito Positivo não contenha prescrições mais detalhadas.[137]

Nos serviços públicos, os sujeitos da regulação (prestadores e usuários) possuem um outro vínculo com o Estado, mais restrito e específico. "Assim, estão fora do campo da polícia administrativa, os atos que atingem os usuários de um serviço público, a ele admitidos,

---

[134] BANDEIRA DE MELLO. *Curso...*, 14. ed., p. 697-698, dando guarida aos ensinamentos de SANTI ROMANO. *Principii di diritto amministrativo*, p. 193.

[135] GARRIDO FALLA, idem, p. 131.

[136] BANDEIRA DE MELLO, idem, p. 698.

[137] GARRIDO FALLA, ibidem, p. 131.

Regulação e universalização dos serviços públicos | 61

quando concernentes àquele especial relacionamento. Da mesma forma, excluem-se de seu campo, por igual razão, os relativos aos (...) concessionários de serviço público."[138] Tal conclusão se impõe, por certo, pelo fato de que os vínculos dos usuários e dos prestadores de serviço público com o Estado diferem dos demais.[139] Exige-se, dos mesmos,

> uma certa disciplina interna, (...) a qual, de um lado, faz presumir certas regras, certas imposições restritivas, assim como, eventualmente, certas disposições benéficas, isto é, favorecedoras, umas e outras tendo em vista regular a situação dos se inserem no âmbito de atuação das instituições em apreço e que não têm como deixar de ser parcialmente estabelecidas na própria intimidade delas, como condição elementar de funcionamento das sobreditas atividades.[140]

Nestes casos, a sujeição "não deriva meramente da indiferenciada qualidade de administrado, mas do fato concreto de haver entrado em contato com uma forma mais imediata e direta com a instituição administrativa".[141]

Ou seja, não se pode sustentar, pois do contrário seria rematado absurdo, que aquele do povo que se encontra dentro de um veículo de transporte coletivo está na mesma situação jurídica do outro, que se encontra no seu automóvel particular. No caso de uma colisão, o primeiro, sofrendo dano, poderá exigir da concessionária de transporte coletivo indenização, independentemente de culpa de quem quer que seja, à exceção da sua própria, é evidente. O segundo não, pois terá que comprovar a culpa de outrem. Fora dessa dimensão, mas dentro do mesmo exemplo, o condutor do coletivo terá prerrogativas — algumas previstas em normas positivadas, outras justificadas, e tuteladas, pelo estado de necessidade, diferentes das do motorista do veículo particular — ou imposições

---

[138] BANDEIRA DE MELLO, idem, p. 698, mais uma vez estribado em SANTI ROMANO, op. cit., p. 193.

[139] Ou como prelecionou, há muito, Otto Mayer: "A instrução não tem mais do que um efeito interno, o funcionário está obrigado a observá-la. O súdito não resulta alcançado por ela; somente será afetado pela medida o funcionário. (...) A instrução não dá ao súdito uma determinação jurídica frente ao poder público". *Derecho administrativo alemán*: parte general. Buenos Aires: Depalma, 1949. t. I, p. 110-111.

[140] Op. cit., p. 701.

[141] GARRIDO FALLA, op. cit., p. 132

restritivas, também diferentes. Há, portanto, assimetria na normatização existente, conforme o tipo de sujeição, geral ou especial, a que as pessoas (físicas ou jurídicas) estão submetidas. E tudo isso em virtude da supremacia diversa com que o Estado sujeita estas pessoas (geral, nos casos para as atividades livremente exercidas; especial, para os serviços públicos, entre outros).[142]

Vê-se, pois, mais uma vez, a minha extraordinária dificuldade em aceitar a tese daqueles que baseiam em razões econômicas, as necessidades que a política regulatória tem, muitas vezes, de aplicar medidas assimétricas em relação a dois prestadores de um mesmo serviço público. Do mesmo modo, não é no econômico, mas sim no jurídico, conforme caminham meus olhos, que entremiro as devidas justificações e motivações para que a regulação possua um caráter casuístico, mutante, cambiante. E, no Direito, e em nenhum outro ramo do conhecimento humano, que estão presentes os motivos pelo qual aquilo que hoje foi determinado, na defesa do interesse público, possa, legalmente, no futuro, ser modificado.

É por isso, certamente, que se pode afirmar, como faz Bandeira de Mello, que "estão fora do campo da polícia administrativa os atos que atingem os usuários de um serviço público (...) e os concessionários",[143] uma vez que, as limitações e as prerrogativas decorrem de um "vínculo específico", de uma "supremacia especial" que supõe "um estado especial de sujeição".

Também é aqui, no jurídico, e não na economia, que se pode encontrar a devida, correta, inteligente, necessária e única justificação de que

> seria impossível, impróprio e inadequado que todas as convenientes disposições a serem expedidas devessem ou mesmo pudessem estar previamente assentadas em lei e unicamente em lei, com exclusão de qualquer outra fonte normativa. Exigência dessa ordem simplesmente estaria a pretender do Legislativo uma tarefa inviável, qual seja, a de produzir uma miríade de regras, ademais extremamente particularizadas,

---

[142] O tema pode ser aprofundado em dois estudos publicados na mesma obra, o de Luciano Parejo Alfonso (*La categoría de las relaciones especiales de sujeción*) e o de Jorge Luis Salomoni (*La cuestión de las relaciones de sujeción especial en el derecho público argentino*). In: MUÑOZ; SALOMONI. *Problemática de la administración contemporánea: una comparación europeo-argentina*, p. 131-150, o primeiro, e p. 151-179 o segundo.

[143] Idem, p. 698.

dependentes de situações peculiares, e muitas vezes cambiantes, cuja falta, insuficiência ou inadaptação literalmente paralisariam as atividades públicas ou instaurariam o caos.[144]

Desta distinção, entre sujeição geral e especial, derivam dois outros institutos jurídicos fundamentais para a exata compreensão da regulação. Refiro-me ao conceito de *dever* e *obrigação*, cuja importância para a diferenciação, no campo do direito subjetivo do Estado exigir uma prestação, comissiva ou omissiva, é fundamental.

---

[144] Ibidem, p. 701-702. Sobre o tema, apaixonante, do exercício de funções normativas pelo Poder Executivo, sempre e cada vez mais discutido na doutrina, aprofundar em ALESSI. *Instituciones de derecho administrativo*, p. 5-25; ARAGÃO. *Agências reguladoras e a evolução do direito administrativo econômico*, p. 369 et seq.; Idem. As agências reguladoras independentes e a separação dos poderes: uma contribuição da teoria dos ordenamentos setoriais. *Revista dos Tribunais*, São Paulo, n. 786, p. 11-56; BANDEIRA DE MELLO. Perfil do poder regulamentar no direito brasileiro. *Revista de Direito Administrativo Aplicado*, n. 7, p. 970 et. seq.; Idem. Poder regulamentar ante o princípio da legalidade. *Revista Tributária de Direito Público*, n. 4, p. 71 et. seq.; BARROSO. *O direito constitucional e a efetividade de suas normas*, 2. ed., p. 389 et seq.; Idem. Princípio da legalidade, delegações legislativas, poder regulamentar, repartição constitucional das competências legislativas. *Boletim de Direito Administrativo*, v. 13, p. 15-28; TÁCITO, op. cit., v. 3, no estudo Agência reguladora. Poder normativo. Limite; CAMPOS, Lei e regulamento. Matéria reservada à competência do Poder Legislativo. Limites do poder regulamentar. Direitos e garantias individuais. *Revista Forense*, n. 146, p. 71 et. seq.; CANOTILHO. *Direito constitucional*, p. 13 et. seq.; CANOTILHO; MOREIRA. *Os poderes do presidente da república*, p. 36 et seq.; CASSESE. *Las bases del derecho administrativo*, p. 103 et. seq.; CLÈVE. A lei no estado contemporâneo. *Revista de Direito Administrativo Aplicado*, n. 9, todo; Idem. *Atividade legislativa do poder executivo no estado contemporâneo e na Constituição de 1988*, todo; CUELLAR. *As agências reguladoras e seu poder normativo*, todo; DI PIETRO. *Direito administrativo*, 14. ed., p. 113 et seq.; Idem. *Parcerias na administração pública*, p. 146 et. seq.; DUTRA. *O poder regulamentar dos órgãos reguladores*, p. 239-256; FABRI, Andréa Queiroz. Os limites da regulação do sistema financeiro pelo Banco Central do Brasil. *Revista Jurídica Unijus*, v. 5, n. 1, p. 93-108; FERRAZ. *Três estudos de direito*, p. 119 et. seq.; FIGUEIREDO. Curso de direito administrativo, 4. ed. p. 138 et. seq.; FRANCO SOBRINHO. *Curso de direito administrativo*, p. 267 et. seq.; Idem. Poder público e poder administrativo. *Revista de Direito Público*, n.7, p. 71 et. seq.; GASPARINI. *Poder regulamentar*, p. 72 et. seq.; GIANNINI. *Diritto amministrativo*, v. 2, p. 494 et seq.; GRAU. *O direito posto e o direito pressuposto*, p. 179 et. seq.; Idem. Princípio da livre concorrência, função regulamentar e função normativa. *Revista Tributária de Direito Público*, n. 4, p. 104 et. seq.; HORTA. Poder legislativo e monopólio da lei no mundo contemporâneo, *Revista Tributária de Direito Público*, n. 3, p. 10 et. seq.; JUSTEN FILHO, op. cit., p. 483 et. seq.; MARTINS JÚNIOR. *A discricionariedade administrativa à luz do princípio da eficiência*; MELLO. *Regime jurídico da competência regulamentar*, todo; MOREIRA. Agências administrativas, poder regulamentar e o sistema financeiro nacional. *Revista de Direito Administrativo*, n. 218, p. 93 et. seq.; MOREIRA NETO. *Mutações do direito administrativo*, p. 165 et. seq.; MOTTA, op. cit., p. 143 et. seq.; MUÑOZ MACHADO, op. cit., p. 284 et. seq.; SCHIER. *Direito constitucional*: anotações nucleares, várias partes. SUNDFELD. *A administração pública na era do direito global*, p. 166 et. seq.; TALAMINI. Regulamento e ato administrativo, *Revista Tributária de Direito Público*, n. 21, p. 66 et. seq.; VAZ. *Lei e reserva da lei*: a causa da lei na Constituição portuguesa de 1976, todo; VELLOSO. Do poder regulamentar, *Revista de Direito Público*, n. 65, p. 48 et. seq.

Desenvolvidos por Eduardo García de Enterría e Tomás-Ramón Fernández,[145] temos que dever e obrigação são duas espécies de um gênero comum, denominado pelos autores de dever em sentido amplo.

Isso explicado, tanto os deveres, como as obrigações são comportamentos, positivos ou negativos, que o Estado impõe a um sujeito, em consideração a interesses que não são os seus, mas sim de outros sujeitos distintos (interesses gerais, da coletividade, de um outro particular, etc.).

O dever, agora em sentido estrito, ou simplesmente dever, é genérico, somente podendo ser previsto na lei ou no regulamento, de forma que o Estado somente pode exigir do sujeito um dado comportamento específico, se o mesmo estiver previsto em norma positivada. A subordinação, assim, não nasce de uma relação jurídica Estado/sujeito, mas sim do ordenamento jurídico positivado. Deste modo, o direito subjetivo do sujeito lhe assegura o direito de não se sujeitar ao Estado, se assim não estiver anteriormente previsto em algum diploma legal, ou como sustentam os autores espanhóis, não há "um poder destinado a atuar como garantia do efetivo cumprimento do dever",[146] razão pela qual o Estado somente pode requisitar os serviços profissionais de um particular se tal previsão estiver contida em lei (direito e garantias da liberdade). Do mesmo modo em ilação à ocupação provisória de um imóvel particular (direito e garantias da propriedade).

A obrigação, por seu turno, se encontra naquelas situações em que uma relação jurídica Estado/sujeito permite que o primeiro exija do segundo, sob pena de responsabilidade, o efetivo cumprimento do comportamento previsto,[147] em razão de que este "vem imposto no marco da relação considerada em atenção, precisamente, aos

---

[145] *Curso de derecho administrativo*, t. II, p. 33 et seq.

[146] Op. cit., p. 33-34.

[147] Colho em Juarez Freitas a precisa observação de que "É lógico (...) que existem direitos subjetivos públicos oriundos da Constituição (v.g., CF, art. 208, §1º) — como, aliás, da legislação infraconstitucional, desde que não a infirme —, sendo, pois, as limitações coativamente impostas ao exercício dos mesmos somente admissíveis, no melhor sentido kantiano, à justa medida que estas restrições se fizerem imprescindíveis à coexistência pacífica, ordeira e viável das liberdades e das garantias fundamentais". *Estudos de direito administrativo*, p. 51.

específicos direitos do titular do direito".[148] Neste caso, estamos diante de uma obrigação. Razão pela qual o Estado poderá requisitar os serviços profissionais de um particular empregado de uma concessionária de serviços públicos (caso, por exemplo, tenha havido intervenção em outra prestadora, por qualquer motivo) e o interesse público recomende que o Estado, imediatamente, ao passar a gerir as atividades da empresa, designe pessoal habilitado para tanto, bem como ocupar provisoriamente determinado bem de propriedade da referida empresa, em virtude dos poderes inerentes ao regime de sujeição especial.

É bastante, para concluir, que não se poderia sustentar que o Estado (no caso específico, em face da distribuição constitucional brasileira de competência sobre a prestação de serviços públicos, o Município) tem direito subjetivo de exigir, de um motorista particular, que chegue num determinado ponto da cidade a uma determinada hora fixada pela municipalidade, ou adotar um específico itinerário em detrimento de outros tantos, em virtude de o ordenamento jurídico positivado (lei ou regulamento) não estabelecer tais espécies de sujeição. Agora, e qualquer um concordará, o Município tem o direito de sujeitar o mesmo motorista ao dever de não ultrapassar determinada velocidade, ou impedi-lo de trafegar na contramão, eis que as prescrições limitativas, neste caso, estão previstas em lei ou regulamento.

Face ao condutor de um coletivo de transporte municipal de passageiros, por sua vez, a obrigação de respeitar os horários de saída e chegada, bem como o itinerário, estabelecidos pela municipalidade (até mesmo em simples memorando ou ordem verbal), é manifesto. E o condutor do coletivo, de igual modo, tem o dever de observar o limite de velocidade imposto pela lei, bem como as demais regras de trânsito. O motorista particular não tem o dever de dirigir trajando determinado uniforme. Já o condutor do coletivo, em havendo determinação de sujeição, tem a obrigação de apresentar-se ao serviço uniformizado.

A diferenciação em questão demonstra, portanto, que a regulação, para ser eficaz e eficiente, comporta e necessita de uma

---

[148] *Curso de derecho administrativo*. Idem, p. 34.

especificação muito mais abrangente no caso da prestação dos serviços públicos do que qualquer atividade econômica. O dever de eficiência, por exemplo, nesta, é muito menos valorado juridicamente do que a obrigação de eficiência daquele. Uma empresa particular, que exerce atividade econômica privada, ineficiente, pode até preocupar o Estado pelo não cumprimento dos seus deveres (não recolhimento de tributos, atraso no pagamento dos funcionários, descumprimento de obrigações com fornecedores e consumidores, produtos mal-acabados ou com defeitos). Agora, a preocupação do Estado é, certamente, muito maior e muito mais intensa com a empresa prestadora de serviços públicos, face às obrigações que a mesma assumiu com o Estado e o Estado possui, constitucionalmente, em relação aos usuários de serviços públicos.

Esta distinção, no campo das sanções administrativas,[149] adquire extraordinária importância. É no ordenamento jurídico positivado, e somente nele, que estão previstas as sanções para os descumprimentos dos deveres daqueles que estão submetidos a um regime de sujeição geral. Já, para o inadimplemento das obrigações, por parte dos prestadores e dos usuários aos serviços públicos, há uma pluralidade de normatizações regulatórias, eis que a lei, o regulamento, o contrato e os atos administrativos do ente, ou órgão, regulador podem possuir as mais diversas tipologias. É indiscutível, portanto, que a submissão a um regime de sujeição específica dota o Estado de um *numerus primus* de instrumentos regulatórios ausentes em relação às atividades econômicas privadas.

Vislumbra-se, pois, mais uma vez, como é ruída, e derruída, no meu interior, a assertiva daqueles que sustentam que não há nenhum problema em um serviço público ser prestado mediante o regime jurídico de Direito Privado, como se a sujeição geral, estabelecedora de deveres, tivesse o mesmo alcance protetivo, a mesma dimensão ética e o mesmo agasalho constitucional da sujeição especial, estabelecedora de obrigações.

---

[149] Sobre o tema, tão pouco explorado na doutrina brasileira, há obra reitora na doutrina internacional, no caso, de NIETO. *Derecho administrativo sancionador*, 2. ed. Na doutrina nacional existem duas monografia de alto nível: de Daniel Ferreira (*Sanções administrativas*) e a de Fábio Medina Osório (*Direito administrativo sancionador*). Sobre as sanções administrativas na economia vale consultar SANTOS PASTOR. *Sistema jurídico y economía*: una introducción al análisis económico del derecho, p. 167-205.

No tocante à universalização, objetivo maior do Estado, ético e responsável, na prestação dos serviços públicos, a questão se torna ainda mais dramática.

Empresas privadas, exercentes de atividade econômica privada, mesmo que regulada, ou fortemente regulada como bancos e seguradoras, dentre outras, muito embora almejem ser universais, dentro dos pressupostos lógicos do capitalismo, para que se possam fazer presentes em todos os mercados, não têm, perante o Estado, este dever. Já as concessionárias de serviço público, mesmo sendo empresas privadas, e desde que submetidas a um regime de prestação das atividades reguladas por normas de Direito Público, possuem, perante o Estado, esta obrigação. A inadimplência das mesmas permite, até mesmo, a decretação da caducidade.[150]

Importante observar que, no campo da iniciativa privada, nenhuma empresa seria forçada, com as exceções previstas no ordenamento positivo, por sujeição estatal, a encerrar suas atividades por prestá-las de forma inadequada e deficiente ou, então, perder as condições econômicas, técnicas ou operacionais adequadas. Imagine-se que os fabricantes de rádios de válvulas não foram proibidos de comercializar os mesmos quando da invenção do *transistor*. Foi o mercado que procedeu a natural seleção. O mesmo em relação aos fabricantes de máquinas de escrever quando do surgimento dos computadores pessoais.

Outro fator, que entendo esquecido por aqueles que defendem ser sistemicamente possível regular serviços públicos mediante um regime jurídico de Direito Privado, pode ser encontrado no atributo da autoexecutoriedade em relação aos atos administrativos

---

[150] BRASIL. Lei 8.987, de 13 de fevereiro de 1995. Dispõe sobre o regime de concessão e permissão da prestação de serviços públicos previsto no artigo 175 a Constituição Federal, e dá outras providências.

"Art. 38. A inexecução total ou parcial do contrato acarretará, a critério do Poder Concedente, a declaração de caducidade da concessão ou a aplicação das sanções contratuais, respeitadas as disposições deste artigo, do art. 27, e as normas convencionadas entre as partes.

§1º A caducidade da concessão poderá ser declarada pelo Poder Concedente quando:

I - o serviço estiver sendo prestado de forma inadequada ou deficiente, tendo por base as normas, critérios, indicadores e parâmetros definidores da qualidade dos serviços; (...)

IV - a concessionária perder as condições econômicas, técnicas ou operacionais para manter a adequada prestação dos serviços concedidos."

atinentes aos diferentes regimes de sujeição. Atos emanados com base no poder de polícia geral, se dotados de autoexecutoriedade se constituem em brutal ilegalidade ou abuso de autoridade, exatamente por inverterem a presunção de inocência, o que, com raras exceções, é vedado pelo ordenamento.[151] O mesmo, por certo, não pode ser sustentado no regime de sujeição especial (a regulação), eis que o descumprimento de dada obrigação pode lesar, de modo irreparável, o interesse público, ocasionando dano brutal, de consequências extraordinárias. Assim, eventuais abusos e/ou desvios, implicam em indenizações e reparações *a posteriori*.

Fernando Andrade de Oliveira, com base no conceito de política de gestão de Benjamin Villegas Basavilbaso,[152] sustenta que a atividade de polícia, no campo dos serviços públicos concedidos, atua com duas classes de funções: (a) "a de caráter técnico, permanente, exercida com respeito aos concessionários" e (b) "a de segurança das pessoas e coisas, exercida contra os que a perturbem ou dificultem os funcionamentos contínuos do serviço",[153] valendo dizer, portanto, que o alargamento e transbordamento do conceito de poder de polícia, a regulação, é que possibilita, nos serviços públicos, submetidos ao único regime jurídico cabível, por lhe ser o próprio, de Direito Público, a prestação dos mesmos de forma contínua e segura, indispensáveis e fundamentais à universalização.

Juarez Freitas, contemporaneamente, fundamentado em Ruy Cirne Lima,[154] aponta que "o exercício do poder de polícia deve

---

[151] Segundo sustenta Juarez Freitas, op. cit., p. 55-56, "O exercício do poder de polícia administrativa pode ocorrer, desde que a lei o autorize ou a urgência o requeira, através de medidas auto-executórias, vale dizer, que dispensam a prévia autorização judicial, sempre pressuposta, na adequada observação de Celso Antônio, uma atuação regular do aludido poder, havendo mandado de segurança individual ou coletivo, com um dos instrumentos constitucionais para conter os eventuais abusos. Além disso, constatado o desvio de finalidade, ou o prejuízo desproporcional, ou a afronta à economicidade, cabe a responsabilização do Estado por atos de seus agentes (CF, art. 37, §6º). A auto-executoriedade decorre, à vista disso, em certas circunstâncias, do necessário respeito ao primado do interesse público e da não menos necessária viabilização prática das medidas, assim como da presunção de legitimidade das mesmas".

[152] VILLEGAS BASAVILBASO. *Derecho administrativo*, v. 3, p. 67-68.

[153] OLIVEIRA. O poder do Estado e o exercício da polícia administrativa. *Revista Tributária de Direito Público*, n. 29, p. 93.

[154] CIRNE LIMA. *Princípios de direito administrativo*, p. 106.

significar uma intervenção reguladora". Nestes marcos, para o autor, o poder de polícia deve ser acatado "como sendo qualquer restrição ou limitação coercitiva e privativamente imposta pelo Estado à esfera de atuação privada, colimando viabilizar, ordenadamente, o convívio de múltiplos exercícios de iniciativas particulares, não raro antagônicas entre si".[155]

Mais, "que a ênfase que se dá, no conceito, ao limite traçado pela coexistência das liberdades, radica em que se abomina toda e qualquer arbitrariedade, sem que se reduza a importância — ao revés — da intervenção estatal reguladora e, se for o caso, prontamente reparadora, sobremodo na defesa do caráter democrático da ordem econômica".[156]

Os aportes antes expostos permitem concluir, e construir o conceito, de que a regulação nada mais é do que o processo administrativo encetado pela Administração Pública, mediante a observância do regime jurídico de Direito Público, de limitação (mínima, média ou máxima, conforme a opção ideológica do legislador) à liberdade e à propriedade, visando dar funcionalidade e racionalidade ao mercado. Quando direcionada à atividade privada, estabelece um regime de sujeição geral e impõe deveres aos agentes do mercado. Ao revés, quando endereçada aos serviços públicos, constitui um regime de sujeição especial e impõe obrigações aos prestadores e cidadãos-usuários.

Em tom de provocação, poderíamos ainda acrescentar que a regulação se constitui na *mão visível e necessária do Estado para disciplinar o mercado.*

Defendo assim, em suma, o caráter jurídico da regulação em oposição ao conteúdo econômico da mesma.

Resta, agora, nesta parte, verticalizar o conceito naqueles elementos ainda não expostos, quais sejam: o processo administrativo da regulação; a limitação mínima, média ou máxima da liberdade e da propriedade; a opção ideológica do legislador; a funcionalidade e racionalidade do mercado.

---

[155] FREITAS, op. cit., p. 52.
[156] Idem, p. 59.

O processo administrativo da regulação

Característica marcante do Estado atual, até mesmo como busca de legitimação dos seus agentes, é a da constante consulta, nem sempre, melhor dizendo, quase sempre não vinculativa, aos grupos econômicos e sociais do teor normativo editado. Ou, como prefere Romeu Felipe Bacellar Filho, calcado em Diogo de Figueiredo Moreira Neto, "a Administração Pública, enquanto modo derivado de agir do Estado, permanece duplamente vinculada: à legalidade (legitimidade positivada) e à legitimidade (naquilo que não foi ou não pode ser positivado)".[157]

Tal estágio levou Alexandre Santos Aragão a constatar, a nosso ver com inteira razão, que "as regulações estatais da economia podem se valer de instrumentos puramente jurídico-coercitivos, ou combiná-los com *mecanismos consensuais*, econômicos, financeiros ou meramente materiais...".[158]

Isso porque cresce cada vez mais a ideia de que o mero mecanismo eleitoral é insuficiente para caracterizar uma sociedade como democrática, razão pela qual os agentes políticos se veem obrigados a obtenção, mesmo que através de simples procedimentalização, sem maiores compromissos com a eficácia material, a buscar o consenso entre os divergentes interesses nos quais a sociedade se divide.

Muito embora discorde de alguns aportes utilizados por Fernando Vernalha Guimarães, é necessário reconhecer que o mesmo acerta quando sustenta que "a crise da tradicional dogmática do ato administrativo deu lugar a um processo de revalorização do procedimento"[159] o que implica, cada vez mais, a alteração do "tipo burocrático de Weber; hoje contaminado pela participação de indivíduos e grupos".[160]

Assim, mesmo que a regulação se materialize através de um ato administrativo — resolução, portaria, deliberação, autorização, licença,

---

[157] *Processo administrativo disciplinar*, 2. ed., p. 129.

[158] O conceito jurídico de regulação da economia. *A&C*, n. 6, p. 73.

[159] Procedimento e função regulatória de serviços públicos no Estado pós-social. *A&C*, n. 7, p. 94. No mesmo sentido BACELLAR FILHO, op. cit., p. 129 et seq.

[160] Op. cit., p. 98.

etc., é necessário fazer constar; com respeito à realidade vigente, que tais atos são, apenas, o ponto culminante de um *iter* procedimental fixado pelos mais diversos diplomas legais, notadamente aqueles presentes nas leis criadoras das agências reguladoras.

Contudo, estamos, até agora, diante apenas do procedimento, quando afirmamos que a regulação é um processo administrativo.

E processo, em virtude de que a regulação, quer dos serviços públicos, quer da atividade econômica em sentido amplo, pressupõe, numa sociedade democrática, o reconhecimento de interesses antinômicos.

Pontos contraditórios e não pontos conflituosos. Romeu Felipe Bacellar Filho, em obra sobre o processo administrativo disciplinar, realiza a seguinte digressão, que julgo importante transcrever:

> A base da democracia não é o conflito e por isso a importância de procedimentos consentidos para resolução daquele. Não significa que, na democracia, inexista pluralismo ou dialética da diversidade, pelo contrário, ela consolida-se com a atomização do núcleo de poder. Ora, o pluralismo democrático não exalta o conflito e sim *um processamento dinâmico do consenso baseado no princípio de que, seja o que for que se declare justo, ou verdadeiro, deve suportar a crítica e o dissenso e ser revitalizado por eles.*
>
> A procedimentalização do agir administrativo, a fixação de regras para o modo como a Administração deve atuar na sociedade e resolver os conflitos configura, assim, a condição indispensável para a concretização da democracia. Sem a fixação do procedimento administrativo, impossibilita-se qualquer relação estável entre Administração e cidadãos, onde cada um saiba até onde vai o poder do outro e como este poder será exercido.[161]

O mesmo Bacellar Filho avança na sua construção conceitual ao afirmar que o "procedimento administrativo, por si só, não basta para a democracia. É elemento necessário, mas não suficiente. Além de exigir prévia aceitação (deve haver um consenso sobre o método, a regra de solução do conflito), a sociedade moderna ainda exige o princípio da participação do cidadão por meio do procedimento (processo)".[162]

---

[161] Op. cit., p. 130. A parte destacada pertence a SARTORI. *A teoria da democracia revisitada*: o debate contemporâneo, p. 130-131.

[162] Op. cit., p. 134.

Ou seja, exsurge da construção conceitual a ideia de que o processo é o procedimento em contraditório.[163] Assim, se pode concluir que o procedimento, como sucessão lógica e encadeada de atos, visando culminar com uma manifestação de vontade, quando encontra pretensões resistidas, e assegura o contraditório das mesmas, é processo.

A regulação, como instituto jurídico, quer dos serviços públicos, quer da atividade econômica em sentido amplo, se reveste de conteúdos antes assentados. Assim, legítima sob o ponto de vista material, e não meramente procedimental, será a norma regulatória, o resultado final da contradição, juridicamente regrada, entre os mais variados interesses em conflito (os próprios do Estado, os dos prestadores do serviço ou da atividade e os consumidores ou cidadãos-usuários) no seio da sociedade.

O processo administrativo da regulação: audiências e consultas públicas nas agências reguladoras: controle social ou déficit democrático?

A assertiva de Jürgen Habermas de que "a legitimação do Estado Democrático de Direito não se satisfaz pelo fato de que as leis e sentenças se pronunciem segundo o procedimento prescrito", eis que, nas questões fundamentais da vida, "não é suficiente a legitimidade procedimental",[164] continua plena de atualidade, uma vez que não é possível compreender a ideia de que a finalidade da Administração Pública, assim como a do Estado, por evidente, não seja outra que não o cidadão. Do contrário, de nada serviria a existência da estrutura jurídico-orgânica da primeira e do arcabouço constitucional do segundo.

A finalidade da Administração Pública e do Estado reside na importância fundamental da noção de serviço público, assim como do seu substrato formal de Direito Público.

---

[163] Idem, p. 135.

[164] HABERMAS. *Derecho y violencia*: un trauma alemán. Ensayos políticos. Apud SALOMONI. Reforma del estado: su configuración constitucional a través de la reforma de 1994. *AeDP* 7, p. 109.

Neste contexto, necessita-se compreender que os legítimos interesses da cidadania não podem e nem devem ser confundidos com os interesses estatais, na forma concebida por Ricardo Alessi e inseridos no direito brasileiro por Celso Antônio Bandeira de Mello.[165]

O que importa discutir, na esfera das audiências e consultas públicas levadas a efeito no âmbito das agências reguladoras, é a questão do controle social, como efetivo instrumento de democracia ou se o mesmo, na verdade, implica num déficit democrático.

Verificando-se o regime jurídico-normativo das agências reguladoras no direito brasileiro, encontra-se um verdadeiro arsenal de regras que versam sobre o denominado controle social. Ou seja, normas existem e em número considerável. O exame da aplicação das mesmas é que deve ser analisado criticamente.

Partindo da Constituição da República, que deve, por elementar, ser interpretada de modo a se obter o máximo de eficácia dos seus dispositivos, bem como dos princípios fundantes e reitores da República, que aparecem no art. 1º (cidadania, dignidade da pessoa humana, valores sociais do trabalho e da livre iniciativa e o pluralismo político), encontramos como razão da existência do Estado o serviço público, uma vez que "a legitimidade do Estado-Administração depende da eficiência na prestação de serviços essenciais para a proteção dos direitos fundamentais".[166] Ou como posicionou-se Cármen Lúcia Antunes Rocha, "a forma de prestação do serviço público justifica-se pela circunstância de que a própria Constituição ter configurado o direito do cidadão (usuário) ao serviço público adequado",[167] uma vez que o "direito ao uso dos serviços (públicos) é um dos direitos fundamentais do cidadão".[168]

---

[165] Cf. BANDEIRA DE MELLO. *Curso de direito administrativo*. 21. ed. São Paulo: Malheiros, 2006, p. 62 et seq.

[166] BACELLAR FILHO. O poder normativo dos entes reguladores e a participação dos cidadãos nesta atividade: serviços públicos e direitos fundamentais: os desafios da regulação na experiência brasileira. *Interesse Público*, n. 16, p. 14.

[167] ROCHA. *Estudos sobre concessão e permissão de serviço público no direito brasileiro*. São Paulo: Saraiva, 1996. p. 32.

[168] DALLARI. Direito ao uso dos serviços públicos. *Revista Trimestral de Direito Público*, n. 13, p. 215.

No que interessa ao presente estudo, é importante localizar o art. 37, §3º, da Constituição da República, onde se verifica como fato gerador de verdadeiro Direito Público subjetivo do cidadão-usuário de serviços públicos de *participar da administração do mesmo*, seja ele prestado direta ou indiretamente pelo Estado, bem como, no mesmo art. 37, desta vez no §3º, I, o direito de reclamação contra a inadequada prestação de serviços públicos por parte da Administração Pública ou de quem lhe faça às vezes.

Pois bem, importa verificar se o ordenamento hierarquicamente inferior à Constituição da República guarda obediência aos comandos constitucionais antes invocados.[169]

Neste ordenamento, inferior à Constituição, notadamente naqueles que criaram e regulamentaram as agências reguladoras, encontramos imenso cipoal de normas referentes ao tema da participação/reclamação do usuário que constrói o denominado controle social dos serviços públicos.

Por exemplo, o artigo 21 do Decreto n.º 2.335/97 determina que todo e qualquer processo decisório que implicar em efetiva alteração dos direitos dos agentes econômicos do setor elétrico ou dos consumidores, no âmbito da ANEEL, deverá ser precedido de audiência pública para (I) recolher subsídios e informações para o processo decisório da ANEEL; (II) propiciar aos agentes e consumidores a possibilidade de encaminhamento de seus pleitos, opiniões e sugestões; (III) identificar, da forma mais ampla possível, todos os aspectos relevantes à matéria objeto da audiência pública e (IV) dar publicidade à ação regulatória da ANEEL. Nas

---

[169] "No primeiro caso, a reclamação visa propiciar que o usuário participe da administração do serviço com a finalidade de que o mesmo lhe seja prestado com qualidade. No segundo, o consumidor exerce o seu direito de reclamar apenas para que possa consumir com qualidade. O consumidor assim, não é agente ativo da administração da atividade econômica privada. Não atua na materialização do bem ou do serviço que consome. Ao contrário, o usuário é sujeito ativo da produção material do serviço público. Em outras palavras, o consumidor quando reclama o faz na exigência de receber um bem, ou serviço, de qualidade. Não recebendo, busca a indenização do dano econômico e/ou moral que sofreu. Sua passividade só se transforma em ação objetiva e concreta, quando exerce seus direitos de reclamação e indenização. Pouco lhe importa o processo produtivo. Por seu turno, o usuário é sempre sujeito ativo, assim o querendo, pois pode interferir no processo de produção material do serviço público." MOTTA. O cidadão usuário de serviços públicos na Constituição Federal. In: FERRAZ; MOTTA. *Direito público moderno*: homenagem especial ao professor Paulo Neves de Carvalho. Belo Horizonte: Del Rey, 2003, p. 151.

Regulação e universalização dos serviços públicos | 75

demais agências reguladoras encontramos dispositivos normativos semelhantes ao descrito.

Conforme escrevi antes, sobre o denominado controle social, o mesmo se constitui no mais efetivo e eficaz controle, eis que diretamente exercido pela cidadania, com custos relativos baixos, geralmente suportados pela própria sociedade, notadamente no trabalho investigatório que vem sendo procedido pelos meios de comunicação social.[170]

O que resta verificar é a situação material de referido controle, notadamente no que se relaciona às audiências e consultas públicas. A experiência haurida permite, desde já, verificar que algumas barreiras não foram transpostas pela cidadania.

O primeiro óbice reside na ausência de normas processuais onde o usuário de serviço público possa exercer os seus direitos de participação e reclamação. A omissão do Congresso Nacional em elaborar um Código (Processual) de Defesa dos Usuários e Prestadores de Serviços Públicos torna ausente um sistema de ritos, prazos e recursos uniformes dentro dos procedimentos adotados pelas agências reguladoras.[171]

Neste caso, é revelador que num sistema regulatório plasmado do direito norte-americano (naquilo que defende o interesse das empresas prestadoras de serviços públicos, na maioria dos casos estrangeiras) não se tenha buscado nenhuma das notáveis contribuições dos Estados Unidos no que diz respeito ao APA,[172] que traça normas processuais para uniformizar os procedimentos, evitando-se uma privação arbitrária dos direitos dos usuários, bem como de garantir a participação efetiva deles nos procedimentos decisórios, assim como a existência de uma previsibilidade nos procedimentos utilizados para cada tipo de participação/reclamação, sem olvidar a fixação de prazos para demandas e solução das mesmas.

Nossa herança residente no art. 75 do antigo Código Civil Brasileiro, mas aplicada a todos os ramos do Direito Processual,

---

[170] MOTTA. *Agências reguladoras*. Barueri: Manole, 2003. p. 134.

[171] MOTTA. Idem, p. 135.

[172] Sobre o APA – *Administrative Procedure Act*, editado em 1946, consulte-se TAWIL, Guido Santiago. *Administración y justicia*: alcance del control judicial de la actividad administrativa. Buenos Aires: Depalma, 1993. t. I.

inclusive nos levados a efeito na esfera administrativa, é a de que *a todo direito corresponde uma ação, que o assegura*. Na ausência de normas procedimentais administrativas, relativas aos direitos dos usuários de serviços públicos, os direitos materialmente assegurados não encontram efetiva tutela.

Assim, os dispositivos constitucionais, bem como o conjunto normativo das leis e decretos sobre o controle social de direito material, acabam por cair em descrédito, uma vez que inexistem, no ordenamento jurídico vigente, normas processuais de efetivação dos direito invocados e discutidos nas audiências e consultas públicas.[173]

Notadamente a finalidade das audiências públicas, bem como das consultas, reside na obtenção de subsídios e informações para que as agências reguladoras possam tomar decisões técnicas e políticas.

A ausência de normas processuais não permite, com a necessária transparência, que nos casos em que as informações fornecidas por diferentes prestadores ou por usuários civilmente organizados, ou até mesmo de forma individual, sejam contraditórias (o que vale reconhecer a existência de "pretensões resistidas"), se possa verificar se o procedimento de tomada das decisões por parte das agências tenha, efetivamente, garantido o contraditório e a ampla defesa.

Nos casos em que as decisões tomadas venham a causar prejuízos a qualquer das partes envolvidas, a ausência de regras processuais não permite que se possa responsabilizar, nas esferas civil, administrativa e criminal, o(s) autor(es) de informações ou subsídios falsos, equivocados ou manifestamente não apropriados aos casos concretos objeto das audiências (ou consultas) públicas.

Pode-se também supor, com imensa facilidade, que os pleitos encaminhados por diferentes prestadores, bem como dos usuários, sejam, muitas vezes, completamente divergentes. Mais uma vez a ausência de regras claras impede que a parte prejudicada possa obter a revisão da decisão regulatória tomada, eis que não está

---

[173] *Agências reguladoras*, p. 135.

prevista no ordenamento qualquer forma ou figura de direito, nem mesmo prazo para a decisão.

Na mesma toada, a ausência de normas processuais cria imensos óbices aos princípios da segurança jurídica e da boa-fé dos administrados, uma vez que a própria Súmula nº 473 do Supremo Tribunal Federal vem sofrendo uma série de abrandamentos para que os princípios antes citados possam ser assegurados.[174]

A maior gravidade da omissão legislativa reside no fato de que as agências reguladoras não solucionam conflitos entre partes iguais, mas sim entre pessoas jurídicas (as prestadoras de serviços públicos) e pessoas físicas (os usuários) profundamente desiguais, não só no ponto de vista econômico, mas também político e social.

Outro ponto da maior gravidade reside na falta de preparo técnico por parte dos usuários, notadamente nas intrincadas questões dos parâmetros tecnológicos e dos custos dos serviços públicos. É elementar que o usuário, isoladamente considerado, ou mesmo quando associado a outros, não dispõe de recursos econômicos para contratação de auditorias, consultorias ou aquisição de material técnico, ao contrário das empresas prestadoras que mantêm fartos plantéis de profissionais da mais alta capacitação em seus quadros de pessoal ou dispõem de recursos para terceirizarem estas atividades. Assim, nas audiências e consultas públicas a disparidade de forças é por demais evidente. De um lado usuários ou conjunto de usuários bem-intencionados, mas desprovidos de recursos para o adequado preparo técnico. De outro, empresas prestadoras com farto material produzido por pessoas notadamente preparadas para tanto. A disparidade de condições, neste caso, não significa controle social, mas sim manipulação do mesmo, configurando-se, aí, o denominado déficit democrático.

É evidente que qualquer relação dialógica, no campo da ética, deve partir de pressupostos elementares: (I) a boa-fé dos interlocutores e (II) que cada interlocutor disponha de conhecimentos inerentes ao objetivo da conversação. Do contrário, não há

---

[174] ZANCANER. *Da convalidação e da invalidação dos atos administrativos.* 2. ed. São Paulo: Malheiros, 1996. p. 96 et seq., bem como farta Jurisprudência, não só do STF, mas dos mais variados Tribunais.

diálogo, mas simples engodo, burla. O controle social, mais uma vez, não passará de mascaramento, ou o que é ainda mais grave, carnavalização do controle social.

Em estudo digno de nota, Paulo Todescan Lessa Mattos[175] realizou pesquisa empírica que teve como objeto as consultas públicas realizadas pela ANATEL nos anos de 1997 a 2001, apresentando a seguinte conclusão:

> (...) conclui-se que a participação está essencialmente concentrada nos grupos representantes do segmento específico de telecomunicações. Essa participação pode ser considerada ainda maior, se assumirmos que grande parte do segmento de "consultores e advogados" representa interesses de empresas do segmento específico de telecomunicações. Além disso, a maioria das contribuições constantes do segmento "outros" são de organismos que também representam, conforme os nomes dos contribuintes identificados por consulta pública, interesses relacionados, direta ou indiretamente, às empresas que compõem o segmento de telecomunicações.
>
> Por sua vez, é importante ressaltar a pequena participação de órgãos governamentais e, em especial, a ausência de participação de partidos políticos. Também é reveladora a ausência de participação de associações ou órgãos de tutela ao consumidor, como por exemplo, os Procons.
>
> Por fim, cabe observar que da análise dos dados disponíveis sobre a participação de pessoas físicas, apesar dos números terem apontado para uma participação relevante, não é possível afirmar que essas sejam formadas apenas por usuários dos serviços de telecomunicações e não, mais uma vez, por representantes das empresas que compõem o segmento de telecomunicações.
>
> Nesse contexto, cabe observar que o grau de participação dos grupos representantes do segmento específico de telecomunicações certamente será sempre alto, tendo em vista que se trata de uma agência reguladora do setor de telecomunicações. Contudo, é muito significativo o fato de que há uma baixa participação de órgãos de tutela dos interesses do cidadão.
>
> Se assumirmos a tese de que o grau de informação disponível aos cidadãos sempre será mais baixo do que o grau disponível aos grupos representantes dos interesses das empresas do segmento de telecomunicações, principalmente no que diz respeito ao conteúdo técnico das normas editadas pela Agência, a participação de órgãos especializados na defesa dos interesses dos cidadãos (como os Procons) ou de representantes

---

[175] MATTOS. Agências reguladoras e democracia. In: SALOMÃO FILHO (Coord.). *Regulação e desenvolvimento*. São Paulo: Malheiros, 2002. p. 182-230.

especializados (advogados engajados, para usar um termo proposto por Habermas) seria de especial importância. No entanto, isso não está ocorrendo.[176]

E arremata o autor citado demonstrando que, mais uma vez, estamos diante da *sociologia da inautenticidade*, com uma modernização *para inglês ver*, continuando a sermos *personalistas e patrimonialistas*, com processos de legitimação *exteriores* e *artificiais*.[177]

No campo da inautenticidade *para inglês ver*, é forçoso demonstrar, dentre outras incoerências, a primeira audiência pública realizada por uma agência reguladora no Brasil, datada de 17 de fevereiro de 1998, pela ANEEL, com o objetivo de "obter subsídios e informações adicionais, no que se refere à prestação do serviço ao consumidor, para a conclusão do processo de fiscalização do serviço público de energia elétrica realizado pela LIGHT – Serviços de Eletricidade S.A".

Nesta audiência, assim que se iniciou o pronunciamento das pessoas inscritas, de acordo com a ordem de inscrição "houve um corte de energia no recinto que se estendeu por cerca de cinco minutos. As causas deste corte de energia não foram esclarecidas durante o evento, devendo registrar-se que, quando da sua ocorrência, forte temporal caia sobre o local".[178]

O controle social da regulação no Brasil esbarra numa série de dificuldades, começando na omissão legislativa do Congresso Nacional até a autêntica *carnavalização* das audiências e consultas públicas, que, no mais das vezes, servem apenas de palco para a defesa dos interesses das empresas prestadoras dos serviços públicos, ocorrendo, na espécie, um considerável déficit democrático, que afasta o Brasil da modernidade.

Pretende-se colocar nosso país numa incerta pós-modernidade, sendo que não alcançamos ainda patamares mínimos de civilização em variados pontos de efetiva defesa da cidadania.

---

[176] MATTOS, op. cit, p. 227-228.
[177] Idem, p. 229.
[178] Ata de Audiência Pública – ANEEL – n. 001/98, in: <www.aneel.gov.br>.

Chama atenção, ainda, que até o ano de 2001, conforme texto citado, os *Procons* praticamente não tenham participado de consultas públicas no âmbito de uma das mais importantes agências reguladoras no Brasil. Pior, e ainda mais dramático, é constatar-se que após o ano de 2001 o panorama não tenha sofrido mudanças de monta. Ou seja, o próprio Estado brasileiro (nas três esferas de entes federativos) não vem conseguindo ser eficiente na proteção dos direitos dos usuários dos serviços públicos e seus órgãos de defesa dos consumidores não conseguem articulação necessária para representar a cidadania em discussões que se mostram decisivas para o futuro do Brasil.

Quando estamos diante de direitos que não possuem ações capazes de assegurá-los, é evidente que não se pode, a rigor, falar em controle social, mas sim em déficit, profundo no caso, democrático.

Calha, portanto, transcrever a precisa observação de Joaquim Barbosa Gomes:

> Como se vê, é bastante sério o problema da legitimidade democrática das agências, que se agrava sobremaneira, a nosso sentir, em razão das mazelas da nossa vida institucional, do artificialismo de muitas das nossas instituições, da apatia do povo face às opções políticas fundamentais que lhe afetam e da precariedade dos diversos mecanismos de controle previstos no nosso ordenamento jurídico.[179]

A limitação mínima, média ou máxima da liberdade e da propriedade

Aqui reside, induvidosamente, a construção menos complexa de ser entendida, uma vez que tradicional no Direito Administrativo, as diferentes intensidades de limitações estabelecidas pelo poder de polícia. É evidente que, nestes termos, esse ponto não guarda grandes dificuldades.

O agente regulador, dependendo das esferas de interesses que regule, poderá modular a intensidade da regulação, conforme

---

[179] GOMES. Agências reguladoras: a "metamorfose" do Estado e da democracia: uma reflexão de direito constitucional e comparado. *Revista de Direito da Associação dos Procuradores do Novo Estado do Rio de Janeiro*, v. 11, p. 115, 2002.

os interesses a serem tutelados pela norma regulatória. Deste modo, pode-se vislumbrar, nos mais diversos estatutos regulatórios, diferentes intensidades de limitações à liberdade e propriedade. Assim, quando os entes regulatórios estabelecem a imposição de negociação entre as partes, nos interesses contrapostos de prestadores com outros prestadores e de prestadores com cidadãos-usuários, estaremos, por evidente, diante de uma limitação mínima. Quando, por sua vez, a norma regulatória assegura a uma prestadora a possibilidade de desapropriar, até mesmo bens públicos, estaremos, por óbvio, diante de uma limitação máxima de outrem.

A opção ideológica do legislador

Preambularmente se faz necessário consignar de que não estou utilizando o vocábulo *ideologia* no sentido historicamente estabelecido pelo jovem Marx, qual seja, como sinônimo de negação ou encobrimento de uma realidade que não pode ser desvendada.

Tal se faz necessário consignar, uma vez que, conforme anota Mário Sttopino, "tanto na linguagem política prática, como na linguagem filosófica, sociológica e político-científica, não existe talvez nenhuma outra palavra que possa ser comparada à Ideologia pela frequência com a qual é empregada e, sobretudo, pela gama de significados diferentes que lhe são atribuídos".[180]

À construção marxista, os autores, a partir de Norberto Bobbio, denominam de ideologia no seu significado forte.[181] O sentido que utilizo, que a seguir explico, Bobbio denominou de ideologia no seu significado fraco.

No seu significado fraco, "ideologia designa o *genus*, ou a *species* diversamente definida, dos sistemas de crenças políticas: um conjunto de idéias e de valores respeitantes à ordem pública e tendo como função orientar os comportamentos políticos coletivos".[182]

---

[180] STTOPINO. Ideologia. In: BOBBIO et al. *Dicionário de ciência política*. 6. ed. Brasília: Ed. UnB, 1988. p. 585.
[181] Idem, p. 585.
[182] Idem, p. 585.

E utilizo o conceito, com o seu significa fraco, eis que o mesmo é o que predomina na "ciência e na sociologia política contemporânea".[183]

Em assim sendo, quando digo que a intensidade da regulação (mínima, média ou máxima) é uma opção ideológica do legislador, estou defendendo a ideia de que, em dado espaço geográfico e em dada época histórica, a intensidade da regulação dependerá muito mais de um conjunto de ideias e de valores respeitantes à ordem pública e tendo como função orientar os comportamentos políticos coletivos, do que uma vontade fundada nas pessoais convicções políticas, filosóficas, econômicas ou sociais do legislador.

Em outras palavras, dependendo das condições objetivas de cada sociedade, bem como da ordem pública (econômica, social, política, cultural), pouco importará o conjunto ideológico (aqui no seu significado forte) dos legisladores.

Tal assentada, explica, creio, minha oposição de que a regulação, independentemente da realidade econômico-social da cada país, tenha necessariamente que seguir, às cegas, a Ideologia (aqui mais uma vez no sentido forte) do Estado neoliberal, a Ideologia das classes dominantes ou, em sentido oposto, a do Estado Absoluto ou do socialismo.

O marco inicial da regulação, sob o ponto de vista jurídico, é induvidosamente a Constituição. Nela repousam os balizamentos nos quais o legislador irá utilizar para fixar a norma regulatória. Qualquer outra fonte, mesmo que buscada no direito estrangeiro ou nos mapas astrais,[184] que contrarie os princípios fundamentais do Texto Constitucional não encontrará espaço de legalidade e legitimidade, ao menos no Brasil, Estado Social e Democrático de Direito, enquanto vigente a atual ordem constitucional.

Visão oposta a esta certamente também será ideológica, só que no sentido oposto, ou seja, a da negação ou encobrimento de uma realidade (a de tentar, sob os mais variados, e muitas vezes

---

[183] Idem, p. 585.

[184] Como diz Luís Roberto Barroso, "se lhe fosse dada a escolha", a pós-modernidade "provavelmente substituiria a Constituição por uma mapa astral". Fundamentos teóricos e filosóficos do novo direito constitucional brasileiro: (pós-modernidade, teoria crítica e pós-positivismo). *Revista Tributária de Direito Público*, n. 29, p. 32.

sem nexo, motivos transformar o Texto Constitucional vigente em "letra morta").

De outra banda, não teríamos como explicar determinados estatutos hodiernamente presentes no ordenamento jurídico pátrio que não guardam exata correspondência com os interesses historicamente dominantes na sociedade brasileira, sendo, dentre outros, o Código de Defesa do Consumidor claro exemplo do afirmado. Em que pese a composição socioeconômica do Congresso Nacional na época, o referido diploma legal, regulamentador dos dispositivos constitucionais, guardou fidelidade ao mandamento maior, ignorando, e até mesmo contrariando, algumas práticas até então arraigadas na sociedade.

É evidente, nesta toada, que a regulação não será mero instrumento econômico, mas sim instituto jurídico constitucionalmente adotado, conforme as necessidades de ordem pública que imperem em dado momento e em dado espaço.

A funcionalidade e racionalidade do mercado

Neste tópico, o último desta parte, é importante frisar, inicialmente, como o faz Alexandre Aragão, que "o mercado é decorrência natural e espontânea do dinamismo social", mas "por outro lado, é uma criação jurídica, vez que apenas pode se desenvolver caso existam os veículos e garantias jurídicas necessárias".[185]

O mesmo autor, calcado em Habermas, aponta, a meu ver com correção, que:

> Não podemos ter a ingenuidade de achar que o Direito tem inteira disponibilidade sobre o mercado. Malgrado as suas inegáveis possibilidades de ingerência, os aspectos de maior dinamismo do mercado são dificilmente apreensíveis pelo Direito. É neste sentido que Jürgen Habermas afirma que "ainda que os mercados possam ser organizados e controlados politicamente, obedecem a uma lógica própria que se distancia dos controles sociais".[186]

Contudo, faço questão de fazer constar que o mercado também pode, dentro de sua lógica própria, se aproximar do Estado,

---

[185] Op. cit., p. 61.
[186] Idem, p. 61.

quando encontra no mesmo regras claras e transparentes (que não se confundem com imutáveis) que possibilitem a incorporação (ao mercado) de novos consumidores e cidadãos-usuários de serviços públicos.

À regulação, pois, como instituto jurídico, compete dar funcionalidade e racionalidade ao mercado com o intuito de incorporar ao mesmo, como compradores das coisas que necessitam, e vendedores das coisas que sobejam, um número cada vez maior de cidadãos, quer consumidores, quer cidadãos-usuários de serviços públicos. Assim agindo, a mão visível pode, pelo direito, ser visualizada.

Uma indagação: qual a razão de a regulação ser apresentada como algo novo e revolucionário?

Visto que o conceito de *regulação* não é novo, e muito menos revolucionário, eis que os aportes necessários para a sua construção são encontrados na doutrina nacional e estrangeira, desde muito, fica em aberto uma pergunta: qual a razão de o instituto jurídico da regulação ser apresentado como algo novo e revolucionário?

Ao tempo do Brasil colônia, o Direito português entendia como "administração econômica (...) a polícia, i.e., a actividade do poder tendente a organizar as actividades econômicas e sociais".[187]

Do Livro II das *Ordenações Filipinas* retira-se:

TÍTULO SEXTO. DO DIREITO DA POLÍCIA. CAPITULO I. DOS OBJECTOS PARTICULARES DA POLÍCIA.

CXXIII. Por Direito de Polícia entendemos a autoridade, que os Príncipes tem para estabelecerem e proverem os meios, e subsídios, que facilitem, e promovam a observância das suas Leis. Os meios são principalmente a cultura das Disciplinas, o aumento da População, a saúde dos Povos, o Comércio, a Agricultura, as Manufacturas.

CXXIX. A necessidade da população pede necessariamente a sua conservação: o meio desta se conservar é pelo cuidado na saúde dos Povos. Esta depende da boa qualidade dos alimentos, de um perfeito conhecimento da Medicina, e do estabelecimento de lugares públicos para cura

---

[187] HESPANHA, op. cit., p. 15.

dos enfermos, sustentação dos pobres, e para creação dos expostos. Este importantíssimo objecto, que tem merecido o primeiro cuidado a todas as Nações civilizadas, tem feito o primeiro objecto da Polícia Portuguesa.

CXXX. Depois da conservação da saúde dos Povos, que pede a necessidade da população, é igualmente necessária a Agricultura. Por esta arte se utilizam os homens da admirável produção da Natureza; por ela alcançam tudo o que lhes é necessário para sua conservação, e para satisfação do seu espírito; por ela se enriquecem os Patrimônios, se fertilizam os Estados, se engrossa o Comércio. Ela é o nervo do Estado, sem o qual não há comércio durável, nem riquezas próprias. Ela tem justamente merecido o primeiro cuidado, e feito o primeiro objeto da Polícia de todas as Nações.

CXXXI. Destes princípios se conhece a justa razão, com que os Povos muitas vezes pediam aos Senhores Reis de Portugal providências sobre a Agricultura, e a autoridade, com os mesmos Monarcas providenciaram sobre esta matéria, não só constituindo Leis Agrárias, mas incitando a indústria, e cuidado dos seus vassalos, e promovendo-lhes o meio mais adequado para se instruírem no conhecimento desta Arte, qual a ciência da História Natural, pelo estabelecimento público desta importantíssima ciência pelo Senhor D. José I de imortal memória, na Universidade de Coimbra.

CXXXII. Depois da Agricultura, fazem igual objeto da Polícia as Artes fabris, ou Manufacturas. Não vive, pois, o homem somente da simples produção da terra, nem os Estados se conservam unicamente pelo simples benefício da Natureza, é necessário que a indústria, artifício do homem, supram estas faltas. Em todas as Nações mais civilizadas sempre mereceram a maior contemplação as manufatcturas; não só as da primeira necessidade, mas também as úteis e as voluptuosas: aquelas pela sua mesma necessidade, e estas porque elas fazem industriosos os homens, enchem de satisfação o seu espírito muitas vezes abatido com as incalamidades da vida, ocupam os vassalos, evitam a ociosidade, diminuem os mendigos, fazem crer a população, pelo muito que por este meio se promovem os casamentos e servem de grande utilidade para o Comércio.

CXXXIII. O Comércio, todos conhecem, é o meio pelo qual cada um vende, ou comuta os gêneros, que lhe sobejam, pelos que lhe faltam, e de que necessitam, por isso se define: *Muttuae eorum, quae ad vitae necessitatem, ae comoditatem pertinent, commutationes.* Desta definição do Comércio, e dos fins a que ele se dirige, se mostra quanto ele é interessante, não só a cada um dos homens em particular, mas à mesma sociedade; por isso não deve ser unicamente dirigido pela liberdade natural de cada um. Neste ponto tanto mais interessa a regulação, modificação e estímulo da mesma liberdade, quanto à inação do homem, e abuso pode ser prejudicial ao mais interessante objeto do bem comum. Ela tem sido sabiamente regulada pelos nossos Monarcas. A instituição científica do Comércio, os privilégios, e graus de Nobreza concedida aos Comerciantes, os castigos contra o dolo, a fraude dos Mercadores, que se levantam com as fazendas alheias; e contra os perturbadores do Comércio, são os meios de que eles têm servido para a utilidade e aumento do Comércio.[188]

A construção do Legislador apontado, ou seja, na qual o comércio (com claro sentido de mercado) nada mais é do que o local "onde cada um vende, ou comuta os gêneros, que lhe sobejam, pelos que lhe faltam, e de que necessitam" e precisa ser *sabiamente regulado*, eis que, o "abuso pode ser prejudicial ao mais interessante objeto do bem comum" serve para que se retirem muitas conclusões.

A primeira: é falsa a assertiva de que é imprescindível, sendo, portanto, apenas recomendável, estudar o direito norte-americano para que se entenda o que é regulação. A segunda: também falsa a ideia de que a regulação, para ser bem feita, prescinde dos princípios da *common law*. Terceira: os legisladores de Portugal, no século XVI, não confundiam *regulation* com *rulemaking*. Quarto: o que há de novo, nos aportes pretensamente revolucionários, é que os mesmos denotam desconhecimento com a própria origem do Direito brasileiro. Quinto: a expressão *regulação* já era utilizada, à larga, e com construção científica precisa, desde os tempos das *Ordenações*.

Entendo, pois, que não sendo jurídica a necessidade de se apresentar a regulação como algo novo e revolucionário, a resposta a tal proposição somente pode ser encontrada no bojo das reformas econômicas realizadas no último decênio do milênio passado, ou seja, nas necessidades inerentes do neoliberalismo para conquistar ideologicamente todos os setores da atividade produtiva humana.

Sem meios tons, por certo, o caráter revolucionário que se aspira realizar em relação ao instituto jurídico da regulação não é outro se não o de permitir que o neoliberalismo, para se impor, atinja seus desideratos.

O objetivo maior desta ideologia econômica é o de transformar todas as manifestações humanas em *mercadoria*, conforme

---

[188] SAMPAIO, Francisco Coelho de Sousa e. *Prelecções do direito pátrio, público e particular:* primeira e segunda parte em que se trata das noções preliminares e do direito público português. Coimbra, 1793. Terceira parte. Em que se trata do livro II das ordenações Filipinas, Lisboa, 1794, apud HESPANHA, op. cit., p. 422 et seq.

visto na introdução deste trabalho. Para tanto, cada manifestação humana ao ser transformada em mercadoria adquire um valor, maior ou menor conforme as *necessidades do mercado*. Assim, temos *mercadorias* que valem mais do que outras. As de maior valia interessam ao mercado, as demais não.

É, portanto, o neoliberalismo um sistema excludente. Tudo aquilo que se constituir em *mercadoria* de valor insignificante (ou negativo) para o mercado deve ser excluído deste mesmo mercado. Tal fato explica, nos Estados despreocupados com o seu povo, por exemplo, que estabelecimentos públicos de saúde, no mais das vezes, seriam reprovados, e até mesmo teriam suas portas cerradas para todo o sempre, se tivessem que cumprir, materialmente, as regulações que são exigidas dos hospitais privados, exatamente porque a doença do hipossuficiente é *capital morto,* enquanto a saúde do produtor de riquezas é agregadora de valor econômico.

Apresentar, portanto, a regulação como algo novo e revolucionário não é pensar juridicamente, mas sim ideologicamente, com o claro intuito de excluir do mercado todas as manifestações transformadas em mercadorias de menor, insignificante ou de valor negativo.

Alguém poderia sustentar que a presente constatação também é ideológica. Quero, neste momento, tranquilizar os autores da eventual assertiva crítica. Reduzir o neoliberalismo a uma manifestação ideológica também é, e não poderia ser diferente, manifestar-se ideologicamente e exercer um direito, ou seja, o da livre manifestação do pensamento.

Ademais, dada a sua força econômica, política, mas sobretudo de convencimento ideológico, o neoliberalismo encontra ambiente para prosperar não só nas ditaduras, mas também nas democracias.

No seu notável trabalho publicado em português,[189] Guillermo Andrés Muñoz transcreve este trecho estarrecedor de Perry Anderson:[190]

---

[189] MUÑOZ. *Os entes reguladores como instrumento de controle dos serviços públicos no direito comparado*, p. 143-144, nota 5.

[190] ANDERSON. *Neoliberalismo*: un balance provisorio. VV. AA. La trama del neoliberalismo. Buenos Aires: Ed. Universidad de Buenos Aires, 1997. p. 25-26.

Recordo uma conversa no Rio de Janeiro, em 1987, quando era consultor de uma equipe do Banco Mundial e fazia uma análise comparada dos 24 países do Sul com relação às suas políticas econômicas. Um amigo neoliberal da equipe, um economista muito inteligente, grande admirador da experiência chilena sob o regime de Pinochet, me disse que o problema crítico do Brasil não era uma taxa de inflação demasiado alta — como pensava a maioria dos funcionários do Banco Mundial —, mas demasiado baixa. Esperamos que os diques se rompam, dizia. Aqui precisamos uma hiperinflação para condicionar o povo a aceitar a drástica medicina deflacionária que falta neste país. Depois, como sabemos, a hiperinflação chegou ao Brasil, e as consequências prometem ou ameaçam confirmar a sagacidade desse neoliberal local.[191]

Assim, mesmo numa democracia como a brasileira, cujos avanços diários são notáveis, a força ideológica do neoliberalismo é tão portentosa, que alguns, diariamente, são levados a crer que este sistema, apesar de alastrar evidentes sintomas de agravamento das tensões sociais, é o único possível. Seria o mesmo, respeitosamente, que, na mais extraordinária imbecilidade, genialmente criada para ser avidamente consumida por "mentecaptos", o sadio que não necessita de tratamento médico consumisse, por força de intensa publicidade, um remédio que o mataria, porque o remédio, não só é o melhor, mas o único possível, pois, do contrário, a morte, quando doente ficasse, seria ainda pior.

Creio que o nosso país, como de resto tantos outros, já sofreu demais com regulações econômicas irrefletidas e irracionais (por buscarem a racionalidade apenas no econômico), desprovidas de senso ético e importadas de organismos internacionais não compromissados com os legítimos anseios do nosso povo por um sistema econômico mais digno e não apenas preocupado com o funcionamento eficaz, ou eficiente, como queiram, da economia, com o único intuito de satisfazer o *mercado*.

Tal política, como se não bastasse ser imoral, é, com certeza, inconstitucional, pois, não sendo a Constituição da República Federativa do Brasil excludente, e sim includente, eis que Cidadã, como conceituou o inesquecível Ulysses Guimarães, seu realizador moral, a tentativa de utilizar a regulação como algo novo e revolucionário

---

[191] Idem, p. idem.

Regulação e universalização dos serviços públicos | 89

vem tendo, até agora, um claro propósito ideológico que pode ser sintetizado através das seguintes técnicas manipulativas:

1. sustentar que o Estado Social está morto;
2. sustentar que o Direito nacional é incapaz de regular as novas necessidades do país, devendo, portanto, abrir espaço ao estrangeiro, notadamente o do *common law* de extração norte-americana;
3. fugir, rumo ao Direito Privado, do Direito Administrativo;
4. introduzir novos institutos jurídicos ausentes da tradição doutrinária e jurisprudencial brasileira e violadoras da Constituição da República.

Antes de avançar, não resisto à tentação de transcrever, e depois comentar, um trecho tão brilhantemente produzido pela sempre talentosa pena de Luís Roberto Barroso. Sustenta o constitucionalista que o "fetiche da lei e o legalismo acrítico, subprodutos do positivismo jurídico, serviram de disfarce para autoritarismos de matizes variados. A idéia de que o debate acerca da justiça se encerrava quando da positivação da norma tinha um caráter legitimador da ordem estabelecida. Qualquer ordem".[192]

Ao analisar certas ideias, que antes e adiante estão qualificadas de irreflexivas, constato que o legalismo acrítico, este autêntico subproduto do positivismo jurídico, finalmente, depois de cinco séculos, inovou, em terras brasileiras. Ontem, como demonstra Barroso, o legalismo acrítico encerrava a discussão acerca da justiça quando da positivação da norma, em solo pátrio, por natural.

Agora, como se viu e, lamentavelmente, se verá, basta que a norma regulatória tenha sido positivada em outro país, desde que neoliberal, para que o fetiche se realize e o debate sobre a legitimidade se encerre. Caso a norma regulatória tenha sido redigida naquilo que pensam ser o melhor inglês, a discussão nem começa.

---

[192] BARROSO, op. cit., p. 45.

A regulação e a regulação neoliberal

Sumário: Introdução - A regulação como ideologia - A crise do Estado Social - A transferência de modelos jurídicos - A fuga do Direito Administrativo - O "poder regulador" e a função regulatória - Função regulatória - A delegificação

Introdução

A regulação, assim como a globalização, é uma moeda de duas faces. Nunca, conforme antes visto, deixou de existir regulação. Do mesmo modo globalização. Como diz Mestre Paulo Bonavides, "a globalização em curso no mundo contemporâneo se compreende melhor como espécie e não como gênero. Posta em termos de rigidez que exclui alternativas e inculca determinismo e fatalidade, privando a sociedade da esfera onde ela exercita a autodeterminação, o livre arbítrio e a soberania, a globalização é absolutamente falsa".[193] Assim, tal e qual a globalização, a regulação pode ser a face do colonialismo, e todas as suas nefastas consequências, mas pode ser a outra face, a da "civilização e progresso; caminho para a liberdade e para o advento da quarta geração de direitos fundamentais, aqueles fadados a redimir na paz, na democracia, e no pluralismo a sociedade da cidadania".[194]

A regulação como ideologia

O sistema econômico que tudo transforma em mercadoria adquire sua força exatamente pelas promessas que faz, e que

---

[193] BONAVIDES. *Do país constitucional ao país neocolonial*: a derrubada da Constituição e a recolonização pelo golpe de estado institucional. São Paulo: Malheiros, 1999. p. 15-16.

[194] Op. cit., p. 16.

jamais cumpre. Promete riqueza, novas formas de produzir, novas maneiras de distribuir as benesses do trabalho e do capital, mas somente produz, e distribui, o seu subproduto: a miséria. Na sua ânsia desesperada de transformar todas as coisas em mercadorias, prega que a produção normativa deve ser célere e imediata, razão pela qual os corpos legislativos *perdem,* pela força mitológica, a competência de produzir o Direito, sendo a tarefa assumida pelas agências de regulação.

Para convencer, eis que jamais demonstra o que promete, basicamente prega que o Estado Social, que propiciou o resgate de milhões de seres humanos em todos os rincões da terra, das condenações que sofreram por outras exclusões, morreu. Ou, quando muito, descreve uma crise, que, segundo os fundamentos filosóficos do neoliberalismo, é irreversível. Quer no óbito, quer na irreversibilidade, o neoliberalismo, demonstrando a pobreza de sua formulação teórica original, realiza sempre o mesmo diagnóstico e prescreve sempre o mesmo receituário. Não importa o doente. A fórmula jamais varia.

Assim, o diagnóstico pode ser resumido numa única frase: O Estado Social morreu, se ainda vive, está em crise e, consequentemente, morrerá.

As terapias, no Direito, que são as que nos interessam, do mesmo modo, são sempre as mesmas: preceituar que o Direito nacional é incapaz de regular as novas necessidades do país, devendo, portanto, abrir espaço ao estrangeiro, notadamente o do *common law* de extração norte-americana. Fugir, rumo ao Direito Privado, do Direito Administrativo. Introduzir novos institutos jurídicos ausentes da tradição doutrinária e jurisprudencial, e (pouco importa) violadoras das Constituições.

Passo, agora, a analisar cada um dos quatro tópicos antes enumerados.

A crise do Estado Social

Negar que o Estado Social está em crise seria, induvidosamente, e pedindo escusas pela expressão, estupidez completa. Contudo, isto não pode ser entendido no sentido que pretendem aqueles que descrevem formulações que tentam convencer que o Estado Social e sua característica maior, os serviços públicos, estão mortos e merecem um enterro respeitoso.

Outros sistemas também atravessaram crises e nem por isso tiveram lavrados seus atestados de óbito. Aliás, e sem que seja necessário tecer maiores considerações, o capitalismo vem sofrendo crises sucessivas desde o seu nascedouro, e nem por isso a utopia marxista, que vislumbrava o final do mesmo, materializou-se. Ao contrário, o capitalismo sempre saiu de suas crises ainda mais forte do que era, embora muitas vezes, como agora, absolutamente desumano e aético, e ainda em crise, com a "Queda do Muro de *Wall Street* em 2008".

Em outros tempos, institutos jurídico-constitucionais também atravessaram crises fortíssimas no Brasil, como por exemplo, a República, o Federalismo e o Presidencialismo e, mesmo assim, continuaram presentes nas Constituições, e, com idas e vindas, ainda existem e cumprem, nem sempre bem, é verdade, seus objetivos.

É induvidoso, apesar disso, que o capitalismo sempre teve, para sair das crises sucessivas em que mergulhava, um poderoso aliado: o serviço público. Para comprovar a correção da assertiva, vou buscar um considerável aporte num dos mais fidalgais inimigos do serviço público que aduz ser o mesmo "merecedor de um grande elogio, já que foi um instrumento de progresso e também de socialização, especialmente nos Estados pobres aos quais permitiu melhorar a situação de todos". Tal melhora, por certo absolutamente verdadeira, teve como ponto de partida "a técnica do serviço público" que "representou a grande revolução econômica e social dos últimos 150 anos, que deu lugar a um desenvolvimento sem precedentes da humanidade: sucessivas revoluções industriais e tecnológicas, processos de igualdade social, educação generalizada, atenção sanitária praticamente universalizada e um progresso sustentado de liberdade". As palavras reproduzidas pertencem ao professor espanhol Gaspar Ariño Ortiz.[195]

---

[195] ARIÑO ORTIZ. *Princípios de derecho público económico, modelo de estado, gestión pública, regulación económica*. Granada: Comares, 1999, p. 550, apud DOURADO. O repensar do conceito de serviço público. *Interesse Público*, n. 9, p. 92.

Ao declarar morto tão nobre, poderoso e revolucionário instituto jurídico, a vontade manifesta não pode ser outra do que tentar impedir a educação generalizada, a atenção sanitária praticamente universalizada e um progresso sustentado de liberdade, tornando, assim, ainda mais real e escancarado o caráter excludente do neoliberalismo.

Deste modo, pretender uma regulação que substitua o serviço público pelo mercado é falacioso e somente poderia ser comparada à *fábula da galinha dos ovos de ouro*, pois de outro modo não haveria desenvolvimento econômico. A lógica sustentada somente pode permitir a conclusão de duas coisas antinômicas, sendo, por elementar, uma falsa e outra verdadeira.

Primeira, a falsa. O neoliberalismo estaria contrariando os paradigmas fundamentais do capitalismo, que sempre teve no serviço público o combustível necessário para gerir seus saltos de qualidade (como a educação das massas trabalhadoras para fazer frente aos novos desafios tecnológicos, a expansão das redes sanitárias para que a força de trabalho não viesse a sofrer males que a afastasse do labor, seguros-desemprego para os exércitos de reserva de mão de obra, indispensáveis para a legitimação do sistema, etc.).[196] Tal constatação seria absurdo atroz, e evidentemente se traduz, como antes dito, em uma falsa conclusão.

Segunda, a que pode ser verdadeira. No atual estágio do desenvolvimento do capitalismo, ou seja, o neoliberalismo, a *universalização* das conquistas tecnológicas da humanidade não é eficiente e eficaz para o sistema econômico dominante. Isso pela elementar razão de que não há lugar para todos, pois as estruturas, para serem universalizadas, demandam extraordinário capital e o retorno do mesmo é lento.

Explico: incluir todos custa muito caro e o retorno dos investimentos, bem como o percentual dos mesmos, não é eficaz, para remunerar capitais que ganham muito mais, em muito menos tempo, nos mercados periféricos, que ao estribarem seus sistemas econômicos no modelo neoliberal, necessitam, desesperadamente,

---

[196] Aprofundar em OFFE. *Capitalismo desorganizado*, passim. VOGT; FRANK; OFFE. *Estado e capitalismo*, passim.

Regulação e universalização dos serviços públicos | 95

de aportes de dinheiro estrangeiro, nem que os investidores utilizem estas nações como motéis de alta rotatividade. Ou seja, não fazer é muito mais lucrativo do que fazer.

Por esta razão, o serviço público, que é includente pela sua própria natureza, e requer grandes aportes, fundamentalmente na construção e manutenção de estruturas e redes, deve ser substituído pelo mercado, que ao selecionar as *mercadorias* pelo valor puramente econômico se torna excludente.

Tais pressupostos, ideológicos, é que permitem a conclusão, por certa parte das ideias circulantes, de que o Estado Social está morto, levando consigo, para o túmulo, o serviço público.

Sustenta Fábio Ulhoa Coelho que é possível ver a questão da crise do Estado Social sob duas óticas, uma marxista e outra liberal.

Segundo a análise marxista, o "Estado não é mais ou menos intervencionista em função de critérios científicos, econômicos ou em função de opções livres que pessoas tomam reunidas em assembléias constituintes. O Estado é mais ou menos intervencionista em função das necessidades de preservação do sistema econômico dominante".[197] Assim,

> Ao longo do século XX o Estado assumiu funções que ele nunca deteve e que nós — pessoas do nosso tempo — podemos imaginar serem inerentes a ele: a Educação, a Saúde, a Previdência. O Estado ter responsabilidade sobre essas áreas da vida é noção sem sentido para o homem do século XIX, por exemplo. O Estado garantir a todos Educação, Saúde e Previdência é fenômeno específico do século XX, em que o capitalismo se viu envolvido numa ferrenha luta de classes. O sistema capitalista precisou defender-se de um perigo real e forte, e, para isso, usou o Estado com o objetivo de oferecer uma parte daquilo que era prometido pelo socialismo às massas desprovidas.
>
> Pois bem, o socialismo fracassou. Caiu o Muro de Berlim. Não há mais por que manter estes gastos. O Estado, por consequência, retrai-se no fim do século XX, uma vez que não é mais necessário gastar com coisas que se justificavam num momento de guerra. (...)
>
> A História não pára. Os conflitos de classe continuam. O capitalismo, por enquanto, não enfrenta perigo algum. Daqui a 20 ou 30 anos pode ser

---

[197] COELHO. Reforma do estado e direito concorrencial. In: SUNDFELD (Coord.). *Direito administrativo econômico*. São Paulo: Malheiros, 2000. p. 192.

que esteja enfrentando novos riscos de sobrevivência. E, então, o que poderá acontecer? Ora, a burguesia irá usar, novamente, o Estado para uma maior intervenção.[198]

Dentro da análise liberal, segundo Fábio Ulhoa Coelho, teríamos o desmantelamento do Estado Social em virtude do chamado *custo Brasil* que

> representa o quanto do preço de produtos ou serviços fabricados ou comercializados no Brasil acresce em função de o Estado Brasileiro ser maior do que deveria. Desta forma, se a empresa brasileira competir com a de um Estado mais liberalizado talvez nem consiga, simplesmente, competir. O economista liberal diria, portanto, que o Estado está reduzido porque, caso não o fizesse, as empresas brasileiras não iriam encarar a competição com as empresas internacionais, que vivem num cenário liberal. Num mundo globalizado, estas empresas são as nossas concorrentes. Se o empresário brasileiro deve pagar mais contribuições sociais para a Previdência, ele não pode praticar preço competitivo com os dos seus concorrentes globais. A globalização força a reliberalização do Estado, na visão dos teóricos liberais.[199]

De qualquer forma, "optando pela análise marxista ou pela análise liberal, o fato é que o Estado está se livrando de um ônus que, durante o século XX, chamou para si, que é o da manutenção de algumas comodidades para todos os cidadãos: a Educação, a Saúde, a Previdência Social etc.", sustenta Coelho.[200]

Esta crença de que o Estado Social perdeu o sentido vincula-se, no campo jurídico, com outra, qual seja, a de que o regime jurídico deste mesmo Estado Social tenha que ser suplantado por outro.

Não gostaria de cometer a simplificação de radicalizar sobre as posições filosófico-políticas de competentes e reconhecidos juristas, mas só assim é possível que eu entenda que, para determinados juristas, em virtude da globalização econômica, o intérprete do Direito deve buscar base doutrinária em outros princípios, fora dos tradicionais, como, por exemplo, o da separação dos poderes e o da legalidade estrita.[201]

---

[198] Op. cit., p. 192.

[199] Idem, p. 193.

[200] Ibidem, p. 193.

[201] SUNDFELD (Coord.). A administração pública na era do direito global. In: SUNDFELD; VIEIRA. *Direito global.* São Paulo: School of Global Law; Max Limonad, 1999. p. 166-167.

Penso, radicalmente ao contrário, que o alerta de Jesús Leguina Villa é fundamental para a colocação do problema gerado pela crise do Estado Social em relação ao Direito Público, notadamente o Administrativo: "Uma coisa é a redefinição do Direito Administrativo, outra, muito distinta, sua liquidação pura e simples".[202]

A preocupação, no meu modo de entender, não passa pela liquidação pura e simples do Direito Administrativo e de seus postulados fundamentais (onde estão localizados, por suposto, os princípios da separação dos poderes e da legalidade estrita).

Primeiro, porque seria insustentável a posição de se derrogar, pura e simplesmente, todo um processo de acumulação cultural, como se o mesmo pudesse ser desprezado e substituído por outro, cujas raízes estão distantes das nossas origens e aspirações.

Segundo, porque a substituição da separação dos poderes e da legalidade estrita por um Direito Administrativo destituído de principiologia e tornado amorfo por importações irrefletidas geraria, apenas e tão somente, um vazio principiológico, comportando uma exegese irresponsável, não social e contrária à dignidade da pessoa humana. Implicaria, assim, em adotar um conjunto normativo nascido de outras experiências, que não as nossas, brasileiras, como se fosse possível uma dicção que nega a aplicação material dos direitos constitucionais.

Além do mais, e voltarei a seguir a este ponto, o Direito brasileiro possui uma imensa e profunda (no tempo e na qualidade) experiência regulatória, que permitiu (aos trancos e solavancos muitas vezes, reconheça-se) imensos avanços no campo dos direitos fundamentais da pessoa humana, incorporando à escola pública e ao sistema estatal de saúde, somente para apontar dois campos, milhões de compatriotas.

Creio também que no atual estágio da democracia brasileira não se pode produzir ciência com preconceitos nascidos de *mythos*, como se a produção jurídica pudesse ser realizada por magos e bruxas que ficam recitando perante os caldeirões a mesma ladainha

---

[202] LEGUINA VILLA. A Constituição espanhola e a fuga do direito administrativo. *Revista de Direito Administrativo Aplicado*, n. 6, p. 639.

de sempre. Prática que, convenhamos, com alguma certeza, em relação ao método, e com muita fé, em termos de resultado, pode muito bem ser resolvida pela psicanálise.

É neste clima, funesto por certo, que prosperam ideias de que tudo que provém do Estado é imprestável (*mythos*) e que o mercado somente faz brotar coisas maravilhosas (*mythos*). Se há uma verdade na ineficiência do Estado em muitos setores (*logos*), o mesmo se pode dizer do mercado (*logos*). Se o Estado tem problemas de eficiência, notadamente na gestão e aplicação dos recursos arrecadados, a culpa não cabe, exclusivamente, ao mercado (*logos*). Se o mercado tem problemas de eficiência, de alguma forma, há responsabilidade do Estado por este fato (*logos*). Assim, Estado e mercado podem se complementar, atuando mutuamente (*logos*), tarefa extremamente difícil (*logos*), na busca de uma eficiência econômica que permita a universalização dos serviços públicos.[203]

Lembro, dando apenas um único exemplo, que o Estado brasileiro foi capaz, em poucos anos, às suas próprias expensas, sem um mísero dólar estrangeiro, de informatizar todas as seções eleitorais do país, e inclusive hoje exporta esta tecnologia para outros países e deixa a nação mais poderosa do mundo embasbacada com a possibilidade de realizar com extrema rapidez a totalização dos votos. Por outro lado, alguns dos institutos de pesquisa, agentes do mercado da informação, sistematicamente erram seus prognósticos, não somente nos percentuais de intenção de voto, como inclusive, e o que é mais grave, e atentatório ao Estado de Direito, sobre os vencedores dos pleitos eleitorais.

---

[203] A tarefa é extremamente difícil. Veja-se Cristiane Derani: "Serviço público surge e cresce com a instauração e predominância das relações produtivas de mercado na sociedade. O serviço público é o companheiro estimado do mercado, necessário a sua instituição e impregnação nos mais recônditos veios das relações sociais. Cabe dar ao serviço público o crédito de ser o responsável pelo grau de desenvolvimento em que se encontram as relações capitalistas nos estertores do milênio. Serviço público e mercado são expressões na ambiguidade dos valores do homem moderno. Em comum, carregam o antagonismo da sociedade moderna de liberdade individual e comprometimento social. São dois mastros opostos entre os quais viria para a manutenção da sociedade moderna. São instrumentos interdependentes para sua manifestação e utilidade. Um perde a razão de ser sem o outro. Distintos, opostos, atados pela sociedade que pretendem manter. O indivíduo livre age na sociedade, na vida econômica (liberdade de iniciativa, liberdade de iniciativa de mercado) movido por interesses próprios, com finalidades individuais. O Estado, detentor do poder público, age na sociedade e no mercado movido pelo interesse público com finalidades sociais". Op. cit., p. 64-65.

Narrando outras experiências, mas comportando a possível utopia de incorporar e incluir os compatriotas nos sistemas produtivos, exatamente por abandonar certos *mythos* falsos e ladainhas inúteis, Jaime Rodríguez-Arana Muñoz sustenta que a Administração Pública do Estado Social e Democrático de Direito só pode adquirir a sua configuração jurídica através da observância dos princípios da legalidade, da eficácia[204] e dos serviços públicos.[205]

"Legalidade, porque o procedimento administrativo não é outra coisa que um itinerário pensado para salvaguardar os direitos e interesses legítimos dos cidadãos".[206]

"Eficácia, porque hoje é perfeitamente possível exigir que a organização administrativa ofereça produtos e serviços de qualidade".[207]

"E serviços, sobretudo, porque não se pode esquecer que a justificação da existência da Administração se encontra nos serviços que atendam aos interesses coletivos. Por isso, as distintas intervenções e o exercício dos poderes públicos são manifestações concretas dessa idéia de serviço público".[208]

Interessante notar, ainda, como faz Rodríguez-Arana Muñoz, que mesmo em nações de alto desenvolvimento econômico, setores cada vez mais amplos da sociedade consideram que o *mercado* não pode ser o senhor e proprietário da Administração Pública, submetendo-a aos seus caprichos e ansiedades.

---

[204] Não há uma exata correspondência entre as expressões eficácia e eficiência no direito brasileiro e no espanhol. "No plano constitucional, eficiência e eficácia aparecem nitidamente distintos: a) A eficiência se recolhe na parte dogmática ou substantiva, no contexto dos recursos econômicos públicos e em estreita vinculação com o valor-princípio da economia (art. 312, Constituição espanhola). (...) A eficácia, contrariamente, se recolhe na parte organizativa e com fixação do estatuto subjetivo principal de uma precisa organização da Administração Pública (art. 103.1 CE), a que corresponde ao desenvolvimento da função executiva (...) A Administração Pública há de atuar, assim, conforme, entre outros, segundo o princípio da eficácia (sem prejuízo da submissão pela à Lei e ao Direito)". PAREJO ALFONSO. *Eficacia y administración:* tres estudios, p. 100.

[205] RODRÍGUEZ-ARANA MUÑOZ. Reformas y modernización de la administración española. In: RODRÍGUEZ-ARANA MUÑOZ; CALVO CHARRO (Coord.). *La administración pública española.* Madrid: Instituto Nacional de Administración Pública, 2002, p. 17 et seq. No Direito brasileiro, em abordagem paralela, realçando a democracia, deve ser pesquisado o estudo de ROCHA. Democracia, Constituição e administração pública. *Revista Trimestral de Direito Público,* n. 26, p. 60-67.

[206] Op. cit., p. 17.

[207] Idem, idem.

[208] Ibidem, ibidem.

Lembra o citado autor ibérico, que o *Informe Al Gore,* intitulado "*Criar uma Administração Pública que funcione melhor e custe menos*" é o *punctum dolens* de "qualquer processo de reforma ou modernização administrativa e que se tenha bem claro que o dono, o proprietário da Administração Pública é o cidadão; que quem manda é o cidadão e que a Administração se justifica, não só constitucionalmente, como uma organização ao serviço do interesse geral".[209]

Tal fato, de há muito, é inteiramente compreendido pela doutrina, e possui sólidas raízes no Direito brasileiro, bastando, para tanto, invocar a teoria do *interesse público primário e secundário.*[210]

Nestes termos, alvorece, com grande intensidade, no Direito Administrativo e no regime jurídico que lhe é próprio, ou seja, aquele que estabelece a supremacia do interesse público sobre o privado e a indisponibilidade dos interesses públicos pela Administração, a ideia de que compete ao Estado dar guarida permanente "aos interesses qualificados como próprios da coletividade" que "não se encontram à livre disposição de quem quer que seja, por inapropriáveis".[211]

É induvidoso, portanto, que qualquer reforma regulatória que retire a primazia da cidadania e entregue a mesma ao mercado estará, no tempo e no espaço, traindo o Direito que a idealizou e, portanto, fadada ao fracasso, por incoerência metodológica, ocasionada pela ausência de cientificidade.

No campo ético, implica no desespero de milhões de seres humanos, mesmo nos países altamente desenvolvidos. Nos subdesenvolvidos o processo apenas adquire maior, e mais perversa, dramaticidade.

---

[209] Op. cit., p. 22.

[210] A doutrina, de criação do italiano Renato Alessi, foi desenvolvida, no Brasil, por BANDEIRA DE MELLO, *Curso...,* p. 69 et seq. Em relação ao interesse público e a regulação, há obra, já citada de Floriano de Azevedo Marques Neto, dedicada ao tema, com aportes ideológicos nitidamente diferenciados deste trabalho. Cf., também JUSTEN FILHO. Conceito de interesse público e a 'personalização' do direito administrativo. *Revista Tributária de Direito Público,* n. 26, p. 115-136.

[211] BANDEIRA DE MELLO. *Curso...,* p. 45.

Para Rodríguez-Arana Muñoz, a crise do Estado Social repousa no fato de que as atuais Administrações cresceram burocraticamente, olvidando-se por completo da cidadania, nas suas expressões e necessidades coletivas e individuais. Assim, o grau de deformidade chegou a ponto de que determinadas Administrações Públicas (*logos* mais uma vez) se bastarem por si mesmas, esquecendo-se das suas atividades finalísticas.[212]

Ademais, apesar de os aportes financeiros do Estado terem crescido, através do aumento significativo dos percentuais orçamentários aplicados nas áreas sociais, a mentalidade *esclerosada e conservadora* que contaminou a Administração aplica estes recursos para as "maiorias clientelares, sem projeto vital, o que pode se converter em um câncer da vida social".[213]

Demonstra o referido autor sua preocupação com a seguinte, e perfeita, construção, que sepulta o *mytho* e restaura o *logos:*

> Sirva como exemplo a ação do Estado em relação aos grupos coletivos mais desfavorecidos, os que — por motivos diferentes — são qualificados como marginalizados, desempregados, pobres e velhos. Os gastos do Estado nunca poderiam ser considerados por eles como dádivas mecânicas, ao contrário, o Estado deve proporcionar com as suas prestações o desenvolvimento, a manifestação, o afloramento das energias e das capacidades que estão escondidas nestes amplos setores sociais e que tendem a uma manifestação adequada para a aparição de iniciativas individuais e associativas.
>
> Um projeto deste tipo permitiria afirmar claramente a plena compatibilidade entre a esfera dos interesses da empresa e da justiça social, já que as tarefas de redistribuição da riqueza devem ter um caráter dinamizador dos setores menos favorecidos, não conformista. Ademais, permitirá, igualmente, conciliar a necessidade de manter os atuais níveis de bem-estar e a necessidade de realizar ajustes na priorização dos gastos estatais, o que se traduziria em uma maior efetividade do esforço redistributivo.[214]

Por derradeiro, Rodríguez-Arana Muñoz coloca a questão fundamental que deve informar a regulação, qual seja, a de que o Estado deve atuar para criar uma competição econômica sadia

---

[212] Idem, p. 23.
[213] Ibidem, p. 28.
[214] Idem, p. 28-29.

entre os agentes do mercado, e "não atuar entorpecendo o processo econômico da livre competição".[215] Assim, qualquer transformação do modelo do Estado jamais poderá afetar os objetivos sociais defendidos pelo Estado de Bem-Estar.

Ao Estado Social compete abandonar o enfoque negativo (a indigência, a doença, a ignorância, a miséria e a indolência) e atuar no sentido positivo (a autonomia, a saúde, a educação, a riqueza, o trabalho).[216]

Acrescento, portanto, mais uma vez, que a regulação que transforma homens em mercadorias é contrária à Constituição e ao Direito. A que transforma indigentes em seres dotados de autonomia consciente de vontade, doentes em sadios, ignorantes em educados, miseráveis em usuários, indolentes em trabalhadores é a regulação que deve ser perseguida.

A atividade estatal, portanto, não pode prescindir do serviço público universal.

A crise do Estado Social, ao contrário do que sustentam ideologicamente os neoliberais, não passa pela eliminação do mesmo, mas sim pelo direcionamento do aparelhamento estatal às maiorias interessadas no desenvolvimento de suas situações individuais e coletivas. Não passa, portanto, pela mercantilização dos processos humanos, mas sim pela dignificação destes. E, fundamentalmente, não passa pelo genocídio de culturas diferentes e, historicamente, estratificadas nas mentes das pessoas.

A transferência de modelos jurídicos

Falar de regulação sem enfrentar a questão das transferências de modelos jurídicos de um país para outro[217] seria erro tremendo e irrecuperável. Respeitosamente, não entendo como parte da doutrina administrativista brasileira assim vem procedendo. Vislumbro

---

[215] Ibidem, p. 32.

[216] Ibidem, p. 33. O tema pode ser aprofundado em VILLORIA MENDIETA. *La modernización como instrumento al servicio de la democracia*, todo.

[217] Segundo Otávio Yazbek no seu artigo "*Considerações sobre a circulação e transferência dos modelos jurídicos*", a apontada transferência de modelos jurídicos, de um país para outro, pode ser definida como "a adoção, por uma dada população, de regras, práticas ou concepções jurídicas próprias de outro povo", p. 543.

neste método, além da evidente acriticidade, uma metodologia que corre o risco de nada significar para aquilo que interessa, ou seja, a construção de uma dogmática jurídica que atenda à nova realidade vivida pelo país, a partir das reformas privatizantes, que foram iniciadas desde a primeira metade da década de noventa do século anterior.

Quero, com isso, afirmar, até mesmo para evitar mal-entendidos, que concordo plenamente com Renato Janine Ribeiro, mais uma vez, quando sustenta que "é desnecessário dizer que não defendo nenhum fechamento sobre si, nenhuma patriotada cultural. Tudo que é bom deve ser incorporado, venha de onde vier. O que critico é o viés subalterno, a subserviência".[218]

Fala-se, e mais uma vez averbo a acriticidade de tal postura, que a regulação dos serviços públicos (preferencialmente denominados de serviços de interesse geral, ou universal, ou econômico) é um processo jurídico cambiante. Ora, tal fato, para todos aqueles que conhecem um pouco de história do Direito, e, principalmente, a do Administrativo, não traz consigo nenhuma novidade. Basta dizer que, quando da popularização da energia elétrica em França, inúmeras foram as decisões do Conselho de Estado no sentido de que os concessionários do serviço de iluminação pública (na época realizada por lampiões a gás) deveriam se adaptar à nova tecnologia (luz elétrica), sem prejuízos do reequilíbrio econômico do contrato. Veja-se, por elucidativo, um dos vários precedentes do Conselho de Estado francês:

> Conselho de Estado. Mutabilidade dos contratos. Poder de modificação unilateral. Conselho de Estado, 10 de janeiro de 1902. *Nova Companhia de Gás de Deville-les-Rouen.* "Um contrato de concessão que fora acordado com esta Companhia previu o monopólio de iluminação a gás na Comuna. Alguns anos mais tarde, a iluminação por eletricidade se desenvolveu. A Comuna requereu à sua concessionária que assegurasse a iluminação por esta nova e melhor técnica, a fim de satisfazer às necessidades públicas, e, diante de sua recusa, se dirigiu a outra companhia de iluminação elétrica. Este negócio é uma das ilustrações que se qualificaram, na época, como contenda entre os fornecedores de iluminação a gás e de

---

[218] RIBEIRO. *A sociedade contra o social:* o alto custo da vida pública no Brasil, p. 12.

energia elétrica. Estimando seu monopólio violado, a Companhia de Gás reclamou uma indenização. O Conselho de Estado reconheceu o direito da Administração exigir de seu contratado uma adaptação às necessidades do serviço. Em certos casos, este direito é um verdadeiro dever, que obriga a Administração a modificar o regime de serviço, pois, caso contrário, os usuários poderiam exigir a sua responsabilização. O Conselho de Estado decidiu pela manutenção do contrato, reconhecendo o privilégio da Companhia de Iluminação a Gás de prestar o serviço conforme foi estipulado ou por qualquer outro modo. Todavia, reconheceu à Comuna o direito de ter assegurado, pelo menos, 1/3 do serviço, por meio de eletricidade, ainda que, no caso, houvesse recusa da Companhia concessionária devidamente instalada, modificando-se, assim, as condições do contrato, inicialmente estipuladas.[219]

Nestes termos, anoto que no Direito brasileiro, desde há muito, juristas, como Francisco Campos, se debruçaram sobre o tema. Deste, colho parecer, exarado na década de 30 do século passado, na questão envolvendo o Governo Federal e a *Société Anonyme du Gaz do Rio de Janeiro* (prestadora do serviço de iluminação da referida cidade), tratando da alteração unilateral do contrato, pelo Governo, acabando com a cláusula do *câmbio do par.*[220]

No parecer emitido, contratado pela empresa francesa, Francisco Campos estabeleceu as seguintes conclusões, que demonstram, induvidosamente, a possibilidade de mudanças serem operadas nos contratos de concessão, desde que, e somente se, fosse observada a equação econômico-financeira do mesmo:

> Se ao Estado é lícito alterar, em qualquer momento, por ato unilateral, tudo quanto se refira às condições do serviço, ao seu regime, à sua organização, ao seu funcionamento, às exigências criadas ao concessionário, no ato de concessão, no interesse do serviço público concedido, não poderá, porém, alterar a relação entre os termos da equação econômica ou financeira...[221]

---

[219] FRANÇA. Conselho de Estado. Mutabilité dês contrats. Pouvoir de modification unilatérale. C. E. 10 janvier 1902, Compagnie nouvelle du gaz de Deville-les-Rouen, em MORAND-DEVILLER. *Cours de droit administratif,* 6. ed., p. 413-414. Traduzido por Raquel Dias da Silveira.

[220] Pela qual as tarifas eram fixadas em 50% pela moeda nacional e a outra metade em moeda estrangeira, razão pela qual eram as mesmas reajustadas sempre que houvesse variação cambial. Sobre outro instrumento, bastante utilizado na época, a cláusula-ouro, consultar CARVALHO PINTO. *A cláusula-ouro nas concessões de serviço público.*

[221] CAMPOS. *Direito administrativo,* v. 1, p. 81-82.

Decisões administrativas como as descritas, de resto recepcionadas pela jurisprudência pátria, levaram Caio Tácito a constatar que:

> A partir de 1930, com a extinção praticamente simultânea das garantias de juros mínimos e do padrão ouro das tarifas, firma-se, em contrapartida, a regra constitucional de justa distribuição do capital de modo a assegurar a estabilidade dos contratos e a estimular o financiamento da expansão e melhoria das instalações. Acentua-se, na legislação do período, a influência do modelo norte-americano da feição regulamentar no regime das concessões de serviço público. A noção de mutabilidade do contrato por ato unilateral do poder público se compensa com a afirmação do equilíbrio financeiro expressa na regra da equação econômica dos contratos administrativos.[222]

A regulação realizada pelo velho e afrancesado serviço público também, e desde sempre, foi cambiante. No Direito brasileiro, em 1936, Manoel de Oliveira Franco Sobrinho já ensinava que a "concessão cria e reforma direitos", pois "o Estado (deve) é declarar direitos com restrições para que, mais tarde, não fique impossibilitado de opor barreiras a casos que se ontem eram plausíveis e justíssimos, hoje escondem, abominante acordo desvirtuador mesmo das funções superiores do Estado".[223]

No mesmo sentido, Oswaldo Aranha Bandeira de Mello, em magistério perfeito, escreveu que se os termos contratuais da concessão não pudessem ser alterados, em virtude do interesse público, o instituto "deveria ser eliminado, pelo fato de constituir sistema contrário ao interesse coletivo e significando esse interesse a razão de ser mesmo do serviço instituído".[224]

Aliás, como sabem todos os que se dedicam ao estudo do Direito Público, não existe característica mais cambiante do que a manutenção do equilíbrio econômico-financeiro original do contrato de concessão de serviço público, assim como a aplicação, quando da existência de qualquer das inúmeras hipóteses de incidência, da teoria da imprevisão nos contratos administrativos, entre os quais

---

[222] TÁCITO. *Temas de direito público*: estudos e pareceres, v. 3, p. 12.

[223] FRANCO SOBRINHO. *Concessão de serviços públicos em direito administrativo*, p. 13-14.

[224] BANDEIRA DE MELLO. Aspecto jurídico-administrativo da concessão de serviço público. *Revista de Direito Administrativo*, v. 26, p. 17.

se encontram, dentre outros, quaisquer formas de prestação de serviços públicos onde há, na origem, uma outorga estatal. Neste caso, as mudanças havidas são de tal monta que podem até mesmo justificar o inadimplemento das cláusulas contratuais, sem que haja culpa e, consequentemente, qualquer sanção pela incidência da cláusula *rebus sic stantibus*.

Do mesmo modo, leio maravilhas sobre o conceito de *public utilities* e, sinceramente, somente consigo vislumbrar, de relevante, a diferença de que neste sistema, ao contrário do velho e afrancesado conceito de serviço público, não há ato administrativo de *outorga*.

Tal fato, aliás, Caio Tácito, em 1960, quando da sua tese de concurso para professor catedrático, já tinha verificado quando ministrou que "a figura da transferência ou delegação de um serviço público, a concepção de que o Estado destaca uma parte de sua competência para atribuí-la à exploração do concessionário não se identifica no direito norte-americano". Com síntese admirável, temos que tal situação se dá em razão de que "todo serviço é privado, toda atividade econômica entende-se livre e franqueada à iniciativa particular. Certos serviços há, no entanto, incidindo a sua execução sob o controle do Estado, em virtude dos privilégios e deveres especiais que envolve".[225]

Leio, ainda, com certa surpresa, que a *revolução* havida no último decênio fará com que a concessão de serviço público encontre fatalmente a sua decadência, surgindo em seu lugar, com enorme esplendor, o instituto jurídico da autorização. Sinceramente, fico pasmo ao encontrar textos com estes conteúdos e penso que no Brasil, desde sempre, o número de pessoas (físicas ou jurídicas) autorizadas, licenciadas ou delegadas ao exercício de um serviço público é infinitamente maior do que o número de pessoas (físicas ou jurídicas) permissionárias ou concessionárias de serviços públicos. Para comprovar a assertiva não necessito de nenhum número mágico, de nenhuma estatística fantástica, de nenhuma pesquisa futura. Basta apontar a quantidade de médicos, dentistas, advogados, notários, registradores e escolas privadas.

---

[225] TÁCITO. O equilíbrio financeiro na concessão de serviço público, in: *Temas de direito público*: estudos e pareceres. Rio de Janeiro: Renovar, 1997. v. 1, p. 213-214.

Regulação e universalização dos serviços públicos | 107

Todos os citados somente podem exercer as suas atividades profissionais e/ou comerciais depois de autorizados, licenciados ou titulares de uma autorização (ou delegação, conforme o caso) pela Administração Pública.

Tal evidência sempre foi destacada no Direito Administrativo brasileiro. Themístocles Cavalcanti, nesta senda, sempre sustentou que "a palavra concessão tem na teoria do Direito Administrativo os mais variados significados e aplicações diversas, embora seja a mesma usada especialmente em relação à exploração e execução dos serviços públicos".[226] Sobre a existência, no Direito brasileiro, de concessões, permissões e autorizações, Themístocles Cavalcanti afirmava:

> Os serviços públicos nem sempre são executados pelo Estado. Razões de ordem econômica e mesmo de ordem política e administrativa exigem que o Estado permita que terceiros executem serviços públicos. O Estado pode assim, apenas, autorizar, permitir, atribuir a terceiros, com as mesmas vantagens e os mesmos ônus, aqueles serviços. Daí a diferenciação técnica da simples autorização ou permissão da concessão. Na primeira categoria, compreendem-se as simples licenças, dadas de acordo com as leis e regulamentos por ato da administração pública.[227]

De igual sorte, quando apresentado a *novos* institutos jurídicos como a *interconexão* e o *compartilhamento*,[228] bem como

---

[226] CAVALCANTI. *Princípios gerais de direito administrativo*, p. 269.

[227] Op. cit., p. 270.

[228] Interconexão, segundo a definição normativa da ANATEL, exposta no inciso VI, do art. 3º, Resolução nº 040/98, que aprovou o Regulamento Geral de Interconexão, é a ligação entre redes de telecomunicações funcionalmente compatíveis, de modo que os usuários de serviços de uma das redes possam comunicar-se com usuários de serviços de outra ou acessar serviços nela disponíveis. O compartilhamento, conforme dispõe o "Regulamento conjunto para compartilhamento de infraestrutura entre os setores de energia elétrica, telecomunicações e petróleo", baixado em conjunto pela ANEEL, ANATEL e ANP, em art. 3º, V, "é o uso conjunto de uma infraestrutura por agentes dos setores de energia elétrica, de telecomunicações ou de petróleo". A importância destes dois elementos técnicos é enorme. Através da utilização, conjunta, das estruturas já existentes, possibilitam-se o aumento, bem como a diversidade, dos serviços, oferecidos, passando-se em consequência, a uma melhor qualidade. Ademais, possibilitam, também, a mais ampla competição entre as empresas prestadoras. É por isso que o Regulamento conjunto, antes citado, dispõe expressamente que: "Art. 4º. O agente que explora serviços públicos de energia elétrica, serviços de telecomunicações de interesse coletivo ou serviços de transporte dutoviário de petróleo, seus derivados e gás natural, tem direito a compartilhar infraestrutura de outro agente de qualquer destes setores, de forma não discriminatória e a preços e condições justos e razoáveis, na forma deste Regulamento. Art. 5º. O atendimento a parâmetros de

pelo uso de bens públicos dos Municípios ou dos Estados por empresas prestadoras de serviços públicos federais, não posso olvidar o que aprendi sobre limitações ao direito de propriedade, notadamente da restrição ou intervenção no atributo do *uso*. Mais uma vez, embrenhado na doutrina brasileira do passado, encontro J. Guimarães Menegale, observando que "sabemos que todos os indivíduos têm o poder legal de se servir do domínio público, segundo o uso a que foi destinado. De sorte que o direito de uso assiste aos entes públicos e aos particulares. Em ambos os casos, porém, o direito é de índole pública". Mais adiante sustenta:

> Para destrinçarem a questão do direito subjetivo ao uso do domínio público, numerosos autores se firmam em ponto de vista excludente do direito público, e, pois, principiam por defender a privatividade da relação jurídica entre os cidadãos, considerados singularmente, e a coisa pública. Vê-se de logo quanto é frágil a premissa que oblitera o dado essencial do domínio público, tentando submetê-lo a uma sistemática jurídica estranha à sua natureza.[229]

Inesquecível ainda, no campo dos clássicos, a obra de Alberto Venancio Filho demonstrando que a regulação sempre existiu no Direito brasileiro, sendo denominada pelo autor como *intervenção do Estado no Domínio Econômico,* notadamente nos setores agrícola (café, açúcar, trigo, reforma agrária), da indústria extrativa (regime de minas, borracha, erva-mate, pinho, sal), da indústria de transformação (águas, energia elétrica, petróleo, carvão, energia nuclear), no setor de transportes e comunicação (transporte ferroviário, transporte marítimo, setor portuário, transporte rodoviário, transporte aéreo, comunicações), no comércio (tabelamento de preços), no setor financeiro (bancos, mercado de capitais, regime

---

qualidade, segurança e proteção ao meio ambiente estabelecidos pelos órgãos competentes, assim como de obrigações associadas às concessões, permissões ou autorizações outorgadas ou expedidas pelo Poder Concedente e de boas práticas internacionais para prestação dos respectivos serviços, não deve ser comprometido pelo compartilhamento". Carlos Ari Sundfeld e Jacintho de Arruda Câmara (in: Reforma das telecomunicações: o problema da implantação das novas redes. *Interesse público,* n. 2, p. 39) afirmam que "um dos principais desafios enfrentados na matéria é o dos altos custos envolvidos na construção de redes físicas e a dificuldade operacional de sua implantação — fator que, por si só, pode conduzir à monopolização do mercado". Assim, "uma das saídas tem sido a adoção da regra de compartilhamento de meios entre as prestadoras de serviços".

[229] MENEGALLE. *Direito administrativo e ciência da administração.* 2. ed., p. 33.

do capital estrangeiro), no setor do comércio exterior (importação e exportação, regime de câmbio), no setor de seguros, na repressão dos abusos do poder econômico, além de estudar com profundidade a política de desenvolvimento regional estadual e de integração com os países latino-americanos.[230]

Derradeiramente, mais uma vez há que se atribuir razão a Caio Tácito quando sustenta, até mesmo por ser um dos pioneiros do estudo da regulação no direito brasileiro, que "a aproximação, usualmente invocada, com o símile norte-americano e o de figuras equivalentes no plano do direito comparado, é antes terminológica do que real, em termos de substância".[231]

Deste modo, impossível não concordar com o Celso Antônio Bandeira de Mello, quando predica que noções como serviço público econômico "não servem para nada. É possível que, talvez, possam interessar a economistas ou politólogos, mas para a área jurídica seu préstimo é nenhum. Antes, é pior do que nenhum, pois só podem induzir a confusões e causar equívocos aos menos avisados".[232]

Interessante ainda advertir, no campo das confusões e equívocos, aos menos avisados que — com as exceções de Calixto Salomão Filho,[233] Floriano Peixoto de Azevedo Marques Neto[234] e Marçal Justen Filho,[235] que colheram os aportes doutrinários nos originais anglo-saxões, e Cristiane Derani,[236] com farta doutrina contemporânea francesa — há uma verdadeira invasão de institutos jurídicos norte-americanos ou europeus comunitários advindas da doutrina espanhola, notadamente da lavra de Gaspar Ariño Ortiz.[237]

---

[230] VENANCIO FILHO. *A intervenção do estado no domínio econômico*: o direito público econômico no Brasil.

[231] TÁCITO. *Temas de direito público*: estudos e pareceres, v. 3, p. 44.

[232] BANDEIRA DE MELLO. *Curso...*, p. 606.

[233] SALOMÃO FILHO, op. cit.

[234] MARQUES NETO, op. cit.

[235] JUSTEN FILHO, op. cit.

[236] DERANI, op. cit.

[237] ARIÑO ORTIZ. *El nuevo servicio público* (com a colaboração de DE LA CUÉTARA; LÓPEZ MUÑIZ); ARIÑO ORTIZ. *Economía y estado*; ARIÑO ORTIZ. *La regulación económica*: teoría y práctica de la regulación para la competencia. ARIÑO ORTIZ. *Privatización y liberalización de servidos*. ARIÑO ORTIZ; LÓPEZ DE CASTRO. *El sistema eléctrico español*: regulación y competencia. ARIÑO ORTIZ. *Principios de derecho público económico* (con la colaboración de Juan Miguel de la Cuétara Martínez e Lúcia López de Castro García-Morato).

Destarte, se para o processo cognitivo do Direito Comunitário Europeu não há problema maior, o mesmo já não se pode dizer do Direito norte-americano, importado através de traduções para o espanhol e muitas vezes (mal) retraduzidos para o português.

Além do mais, sem nenhuma conotação de patrulha ideológica, mas sim como fato real, deve ser feita a devida observação de que o nominado autor espanhol é representante extremado do neoliberalismo (o que muitas vezes passa desapercebido pelos seus apressados intérpretes).[238] Este fato, absolutamente real, repito, causa problemas constitucionais dos mais intensos em países que, como o Brasil, possuem Constituições consagradoras do Estado Democrático e Social de Direito.

Nestes termos, é precisa a observação de Maria Cristina César de Oliveira Dourado quando critica o extremado neoliberalismo do autor espanhol, uma vez que a ideologia subjacente da posição "tem o condão de transformar em *mercadoria* todas as prestações produzidas pela sociedade, independentemente da natureza que possuam ou da finalidade a que se vinculem".[239] Verticalizando a

---

[238] Não estou ofendendo, e nem mesmo patrulhando, o autor. Apenas faço constar que "O neoliberalismo implica em uma tendência intelectual e política que prevalece, isto é, que tem preferencialmente as atuações econômicas dos agentes individuais, pessoas ou empresas privadas, sobre as ações da sociedade organizada em grupos informais (pensionistas), formais (associações de consumidores, sindicatos), associações políticas (partidos) e governos (...). O neoliberalismo professa que o mercado livre, incluindo o mercado real e concreto, mais ou menos livre, que temos hoje em dia, coordena adequadamente as ações individuais de caráter econômico para conseguir um acervo de riquezas maior do que se conseguiria com outros métodos de organização da economia (planejamento, intervenção estatal, incluindo a economia mista) (...). A regulamentação e o controle dos mercados bem como a intervenção neles pelo Estado como agente também tem falhas, distorções e ineficácias, que para eles são piores do que qualquer uma que possa ocorrer no mercado (...). O neoliberalismo moderno propugna que a ação do governo sobre a economia através das instâncias e dos instrumentos aceitos de política econômica (política econômica e fiscal, política comercial e cambial, política de concorrência, política de meio ambiente etc.), seja a menor possível (...). Os grandes problemas que temos hoje em dia são interpretados pelos neoliberais como resultado de algum tipo de intervenção estatal ou de intervenção das autoridades locais na economia, o que cria distorções na destinação de recursos e atrasos no crescimento da produtividade global da economia. O Estado não é a solução, o Estado é o problema — é um slogan que resume esta maneira de pensar". DE SEBASTIAN, Luis. *Neoliberalismo global*: apuntes críticos de economía global. Apud SALOMONI. *Regulação de serviços públicos e defesa da concorrência na Argentina*, p. 213-214. Salomoni complementa a citação sustentando, com acerto em ambos os sistemas constitucionais (argentino e brasileiro) que "Não se duvida de que tais princípios não se encontram dogmatizados no nosso sistema constitucional, ainda mais com a incoporação pela nossa Constituição de diversos tratados de direitos humanos", op. cit., p. cit.

[239] DOURADO. O repensar do conceito de serviço público. *Interesse Público*, n. 9, p. 91.

Regulação e universalização dos serviços públicos | 111

questão, nota a humanista autora que "a aparente neutralidade da construção técnica, genericamente aplicável a realidades distintas, mas sujeitas à lógica de um mercado globalizado, não toma em consideração a dimensão sociocultural e o papel de instrumento de garantia dos direitos fundamentais de que é dotada a noção de serviço público titularizada pelo Estado".[240]

Esta realidade de desprezo da tradição doutrinária do direito pátrio propicia, no plano vernacular, com profundas implicações para o Direito, o encontro de expressões em artigos doutrinários (muitas delas da maior densidade), como, por exemplo, *publicatio*[241] e *cometidos.*[242] A primeira pode ser, com restrições, traduzida como *titularidade estatal do serviço público,* pois é certo que não estamos diante da titularidade estatal propriamente dita, mas sim dos efeitos jurídicos da mesma.[243] A segunda, por *encargos* quer do Poder Concedente, quer do concessionário.

Outra expressão, atualmente vulgarizada, *potestad,* com toda a certeza, traz somente confusões e dúvidas.

As expressões brasileiras *poder* e *competência,* utilizadas pela Constituição e pela legislação infraconstitucional, com claro sentido diverso, não refletem, por excessiva, a primeira, e insuficiente, a segunda, o conteúdo jurídico da referida *potestad.*

No Direito europeu, tendo em vista que o instituto jurídico da *potestad* não nasce no direito espanhol, mas sim no direito italiano, sendo criação de Santi Romano,[244] a *potestad* somente pode ser entendida em antagonismo ao *direito subjetivo.* O mesmo não ocorre em relação às brasileiras poder e competência. Ambos, no Direito europeu, são espécies do gênero *poder,* sendo um a face, e a outra a contraface, constituindo-se a *potestad* em expressão do poder estatal que independe da existência de uma relação jurídica

---

[240] Idem, p. 91.

[241] Dentre outros, GROTTI. *Teoria dos serviços públicos e sua transformação,* p. 41.

[242] Dentre outros, WEEKS. *O serviço público na visão de Jèze, Rivero e Laso,* p. 451 et seq.

[243] Na verdade, como diz Carlos Labaure Aliseris, a expressão nasce na doutrina espanhola, a partir de 1950, através de Villar Palasi, como o elemento distintivo que qualifica uma atividade como serviço público, o que, vale dizer, os efeitos da lei formal que declara a titularidade estatal retirando esta mesma atividade do âmbito da liberdade de iniciativa. Op. cit., p. 68.

[244] GARRIDO FALLA. *Tratado de derecho administrativo.* 12. ed.,v. 1, p. 390.

específica, como, por exemplo, o poder expropriatório do Estado ou o contrato administrativo. Já o *direito subjetivo*, como é elementar, nasce de uma relação jurídica específica, como, por exemplo, o direito de exigir a imissão na posse no bem desapropriado ou a alteração unilateral do contrato.[245]

Nestes termos, a utilização da expressão alienígena *potestad* como sinônimo de alargamento dos agentes competentes ao exercício do poder regulamentar, com a pretensão de conferir constitucionalidade e legalidade à estatuição primária de Direito por parte de uma autarquia do Poder Executivo, é inadmissível. Na Constituição Federal não estão arrolados poderes e competências, fora das exceções previstas pelo próprio Texto, para o exercício de funções normativas por parte do Executivo. Assim, não se pode imaginar que se dê o mesmo através de um *poder* inexistente, exercendo competência de que não é titular. Do mesmo modo, não se pode invocar *direito subjetivo* do particular em exigir do Poder

---

[245] O mesmo Garrido Falla aduz que "Para S. Romano, *potestad* e direito subjetivo são espécies do mais extenso gênero dos poderes atribuídos pelo ordenamento jurídico em relação aos bens ou aos interesses por ele protegidos e tanto uns como outros são, definitivamente, manifestações da capacidade jurídica. Agora, assim como os poderes se apresentam em um plano genérico, sem objeto singularmente determinado, sem resolver pretensões concretas frente a outros sujeitos e portanto, sem obrigações correlativas, em troca os direitos subjetivos se desenvolvem sempre numa concreta e particular relação jurídica a respeito de um objeto determinado e frente a uma pessoa dada que, reciprocamente, é titular das obrigações correspondentes. Resulta daí, que a *potestad* ocupa uma situação preliminar frente à relação jurídica. Como assinala Giannini o ato de exercício da *potestad* é o lugar de nascimento de novas relações e situações jurídicas: pelo seu exercício opera-se uma atualização, em virtude da qual surge uma nova relação entre o titular da *potestad* e os sujeitos que o exercício da mesma se refere. A *potestad* consiste, portanto, em um poder de atuação que, exercitado de acordo com as normas jurídicas, produz situações jurídicas nas quais outros sujeitos tornam-se obrigados. Com anterioridade ao exercício da *potestad*, estes últimos sujeitos se encontram em uma situação abstrata de submissão, contudo, uma vez exercitada a *potestad*, passam a uma situação concreta de obrigados". Op. cit, p. 390-391. Para Eduardo de Enterría e Tomás-Ramón Fernández, não discrepando do até aqui visto, "O conceito de *potestad* se perfila através do seu contraste dialético com o direito subjetivo. Ambas figuras são espécies do gênero poder jurídico, em sentido amplo, isto é faculdade de querer e operar que são conferidas pelo ordenamento jurídico aos sujeitos. A partir deste núcleo comum, todas as demais notas servem para diferenciar *potestad* e direito subjetivo. Assim, o direito subjetivo se caracteriza por ter sua origem numa relação jurídica concreta recaindo sobre um objeto específico e determinado, consistindo numa pretensão de concreção e correspondendo a um dever atribuído a um sujeito passivo, que é, neste sentido, um sujeito obrigado. (...) A *potestad* não se origina de nenhuma relação jurídica, nem em pactos, negócios jurídicos ou fatos singulares, mas procede diretamente do ordenamento jurídico. Não recai sobre nenhum objeto específico e determinado, sendo que possui um caráter genérico e se refere a um âmbito de atuação definido em grandes linhas genéricas. *Curso de derecho administrativo*, p. 433-434.

Executivo o exercício de função normativa não autorizada pela Constituição. A tutela perseguida, neste caso, deve ser encontrada junto ao Judiciário, através do mandado de injunção ou da ação direta de inconstitucionalidade por omissão.

Em síntese: tentar legitimar direitos, não previstos constitucionalmente, no inexistente instituto da *potestad é*, no mínimo, desconhecer princípios comezinhos de Direito e demonstrar, mesmo que de modo irrefletido, desprezo pelo Estado de Direito.

Assim, o designativo *potestad* somente poderia ser traduzido, aproximadamente, e necessitando, por certo, de determinadas explicações, como o regime de sujeição geral, antes desenvolvidos.[246] Tal fato se explica, uma vez que o operador do Direito italiano ou espanhol, ao deparar com o designativo em comento, imagina todos os entornos, e principalmente a origem de determinado regime de sujeição geral. Ao reverso, o brasileiro, ao deparar com a mesma expressão, necessita, para compreendê-la, construir dialeticamente todo um sistema para que possa visualizar o mesmo entorno.

Na verdade, no Direito dos países citados, *há regime de sujeição geral em virtude do exercício, pelo Estado, da potestad*. Tanto que o art. 106, I, da Constituição Espanhola, determina que "os Tribunais controlam a *potestad* regulamentar e a legalidade da atuação administrativa, assim como a submissão desta aos fins que a justificam".

Por outro lado, o art. 97, estabelece que "o Governo dirige a política interior e exterior, a Administração civil e militar e a defesa do Estado. Exerce a função executiva e a *potestad* regulamentar de acordo com a Constituição e as leis".[247] Temos então, pois, que quando dirige a política interior e exterior, a administração civil e

---

[246] Veja-se o magistério de Ricardo Rivero Ortega: "As *potestades* administrativas situam os cidadãos em uma relação de sujeição que os obriga a acatar os efeitos jurídicos do seu exercício, ainda que sejam benéficos, concretando-se em atos declarativos, ainda que prejudiciais, pela imposição de atos de gravame. Manifestações do exercício de *potestad* são tanto as licenças e subvenções, como as multas, expropriações e inspeções; umas e outras são expressões jurídicas do legítimo atuar da Administração, sempre e quando se respeite os limites do seu exercício, pois todas as *potestades* administrativas são, por definição, limitadas, em maior ou menor medida, pelo ordenamento". *Introducción al derecho administrativo económico*, p. 99.

[247] ESPANHA. Constituição espanhola.

militar e a defesa do Estado, exerce poder. Quando exerce a função executiva, competência. Quando regulamenta a lei, *potestad*. Mais, no Brasil, é o Chefe do Poder Executivo, o que vale dizer o Chefe do Governo, e não o Executivo, que tem, privativamente, o poder de regulamentar a lei. Lá, quem possui a *potestad,* para tanto, é o Governo, até porque Monarquia parlamentarista, na Espanha, e República também parlamentarista, na Itália.

Outra questão, de resto sempre esquecida. Nos regimes parlamentaristas há divisão de poderes entre o Chefe de Estado e o Chefe de Governo. Mas não de *potestad,* cujo titular é sempre o Chefe de Governo.

Lembro, derradeiramente, que a *potestad reglamentaria* somente foi introduzida na Argentina quando da reforma constitucional de 1994, que, muito embora não tenha implantado o parlamentarismo, criou a figura do *Jefe de Gabinete de Ministros*.[248]

Despropositada e desarrazoada, deste modo, a tentativa de visualizar numa inexistente *potestad* a possibilidade de agentes incompetentes exercerem a *"potestad"* regulatória, quando não titulares da referida competência. No Brasil, é na lei, e somente na lei, que se depreende o citado regime.

Portanto, *potestad* queda num ponto intermediário entre poder e competência. Espaço este inexistente, e, portanto, impossível de ser vislumbrado e desbravado, no Direito pátrio.

Igualmente, assusto-me quando, na tentativa de justificar o que não pode ser justificado, no caso, a violação da Constituição, com a adoção de teorias econômicas que não encontram domicílio na mesma (como se os incisos do seu art. 1° fossem miragens), juristas lançam mão de institutos econômicos, geralmente em terminologia inusual (como, por exemplo, flexibilização das relações de trabalho, para não assumir o que se pretende, ou seja, a violação dos direitos trabalhistas), com a pretensão de transformá-los, como se tal alquimia fosse possível, em institutos jurídicos. Surge aqui, mais uma vez, a tentativa de se colocar acima da Carta receituário

---

[248] BARRAZA; SCHAFRIK. *La potestad reglamentaria de la administración a la luz de la Constitución nacional reformada*, p. 353 et seq.

de aprofundamento das crises sociais e econômicas que vivem as nações periféricas.[249]

O melhor receituário regulatório anda em sentido exatamente oposto a todas estas tentativas de desnacionalizar o Direito, notadamente o Público. Como registra Calixto Salomão Filho, "Teorias mais simples, baseadas em valores e comportamentos éticos claramente identificáveis, têm muito maior probabilidade de levar a um ambiente de cooperação entre regulador e regulado".[250]

Obrigo-me a confessar, assim, que foi com certo alívio, e esperança, acrescento, que descobri o já citado estudo de Otávio Yazbek,[251] onde colho, de início, a seguinte observação: "A despeito da crescente imposição a todo o mundo de modelos jurídicos e negociais uniformizados, provenientes dos países centrais, a compreensão dos processos de circulação de tais modelos vem sendo quase que sistematicamente deixada de lado".[252]

Para chegar à conclusão que pretendo, vou utilizar o conceito invocado por Yazbek (tendo como base a criação de James Gardner).[253] Do estudo de Gardner retiro o conceito de *transferência por infusão,* ou seja, aquela em que "a iniciativa e esforços partem da sociedade transmitente, ou de alguns de seus setores, ocorrendo, porém, nesse processo de transferência, uma

---

[249] Maria Cristina César de Oliveira Dourado aponta que um dos efeitos perversos da tentativa de sepultar o serviço público "consiste justamente no aprofundamento das desigualdades entre o Norte e o Sul, entre países centrais e periféricos do sistema mundial". Op. cit., p. 92. Cita a autora a expressiva Oração do notável cientista do Direito e patriota Paulo Bonavides de que a globalização "poderá significar para as economias periféricas o começo da mais nova e irresgatável servidão, aquela aparelhada por um colonialismo tecnológico e informático, que fará os fortes mais fortes e fracos mais fracos. Entre estes, sem dúvida, hão de arrolar-se, caudatariamente, na miragem do desenvolvimento, países como o Brasil, a Argentina e o México". Op. cit., p. 139.

[250] SALOMÃO FILHO. *Regulação e desenvolvimento*, p. 56.

[251] Através da leitura prévia do excelente trabalho de COUTINHO. A universalização do serviço público para o desenvolvimento como uma tarefa da regulação. In: SALOMÃO FILHO. *Regulação e desenvolvimento*. São Paulo: Malheiros, 2002. p. 78, nota 24.

[252] YAZBEK, op. cit., p. 540.

[253] GARDNER, James. *Legal Imperialism* - American Lawyers and Foreign Aid in Latin American. Importa fazer constar que para Otávio Yazbek, "parece bastante difícil enquadrar processos complexos em um sistema tão arbitrário como o apresentado por Gardner. As combinações viáveis, porém, assim como a possibilidade de classificação, ainda que preliminar, de processos usualmente ignorados tornam a referência bastante importante". Op. cit., p. 548.

116 | Paulo Roberto Ferreira Motta

ativa participação de setores da sociedade receptora",[254] acudindo dizer que "cláusulas (...) próprias do regime da *Common Law* têm seu uso cada vez mais difundido, a despeito da possibilidade, em alguns casos, de questionamento de sua plena efetividade ante as estruturas e garantias próprias do ordenamento vigente".[255]

Retomando o que antes afirmei, em um dos exemplos já citados, utiliza-se hoje, no Direito brasileiro, os indicativos vernaculares *interconexão* e *compartilhamento,* a despeito da possibilidade, desta vez, em ambos os casos, do questionamento de sua plena efetividade, diante da estrutura e garantias próprias do ordenamento vigente, que, no caso concreto, possui ampla e profunda construção legal, jurisprudencial e doutrinária, a respeito da intervenção do Estado na propriedade pública e privada (servidão sobre propriedade alheia).

É por isso que, mais uma vez, é preciosa a assertiva de Yazbek no sentido de que a utilização do Direito estrangeiro "com escasso espírito crítico afigura-se pouco razoável, quando não redundante ou, em casos extremos, contraditória".[256] No mesmo sentido, encontramos o magistério de Eros Roberto Grau, para quem "somente ao preço de malabarismos intelectuais inadmissíveis insiste, certa doutrina, na defesa daquelas inovações".[257]

Soma comentar que este velho vício brasileiro sempre escamoteou uma velha prática nacional, que Yazbek aponta com precisão ímpar: a falsidade do liberalismo brasileiro, fundada no colonialismo, no escravismo, no servilismo e na discriminação, visando sempre convir a interesses externos, mesmo quando estes contradizem os nacionais e até mesmo os eliminam.

Colho, novamente, em Otávio Yazbek, da lavra de Oliveira Vianna, a antiga, mas não desatualizada, indignação de que:

> No trabalho de construção do nosso aparelhamento político temos seguido um processo inteiramente oposto ao dos grandes povos da Antiguidade,

---

[254] Idem, p. 546-547.

[255] Ibidem, p. 547.

[256] Ibidem, p. 547.

[257] GRAU. As agências, essas repartições públicas. In: SALOMÃO FILHO. *Regulação e desenvolvimento.* São Paulo: Malheiros, 2002. p. 28.

como o romano ou grego, ou dos grandes povos modernos, como o inglês, o norte-americano, o alemão. Entre nós, não é no povo, na sua estrutura, na sua economia íntima, nas condições particulares de sua *psique,* que os organizadores brasileiros, os elaboradores dos nossos códigos políticos, vão buscar os materiais para as suas formosas e soberbas construções: é fora de nós, e nas jurisprudências estranhas, é em estranhos princípios, é nos modelos estranhos, é nos exemplos estranhos, é em estranhos sistemas que eles se abeberam e inspiram. Parece até que é somente sobre esses paradigmas forasteiros que a sua inteligência sabe trabalhar com perfeição.[258]

Eros Roberto Grau ensina que "a multiplicidade de discursos superficiais produzidos em torno das inovações do neoliberalismo e da globalização em nada contribui para a reflexão sobre o Direito, antes a dificulta". Isto porque, "o fato é que o açodado transplante de experiências estrangeiras seria perfeito não fosse uma pedra no caminho: a Constituição do Brasil".[259]

Sobre esta temática escrevi[260] que a Constituição, como diploma de maior hierarquia de uma ordem jurídica, somente poderá ser legítima quando não contrariar princípios morais que são constantemente criados e recriados pela sociedade, mas corre sério risco de perder legitimidade, e até mesmo deixar de ter qualquer importância normativa se não souber enfrentar os desafios presentes na atual ordem global, no sentido de depurar, entre as diversas e plurais tendências atuais, aquelas que podem complementar o *núcleo duro* de seu Texto, daquelas que podem destruir o citado núcleo.

Este é o desafio para o qual os publicistas deverão estar preparados. A pós-modernidade coloca uma variedade imensa de discursos, entre os quais, não se lhe escapam, os direitos humanos. Importa, pois, demonstrar que as propaladas vantagens trazidas nas *novas ondas* pós-modernas, tanto em nível cultural como material, só podem ser verificadas na virtualidade dos discursos, nas apologias de seus cultores, nas páginas dos seus defensores. A práxis demonstra, e aqui não discursivamente, que as colocações teóricas surgidas não encontram sucesso (ou *eficiência,* para

---

[258] VIANNA. *O idealismo da Constituição.* São Paulo: Ed. Nacional, 1939. p. 7, apud YAZBEK, ibidem, p. 551.

[259] Op. cit, p. 28.

[260] MOTTA. *Direito e moral:* qual o conteúdo para a Constituição?. *A&C,* n. 8, p. 177 et seq.

utilizar uma expressão juridicamente pós-moderna bastante em voga e, atualmente, com alçada constitucional) quando aplicadas concretamente.

Deste modo, ganha força, na mentalização pós-moderna, a tendência, não nova, de que a Constituição não pode impedir que as gerações futuras venham a dispor livremente sobre seus interesses, por força das cláusulas pétreas estabelecidas pelas gerações anteriores.

Tal discurso, como todo discurso, tem duas faces, uma verdadeiramente concreta, outra meramente discursiva. Isso porque, se as gerações futuras possuem a possibilidade de disporem livremente sobre seus interesses (e isso deve ser reconhecido como potencialmente verdadeiro, e principalmente justo), é mero exercício de futurologia irresponsável sustentar que essas mesmas gerações terão interesse em desprestigiar direitos presentes no atual Texto Constitucional. Melhor deixar que o futuro se encarregue de mostrar quais serão as interpretações constitucionais que farão nossos sucessores.

Não sendo antinômica ao neoliberalismo, evidente que a pós-modernidade no jurídico e no econômico satisfaz os interesses do mesmo, quando trabalha no sentido de desprestigiar os princípios basilares do Direito Público, num cansativo discurso sobre a falência sistêmica destes mesmos princípios. Aqui, mais uma vez, os resultados também são virtuais, eis que a desconstrução principiológica (negativa da hierarquia normativa nascida do gênio de Hans Kelsen, desvalorização da legalidade transformando o princípio em mero indicador exegético, sem maiores consequências, extirpação da reserva da lei em sentido formal, dentre outros, tudo em nome da eficiência técnica) não trouxe resultados materialmente auferíveis que demonstrassem, na prática, que as sociedades melhoram seus indicadores sociais, econômicos e, sobretudo, culturais.[261]

---

[261] Além do mais, diminuir o alcance do princípio constitucional da separação dos poderes implica em interpretar a Constituição que o consagra de modo totalmente equivocado. Fábio Konder Comparato sustenta que "em razão de sua supremacia normativa, o princípio da separação de poderes situa-se no ápice do ordenamento jurídico nacional, sobrelevando todas as regras, até mesmo de natureza constitucional, que não tenham o valor de princípios. Na hipótese de uma eventual colisão da separação de poderes com outro princípio

E mesmo que, eventualmente, e por enquanto apenas na virtualidade discursiva, as formulações neoliberais tragam aumentos qualitativos de indicadores sociais, econômicos e culturais, não se poderia admitir que, por este fato, fosse possível crer que o Estado Social morreu, assim como o serviço público.

Como aduz Fábio Konder Comparato "nunca se poderá dizer que a dignidade de uma pessoa já foi integralmente respeitada, ou que uma sociedade é totalmente democrática".[262] Até porque a evolução cronológica dos direitos humanos demonstra que gerações dos mesmos se sucedem, mas não se excluem, assim como novas, e mais legítimas, formas de expressão da democracia surgem no processo de acumulação cultural da humanidade.

Os homens do final do século XX, início do século XXI, acostumados a vivenciar, e alcançar benefícios sociais, libertando-se da miséria, pelas novas gerações dos direitos humanos e pelas novas formas de exercício da democracia, certamente não reconheceriam como democrático o Estado do século XIX, ou, no mínimo, considerariam a democracia do apontado período histórico como incompleta e imperfeita. Neste processo evolutivo de cultura, notadamente jurídica, as gerações futuras terão a exata compreensão de nossas insuficiências e deficiências na defesa dos direitos humanos. É por isso que soa estranha a assertiva de Fábio Ulhoa Coelho, antes transcrita: "o Estado ter responsabilidade sobre essas áreas da vida é noção sem sentido para o homem do século XIX, por exemplo".[263] O surpreendente seria, creio, o contrário, ou seja, que o homem do século XX considerasse haver algum sentido na escravidão existente no século XIX. A mulher do século XX localizasse significado no dote ou na promessa de casamento acertada pelos pais, prática do século anterior. Ou, ainda, a criança do último

---

fundamental, em determinado caso concreto, o intérprete deve escolher a solução que melhor assegure a proteção dos direitos fundamentais, segundo a técnica de sopesamento, que os alemães denominam *Güterabwägung*, e os anglo-saxônicos *balancing".* Op. cit., p. 8. Sustenta, ainda, que "sob o aspecto da ilimitação do seu grau de aplicabilidade, enquanto princípio jurídico, a separação de poderes não se reduz a determinados efeitos, taxativamente declarados ou não no texto constitucional". Idem, idem.

[262] Ibidem, ibidem.

[263] Op. cit., p. 192.

século vislumbrar alguma justiça na jornada diária de trabalho de 14, 15 horas dos meninos e meninas da penúltima centúria.

Nestes casos fica patente que a tendência discursiva atual, bem como a importação de modelos do *common law*, é a de transformar a *vontade livre do indivíduo*[264] no único paradigma admitido, olvidando-se, por completo, da construção originariamente kantiana de que isso não é possível, eis que a possibilidade de se usar a coerção só é admitida com a concordância geral e abstrata de todos, através da lei em sentido formal.

Desnudada, assim, a ideia pós-moderna de que a ordem jurídica não pode prescindir de reproduzir a ordem moral, é possível colocar que a necessária depuração da ordem moral pela jurídica deve manter a principiologia existente, no sentido de defender os direitos previstos na Constituição, razão pela qual a irresponsável importação (ou transferência por infusão) agride a Lei Maior naquilo que a mesma possui de mais importante, ou seja, o seu *núcleo duro*.

Isso não implica, como é óbvio e elementar, que tais direitos alienígenas não possam sofrer um processo (e não procedimentalização como parece bastar aos seus irreflexivos importadores)

---

[264] O professor Luiz Gonzaga Belluzo sustenta que "É duvidoso que o indivíduo projetado pelo iluminismo tenha, de fato, triunfado. Triunfaram, sim, a insegurança e a impotência. Tal sensação de insegurança é o resultado da invasão em todas as esferas da vida, das normas de mercantilização e da concorrência, como critérios dominantes da integração e do reconhecimento social. Nos países em que os sistemas de proteção contra os frequentes 'acidentes' ou falhas do mercado são parciais ou estão em franca regressão, a insegurança assume formas ameaçadoras para o convívio social. (...) Há quem se irrite com a menção do Consenso de Washigton como origem e destino das políticas liberais na América Latina. Mas basta olhar em volta e observar que as novas estratégicas de 'integração' à economia mundial e de 'modernização' das relações entre Estado e mercado foram iguais ou quase, em todos os países da região e produziram os mesmos resultados econômicos e sociais desapontadores. Foi grande a decepção causada pela descoberta de que a vitória contra a inflação e as reformas pró-mercado não produzem necessariamente mais empregos, melhores condições de vida e um futuro melhor para os filhos. A sensação dos brasileiros é de profunda insegurança. E a insegurança produz o mal-estar de forma ampliada numa sociedade desigual e com perspectivas de baixo crescimento e lenta mobilidade vertical para a maioria. Para o cidadão afetado pelas consequências devastadoras das crises financeiras, parece inteiramente fantástica a idéia de controlar as causas desses golpes do destino. As erráticas e aparentemente inexplicáveis convulsões das bolsas de valores ou as misteriosas evoluções dos preços dos ativos e das moedas são capazes de destruir suas condições de vida. O consenso dominante trata de explicar que, se não for assim, sua vida pode piorar ainda mais. A formação desse consenso é, em si mesmo, um método eficaz de bloquear o imaginário social, numa comprovação dolorosa de que as criaturas da ação humana coletiva — as instituições produzidas pelo devir histórico — adquirem dinâmicas próprias e passam a constranger a liberdade de homens e mulheres". Nostalgia do futuro. *Carta Capital*, p. 39-41, 8 jan. de 2003.

Regulação e universalização dos serviços públicos | 121

interpretativo diferente, no sentido de adaptação à realidade nacional e às novas necessidades surgidas com as privatizações e regulações das mesmas, e não, certamente, o caminho inverso, de reinterpretação no sentido de transformar tais direitos em meros procedimentos, axiologicamente neutros e destituídos de eficácia material.

Para tanto, necessário se faz conhecer cognitivamente (e o pleonasmo aqui utilizado é proposital, no sentido de conhecer o discurso não apenas na sua forma e conteúdo, mas também, e principalmente, na sua essência) o novo aporte que se pretende transpor, qual paradigma o estriba e reconhecer nele um aliado ou um inimigo da necessária simbiose entre os dois fundamentais princípios da Constituição da República, no caso o Estado Social de Direito e a Dignidade da Pessoa Humana. No primeiro caso permitir que adentre no sistema jurídico, no segundo, a necessária repulsa.

Agindo de modo contrário, o que vale dizer, irrefletidamente, nas transferências por infusão irresponsáveis, vamos assistir a uma "crescente discrepância" entre as "necessidades dos países em desenvolvimento e receitas regulatórias que lhe são sugeridas (e muitas vezes impingidas)".[265] E assim agimos, irresponsavelmente, porque adotamos escolas econômicas e jurídicas alheias à nossa realidade e a nossa cultura. Ou, como preferiu denunciar Oliveira Vianna, "sobre paradigmas forasteiros" com os quais, "parece", a inteligência destas pessoas "sabe trabalhar com perfeição".

É neste sistema, perverso, que nascem os desprezos e os esquecimentos da doutrina, como se autores como Alberto Venancio Filho, Caio Tácito, Francisco Campos, Guimarães Menegale, Oswaldo Aranha Bandeira de Mello, Manoel de Oliveira Franco Sobrinho, Ruy Cirne Lima e Themístocles Cavalcanti — e tantos outros não citados — nada significassem hoje, constituindo-se em mercadorias de valor insignificante, e qualquer *coveiro virtual do serviço público* pudesse suplantar as monumentais obras que foram construídas pelos nominados. Seria transformar a doutrina criada e acumulada pela inteligência de compatriotas numa relação cambial, onde no *mercado das palavras*, um Ariño Ortiz,

---

[265] SALOMÃO FILHO. *Regulação e desenvolvimento*, p. 62.

conforme a cotação do dia, pudesse valer 5,84 Venancio Filho ou 3,45 Francisco Campos.

Assim, em busca de um prometido, mas nunca cumprido, desenvolvimento, adotam-se posturas típicas dos subdesenvolvidos, ignorando-se os juristas pátrios e o notável acúmulo cultural de suas obras, transformando outros, pelo simples fato de serem estrangeiros e neoliberais, em profetas de um novo Direito, que, conforme visto em linhas anteriores, de inédito somente possuem o rótulo de suas velhas soluções.

Santiago Muñoz Machado, baseado na jurisprudência dos mais importantes Tribunais europeus, demonstra que "as tantas declarações e augúrios que se publicam sobre a radical transformação que a constituição econômica comunitária impõe à organização e ao regime dos serviços públicos (...) não transformam os mesmos em instituições completamente diferentes das conhecidas até agora, implantadas conforme os direitos de cada um dos Estados".[266]

Além disso, em crítica direta, demonstra que:

> A opinião e as teses de G. Ariño, J. M. de la Cuétara e J. L. Martínez López-Muniz utilizam como únicos argumentos a crise de alguns serviços de caráter econômico. Nem sequer de todos eles. Por outra parte, algumas das técnicas que crêem universalizáveis e aplicáveis a todos os serviços públicos, procedem, sobretudo, e algumas vezes, exclusivamente, das regulações comunitárias em matéria de telecomunicações. O que quer dizer, são regulações especializadas.[267]

Nunca uma única frase, como a de Muñoz Machado, ruiu e derruiu milhares de páginas, de maneira tão simples, tão fácil, tão evidente, eis que a perfeição de uma análise tem a força de tornar tudo muito claro e manifesto. Mais uma vez, cristalinamente demonstrado que o neoliberalismo se beneficia da ausência de base científica de alguns juristas para conquistar corações e mentes. Assim, em poucas, mas contundentes e precisas, palavras, Muñoz Machado demonstra duas coisas sempre esquecidas, quando interessa esquecer:

---

[266] Op. cit., p. 139.
[267] Idem, p. 140, nota 141.

Não é o serviço público que está em crise, apenas que determinados serviços, notadamente o das telecomunicações, tiveram avanços tecnológicos que ultrapassaram o agasalho jurídico que a atividade antes possuía.

Como as telecomunicações possibilitam, hoje, a livre competição, em virtude do desenvolvimento tecnológico, não se pode dizer o mesmo de outros serviços públicos estruturais.

Ademais, como sustentar que serviços públicos como o registro de pessoas naturais e jurídicas possam ter morrido?

Realizar esta não realidade, mesmo que apenas no plano das ideias, é desconhecer o real alcance dos ditos monopólios naturais.

Não há, ao fim e ao cabo, como justificar, destarte, pelos dois fatores antes assentados, a morte do serviço público e, consequentemente, o desaparecimento do Estado Social.

Tal procedimento se constitui na inversão da lógica da ciência, transformando a exceção em regra e a regra em exceção.[268]

Feitas estas considerações, em algumas linhas que talvez tenham ultrapassado, pelo tom de desabafo, os limites impostos pela linguagem acadêmica, passo à análise de alguns institutos jurídicos trazidos, via transferência por infusão, ao panorama brasileiro, após a implementação das reformas neoliberais.

A total e absoluta incongruência dos mesmos, bem como os graves atentados à Constituição que ocasionam são evidentes, para todos aqueles que, pensando em português, pretendem a defesa do *núcleo duro* da Constituição.

A fuga do Direito Administrativo

Constata Jesús Leguina Villa que "nos últimos anos um número importante de entidades e atividades administrativas tem sido transferido pura e simplesmente ao setor privado ou, sem abandonar o setor público, tenha adotado de maneira crescente formas de organização e técnica de gestão próprias do Direito Privado".[269]

---

[268] Para uma "terceira visão" da doutrina espanhola sobre a questão, notadamente a partir do Capítulo VII, consulte-se SOUVIRÓN MORENILLA. *La actividad de la administración y el servicio público.*

[269] LEGUINA VILLA, op. cit., p. 637.

Este fenômeno se constitui na *fuga do Direito Administrativo* e tem como pretensão "encontrar sua justificação no princípio constitucional da eficácia da Administração que obrigaria a reduzir, de um lado, a excessiva dimensão alcançada pela organização administrativa e a ter em conta, as exigências da lei do mercado na estrutura e na ação administrativa".[270]

Portanto, "para ser eficaz e poder competir com o setor privado, a Administração abandona, assim, seu direito próprio, e busca acolhida na autonomia da vontade e na liberdade de contratação que lhe proporciona o direito privado".[271]

Leguina Villa coloca a questão de modo fundamental, qual seja, a de que "não há dúvida de que a eficácia é um princípio que não se deve subestimar na Administração de um Estado de Direito, pois o que importa aos cidadãos é que os serviços públicos sejam prestados adequadamente" agora, "a eficácia que a Constituição exige da Administração não deve se confundir com a eficiência das organizações privadas nem é, tampouco, um valor absoluto diante dos demais".[272]

No Direito brasileiro, corajosamente nadando contra a corrente das apressadas, rasas e ligeiras interpretações do princípio da eficiência administrativa, constitucionalizado pela Emenda Constitucional nº 19/98, Emerson Gabardo realizou dicção no sentido de que:

> A real interpretação da eficiência no contexto do Estado Social não pode restringir-se à perspectiva autônoma neoliberal, característica da mentalidade pós-moderna. Urge, então, que seja promovida uma interpretação desmitificadora, que entenda a eficiência como um valor dependente de fundamentos por um lado ético, e, por outro, inerentes à justiça como ideal maior do Estado. (...)

---

[270] Op. cit., p. 637. Dentro de uma visão mais ampla, nas relações do Direito Público e Privado, a *fuga do Direito Administrativo* foi estudada com profundidade, de modo um tanto simpático ao fenômeno, por Ricardo Rivero Ortega, em *Administraciones públicas y derecho privado*, notadamente nos capítulo introdutório (Uso y abuso del derecho privado por la administración pública). No mesmo sentido, embora com maior crítica, DESDENTADO DAROCA. *La crisis de identidad del derecho administrativo*: privatización, huida de la regulación pública y administraciones independientes.

[271] Idem, idem.

[272] Ibidem, p. 637.

O princípio constitucional da eficiência administrativa, expressado na Constituição Federal de 1988 pela Emenda Constitucional n. 19/98, já era implícito à estrutura do regime republicano. Sua natureza jurídica é, portanto, inconteste, haja vista não só a sua formalização constitucional, mas, principalmente, a sua característica de princípio constitucional, cuja ontologia é inafastavelmente normativa. Assim sendo, o princípio não deve ser considerado uma mera transposição de um parâmetro da administração privada, nem implica uma derrogação de qualquer outro princípio constitucional, notadamente o da legalidade.[273]

A jurista espanhola Silvia del Saz Cordero considera que a *fuga do Direito Administrativo*, presente em vários países do mundo, apresenta manifesta inconstitucionalidade, eis que, nos ordenamentos constitucionais, está estabelecida uma reserva constitucional de Direito Administrativo, impondo, assim, limites ao legislador.[274]

Também apontando a inconstitucionalidade deste procedimento, a jurista portuguesa Maria João Estorninho destaca que esta fuga é consciente e perversa. Mergulhando na evolução histórica do Direito Administrativo deduz que houve tempos em que o Estado e a Administração Pública não se submetiam ao Direito, sendo, portanto, Estado absolutista, despreocupado e indiferente aos anseios das populações. Mais, que o processo somente foi passível de sofrer alteração quando a Administração passou a submeter-se ao Direito Público. Assim, o Direito Privado se constituiu na "cara má" da Administração porque é o mecanismo encontrado para fugir das vinculações jurídico-políticas.[275]

Importa lembrar o alerta de Mariano Brito, "sobre a improcedência de uma sujeição geral da atividade dos entes públicos ao Direito Privado, sem outras precisões, e especialmente se a mesma possui uma conotação de eliminação dos constrangimentos — 'privilégios a menos' — que impeça a execução dos encargos estatais".[276]

---

[273] GABARDO. *Princípio constitucional da eficiência administrativa*, p. 146-147.

[274] DEL SAZ CORDERO, Silvia. *Las transformaciones del derecho administrativo al final del siglo XX*, p. 65. Da mesma autora consultar: Desarrollo y crisis del derecho administrativo, su reserva constitucional In: CHINCHILLA; LOZANO; DEL SAZ CORDERO. *Nuevas perspectivas del derecho administrativo*: tres estudios, p. 101-190.

[275] ESTORNINHO. *A fuga para o direito privado*: contributo para o estudo da actividade de direito privado da administração pública, p. 355, apud BACELLAR FILHO, op. cit, p. 16.

[276] BRITO; DELPIAZZO. Derecho administrativo de la regulación económica, p. 79.

Deste modo, é induvidoso que a fuga verificada no Direito brasileiro também possui esta dupla faceta de inconstitucionalidade e indiferença.

A indiferença é evidente, até porque a Administração, quando foge em direção ao Direito Privado, no mínimo, não oferece a todos o direito de competir pelos bônus de tal proceder. A indiferença, assim, nasce exatamente pelo fato de que a isonomia é ignorada.

A inconstitucionalidade é perfeitamente demonstrável, assim como a reserva constitucional de Direito Administrativo na Constituição da República Federativa do Brasil. Celso Antônio Bandeira de Mello defende a tese de que a prestação (ou exploração) do serviço público por pessoas privadas não pode implicar na violação do regime jurídico-administrativo (o que vale dizer na reserva constitucional de Direito Administrativo) e na transformação dos mesmos em atividade econômica privada. Para o eminente autor, "há serviços que a Constituição já prefigurou como públicos"[277] e é exatamente o regime jurídico de Direito Público que permite diferenciá-los das atividades econômicas privadas:

> (...) a chamada "crise do serviço público" — de que tanto se ocupou a doutrina francesa na década de 50 — ou a suposta crise que estaria hoje a atingir tal noção, sobretudo peio impacto das idéias econômicas da "privatização" preconizadas pelo neoliberalismo, consistem precisamente em um retrato fiel deste chocante equívoco: assentar uma noção jurídica não sobre "elementos de direito", mas sobre dados da realidade fática. Deveras, o que a doutrina então tomou como sendo uma crise foi a dissociação de três elementos que, de regra, se encontravam associados ao se pensar em serviço público: a saber: (a) uma atividade tida geralmente como de interesse geral; (b) o fato de ser prestada por um organismo governamental e (c) dita prestação fazer-se sob um regime característico: o regime de direito público. Ora, serviço público, como noção jurídica, só pode ser um dado regime, nada importando que se altere o substrato sobre o qual se aplica, pois este, obviamente, é mutável tanto quanto a realidade social. (...) Na atualidade, desavisadamente, repete-se a mesma inconsequência. E entre nós, o que ainda é pior, reproduzindo, como é típico dos subdesenvolvidos, o que é dito no exterior, sem atentar para o fato de que a Constituição Brasileira,

---

[277] BANDEIRA DE MELLO. Privatização e serviços públicos. *Revista Tributária de Direito Público*, n. 22, p. 174.

Regulação e universalização dos serviços públicos | 127

não admitiria desclassificar certas atividades da categoria serviço público, óbice este inexistente em outros países.[278]

Finalmente, a crise do Estado Social também pode ser explicada pela perda de legitimidade do mesmo. Mas qual a razão que leva a esta perda? Uma das respostas é encontrada, com certeza, na fuga que o Estado vem empreendendo do Direito Administrativo, colocando inúmeras de suas funções e atividades sob a égide do Direito Privado. "O Estado encontra a sua legitimidade nos serviços que presta à coletividade. O poder público não pode se legitimar pela sua origem, mas somente pelos serviços que presta conformemente às regras de direito."[279]

Quanto maior for a fuga, portanto, maior será a perda de legitimidade.

O "poder regulador" e a função regulatória

Nota-se, em certos setores da doutrina brasileira o uso, a meu ver, completamente indevido, da expressão *poder regulador*. Colhe-se em Maria D'Assunção Costa Menezello que o poder regulador "é o poder e um dever atribuídos institucionalmente pelo Poder Legislativo a uma autarquia, denominada de agência reguladora".[280]

Respeitosamente, o Poder Legislativo, perante o ordenamento constitucional brasileiro nada pode *atribuir institucionalmente*. Primeiro porque o Poder Legislativo não tem competência para atribuir nada a ninguém.

Na Constituição da República Federativa do Brasil o Poder Legislativo não é pessoa e nem órgão, mas simples, e mero, "Capítulo", no caso o de número I, do Título IV, que versa sobre a organização dos Poderes. Quem pode delegar algo a alguém, são as casas (órgãos) que integram o Poder Legislativo (art. 44), ou seja, o Congresso Nacional, o Senado Federal e a Câmara dos Deputados. Mais, na Constituição Federal sequer encontramos a possibilidade

---

[278] BANDEIRA DE MELLO. Serviço público e sua feição constitucional no Brasil. In: MODESTO; MENDONÇA (Coord.). *Direito do estado*: novos rumos. São Paulo: Max Limonad, 2001. t. II, p. 15, nota 2.

[279] DERANI, op. cit, p. 62.

[280] MENEZELLO. *Agências reguladoras e o direito brasileiro*, p. 101.

de o Senado ou a Câmara delegarem o exercício de qualquer função normativa a qualquer órgão do Poder Executivo, quanto mais a uma autarquia, que é, como óbvio, ente da Administração Pública indireta.

A delegação possível, dentro da Constituição, é aquela que nasce da solicitação do Presidente da República ao Congresso Nacional (e não ao Poder Legislativo, como antes frisei) para a elaboração das leis delegadas (art. 68). Aqui anoto a existência, sempre esquecida, do §1º do mesmo art. 68 no sentido de que "não serão objeto de delegação os atos de competência exclusiva do Congresso Nacional, os de competência privativa da Câmara dos Deputados ou do Senado Federal", além da "matéria reservada à lei complementar, nem a legislação sobre organização do Poder Judiciário e do Ministério Público; nacionalidade, cidadania, direitos individuais, políticos e eleitorais; planos plurianuais, diretrizes orçamentárias e orçamentos".

Com a ideia da existência de um *Poder regulador,* a citada autora vai ainda mais além, no sentido de afirmar que "esse poder regulatório insere-se dentro da esfera da Administração e só pode ser exercido por quem foi legalmente indicado para fazê-lo".[281]

Creio, respeitosamente, que *poder* não pode ser estabelecido por lei, só a competência. Aliás, e mais uma vez respeitosamente, *poder* somente pode ser criado pelo exercente do Poder Constituinte Originário. Este exercente criou apenas três poderes, e nos mesmos, não se verifica a existência de um denominado regulador.

A utilização do termo, assim, somente poderá ser aceita como vício de linguagem, mas jamais como instituto jurídico, ainda mais de alçada constitucional.

Tentando defender a ideia de um inexistente e, portanto, inconstitucional *poder regulador,* a citada autora afirma que o mesmo "é uma delegação de competências do Poder Legislativo e Executivo às exigências para que, atuando com dinamismo, atualidade e flexibilidade, possam atender aos reclamos dos agentes regulados dentro da moldura jurídica vigente".[282]

---

[281] Op. cit., p. 104.
[282] Op. cit., p. 105.

Quero crer, e renovando respeito, que a Constituição da República, em momento algum, estabeleceu competências conjuntas entre o Poder Legislativo e o Executivo, pelo contrário, para garantir e efetivar o Estado de Direito, as separou.

Assim, inexistindo competência conjunta, torna-se absolutamente impossível delegar-se aquilo que não existe. Por outro lado, o Poder Executivo, como é óbvio, não poderia delegar o exercício da função normativa, que não lhe pertence, a uma de suas pessoas, eis que as agências reguladoras integram a Administração Pública indireta, no caso, como autarquias, por mais especial que seja a denominação que receberam da suas leis criadoras.

O que devemos, penso, é falar em função regulatória, ou seja, aquela "parcela da atividade administrativa de intervenção no domínio econômico.[283]

Função regulatória

Preliminarmente importa conceituar função, e mais, localizar na classificação das mesmas a paragem onde se encontraria a batizada *função regulatória.*

Função, como sintetiza Celso Antônio Bandeira de Mello, é a atividade daquele "que está investido no dever de satisfazer dadas finalidades em prol do interesse de outrem, necessitando, para tanto, manejar os poderes requeridos para supri-las. Existe função quando alguém está investido no dever de satisfazer dadas finalidades em prol do interesse de outrem".[284]

Como o poder do Estado é uno, a cultura jurídica construiu a noção de função a fim de que o ente estatal pudesse exercê-lo. E, por diferentes órgãos, com o claro sentido de desconcentrar o poder, para que a sociedade melhor pudesse controlar o exercente do mesmo.[285]

---

[283] SOUTO. A função regulatória. In: SOUTO; MARSHAL (Coord.). *Direito empresarial público.* Rio de Janeiro: Lumen Juris, 2002. p. 19.

[284] *Curso...*, p. 43.

[285] Colhe-se em CLÉVE. *Atividade legislativa do poder executivo no estado contemporâneo e na Constituição de 1988,* que, "A proposta do Estado Constitucional era a de limitar o poder político, mantendo-o concentrado. E isto ocorreria da seguinte forma. Primeiro, tratava-se de organizar o político de tal modo que o poder se encarregasse de controlar o próprio

Entendeu-se, deste modo, e depois de uma experiência histórica traumática — o Absolutismo —, que pulverizando o poder do Estado em diferentes funções, com diferentes titulares, haveria de se encontrar um equilíbrio.

Partindo sempre da contribuição de Montesquieu, o Direito Público tripartiu o poder estatal em três distintas, independentes, mas harmônicas, funções. A executiva, compreendendo uma função de administração e outra de governo, sendo, portanto, bipartida, é o *locus* onde vamos encontrar a função regulatória.

Isto porque a função administrativa, no dizer de Celso Antônio, é aquela que visa "satisfazer interesses públicos, ou seja, interesses de outrem: a coletividade" de onde se originam as prerrogativas da Administração, sendo "legítima se, quando e na medida indispensável ao atendimento dos interesses públicos; vale dizer do povo" a Administração utilize dado rol de prerrogativas para atingir, mediante o exercício da função, o legítimo desiderato da existência do Estado.[286]

A função administrativa, conforme sintética, mas perfeita, conceituação do constitucionalista português Jorge Miranda é aquela que visa à "satisfação constante e cotidiana das necessidades coletivas; prestação de bens e serviços".[287]

Não é outra por suposto a tarefa da regulação, bem como as das demais atividades constantes do rol da função administrativa. Ou como aludia as Ordenações Filipinas, regular a atividade daqueles que vendem as coisas que lhes sobejam para os que delas necessitam. Do mesmo modo com que este diploma legal tão sábio aduzia, o Estado tem o dever-poder[288] de assim proceder, tudo para garantir o interesse público.

---

poder. Aqui, sustenta-se o núcleo da teorização conducente à separação dos poderes. Depois, deslocando a soberania das mãos do monarca para as mãos do povo ou da nação. Ocorre, neste passo, a transferência da titularidade do poder soberano. Este deslocamento foi suficiente para deflagrar as produções discursivas que favoreceram a construção da teoria do Poder Constituinte. Portanto, a noção de Estado Constitucional (ou de Direito) repousa sobre a ideia da unidade", p. 26.

[286] Idem, p. 93.

[287] MIRANDA. *Manual de direito constitucional*, t. V, p. 23.

[288] Vide BANDEIRA DE MELLO. *Curso...*, p. 44 et seq.

Regulação e universalização dos serviços públicos | 131

Portanto, é induvidoso que a função regulatória é administrativa. Submetida, evidentemente, aos princípios gerais da Ordem Econômica previstos na Constituição Federal; explicitados nas Casas legislativas; regulamentados pelo Chefe do Poder Executivo; e submetida ao controle judicial quando desbordar das canaletas erguidas pelo ordenamento positivo.

É função instrumental. Dentro do arcabouço jurídico, compete ao Estado, através da Administração Pública, submetida ao regime que lhe é peculiar, utilizar os instrumentos necessários para materializar os princípios da Ordem Econômica estabelecidos a partir do art. 170 da Constituição da República.

Assim, compete à função regulatória (uma das espécies do gênero função administrativa), sem violar os demais ditames constitucionais, mas ao contrário, lhes dando eficácia, ou, no mínimo, não os contrariando (interpretação e aplicação sistemática da Constituição), dar eficácia material, e, portanto, tutelando todas as atividades econômicas quer as propriamente ditas — privadas ou estatais —, quer os serviços públicos — prestados direta ou indiretamente pelo Estado, com a finalidade de assegurar e defender, assim sendo, sob tutela jurídica do Direito Público, a soberania nacional, a propriedade privada, a função social da propriedade, a livre concorrência, a defesa do consumidor, a defesa do meio ambiente, a redução das desigualdades regionais e sociais, a busca do pleno emprego, e todos os outros princípios inerentes aos da soberania, cidadania, dignidade da pessoa humana, valor social do trabalho e da livre iniciativa e do pluralismo político.

É no desnudamento da função regulatória, portanto, que se pode verificar se estamos diante de uma regulação ou de uma regulação neoliberal.

Cumprindo-se os princípios fundamentais da República e da Ordem Econômica desta mesma Coisa Pública, a regulação existente é a necessária, e no caso do Direito brasileiro, secular.

Agasalhando apenas a livre iniciativa, e violando ou no mínimo contrariando os demais princípios arrolados pela Carta Magna, estaremos diante da regulação neoliberal.

Visto que a expressão *poder regulamentar* somente pode ser considerada como vício de linguagem, ou seja, com o claro propósito de referir-se à função legislativa, resta, agora, analisar outro elemento cuja introdução, no Direito brasileiro, vem sendo tentada pela regulação neoliberal: a delegificação.

A delegificação

A delegificação, também conhecida como deslegalização,[289] pode ser conceituada, como o faz Diogo de Figueiredo Moreira Neto, pela retirada, pelo próprio legislador, de certas matérias, do domínio da lei (*domaine de la loi*) passando-as ao domínio do regulamento (*domaine de l'ordonnance*)[290] Assim, "ao ver do ilustre administrativista carioca, poderiam ser identificadas inúmeras manifestações de deslegalização no corpo da CF/88, especialmente com referência à instituição de órgãos reguladores. Haveria outras hipóteses de deslegalização por determinação infraconstitucional".[291]

Marçal Justen Filho, quero crer, possui total e cabal razão ao profligar a construção doutrinária acima exposta: "A concepção de deslegalização ou delegificação não se afigura como aplicável ao Direito brasileiro. Ao menos, não há cabimento de produzir a transferência de competência normativa reservada constitucionalmente ao Legislativo para o Executivo. E tal deriva de algumas características da ordem jurídica brasileira".[292] Estas características aparecem adiante.

Aponta Alexandre Aragão que há oposição em relação a tal *instituto*, "por considerarem que o fenômeno constitui uma delegação de poderes legislativos", "sustentam que tal deslocamento de sede normativa só pode ser operada pela própria Constituição, isto é, que a liberdade do legislador, em um regime de Constituição rígida, não pode chegar ao ponto de abrir mão dos seus poderes, delegando-os". Arrematando, nota que: "Para esta assertiva, pouco

---

[289] ARAGÃO. *Agências reguladoras e a evolução do direito administrativo econômico*, p. 418.

[290] MOREIRA NETO. *Mutações do direito administrativo*, p. 166. No mesmo sentido, SOUTO. *Direito administrativo regulatório*, p. 47-52.

[291] JUSTEN FILHO, op. cit. p. 495.

[292] Idem, p. idem.

Regulação e universalização dos serviços públicos | 133

importaria que a Constituição vede ou não expressamente a delegação de poderes, vez que a vedação decorreria da própria divisão constitucional de competências. Sendo assim, (...) a deslegalização por via legislativa implicaria na derrogação infraconstitucional de competências fixadas pelo Poder Constituinte."[293]

O citado autor, que agasalha referido *instituto,* conclui que "não há qualquer inconstitucionalidade na deslegalização, que não consistiria propriamente em uma transferência de poderes legislativos, mas apenas na adoção, pelo próprio legislador, de uma política legislativa pela qual transfere a uma outra sede normativa a regulação de determinada matéria".[294]

Respeitosamente, a ilação merece reparos. Não alcanço diferença alguma entre dizer que não há transferência de poder (ou delegação) e sim "adoção de uma política de transferência de sede normativa". Mais, não consigo vislumbrar a possibilidade de "uma política legislativa" transferir a uma outra "sede" a regulação de determinada matéria sem que se faça tábula rasa da Constituição da República. Como sustenta Clèmerson Merlin Cléve "a lei configura sempre um mecanismo de criação do Direito decorrente da atividade do Estado", podendo ser "ato que decorre do exercício da função legislativa propriamente dito — Congresso Nacional — ou eventualmente, por outro poder, como é o caso do Presidente da República (leis delegadas ou medida provisórias)".[295] Fora destes casos, por evidente, não há lei.

Defende também o professor Aragão a tese de que se o Legislativo pode revogar uma lei, "por que não o teria para, simplesmente, rebaixar o seu grau hierárquico?".[296]

Na verdade, e mais uma vez com respeitos, o argumento não convence. O processo legislativo brasileiro, art. 59, da Constituição Federal, estabelece uma hierarquia normativa, dando guarida, como

---

[293] ARAGÃO, op. cit., p. 420-421.

[294] Idem, p. 422-423.

[295] CLÈVE. A lei no estado contemporâneo. *Revista de Direito Administrativo Aplicado,* n. 9, p. 347. O tema, sob outro enfoque, mas com conclusões de todo assemelhadas, pode ser encontrado em SOUZA. O estado contemporâneo frente ao princípio da indelegabilidade legislativa. *Revista Trimestral de Direito Público,* n. 13, p. 193-202.

[296] ARAGÃO, idem, p. 422-423.

de resto todas as Constituições civilizadas o fazem, aos ensinamentos de Hans Kelsen. Dentro deste mesmo processo legislativo, o que vale dizer, da *pirâmide kelsiana,* única forma de se *fazer a* lei, num Estado de Direito constitucional, não há como se proceder o *rebaixamento do grau hierárquico* da lei.

Pode-se, por certo, desconstitucionalizar um determinado direito, presente na Constituição, desde que não seja cláusula pétrea, retirando-o da mesma através de emenda constitucional supressiva, e introduzindo-o no ordenamento positivo através de lei. Pode-se, também, fazer desaparecer um direito do ordenamento jurídico através de nova lei que revogue anterior, observado a coisa julgada, o direito adquirido e o ato jurídico perfeito. Assim, e somente assim, por estes dois únicos e exclusivos processos legislativos, é possível, no primeiro caso, *rebaixar,* e no segundo, *revogar,* um direito. Mas não havendo hierarquia entre as demais leis, apenas processos de elaboração diferentes, quer pelo *quorum,* quer pela iniciativa, não há, nos estritos termos do aludido artigo da Constituição, forma de *rebaixar o grau hierárquico* da lei.

Haveria, no plano das ideias, somente uma única possibilidade para tanto: emenda constitucional que viesse permitir a edição de *regulamento regulatório autônomo.* Não tendo havido tal emenda, como disse, há evidente impossibilidade de assim proceder. E esta emenda, frise-se, é inimaginável, eis que segundo o art. 60, §4º, III, da Constituição da República, não será objeto de deliberação a proposta de emenda tendente a abolir a separação dos Poderes.

Na verdade, a delegificação somente pode ser tida como acadêmica discussão de direito comparado. Nada mais do que isto. A delegificação, neste aspecto, tem o mesmo alcance e significado que a *potestad,* eis que, pretendem servir de instrumento para justificar o injustificável, ou seja, o exercício da função normativa por um dado ente regulador.

O que parece não ser entendido, tanto na *potestad* quanto na delegificação, é que a importação irrefletida de institutos jurídicos, e no caso os dois citados são do Direito europeu, não é possível, e sempre terá como obstáculo a Constituição da República Federativa

Regulação e universalização dos serviços públicos | 135

do Brasil, que estabeleceu um regime presidencialista, e não o parlamentarismo existente na União Europeia e na Itália, Espanha e França. Sobre o tema, o professor Marçal Justen Filho doutrinou amplamente,[297] demonstrando, à sobejas, a inaplicabilidade total e absoluta do instituto da delegificação no Direito brasileiro.

Portanto, creio que a única importância da delegificação reside no interesse acadêmico, no conhecimento do direito comparado, na cultura jurídica. Agora, na dogmática constitucional brasileira não há lugar para ela. Está vedada pelos precisos termos dos arts. 5º, II (legalidade ampla); 37, *caput* (legalidade estrita); 49, V (sustação do poder regulamentar por exorbitância dos seus limites); 84, IV (limites do poder regulamentar); VI (matérias dos decretos); e, 25 do ADCT (revogação de delegações anteriores à Constituição).

Resta aqui, fazer consignar a advertência de Clèmerson Merlin Clève:

> A missão dos juristas, hoje, é a de adaptar a idéia de Montesquieu à realidade constitucional de nosso tempo. Nesse sentido, cumpre aparelhar o Executivo, sim, para que ele possa, afinal, responder às crescentes e exigentes demandas sociais. Mas cumpre, por outro lado, aprimorar os mecanismos de controle de sua ação, para o fim de tomá-los (os tais mecanismos) mais seguros e eficazes.[298]

---

[297] Op. cit., p. 496 et seq.
[298] CLÈVE. *Atividade legislativa...*, p. 42.

A universalização na Constituição Federal

Sumário: Introdução - A universalização como princípio nuclear do serviço público - Da noção de serviço público - A reserva constitucional dos serviços públicos - A universalização prometida - O cidadão-usuário como sujeito da regulação e da universalização material dos serviços públicos - Os vícios de origem - A não-regulação do setor elétrico - O *kit* regulatório das telecomunicações

Introdução

A regulação, se for vista apenas pela ótica da sua desenfreada busca pela eficiência e lucratividade, terá como resultado a constatação de que os beneficiários da mesma, notadamente quando não há controle social efetivo, serão, apenas, os grandes capitais, proprietários das grandes corporações mundiais. Assim, longe de cumprir com suas promessas de maior desenvolvimento e bem-estar dos povos, a regulação, notadamente nos países de capitalismo periférico, pode deixar um rastro de mais miséria.

É ilusório, nesta toada, que a regulação neoliberal atenda os interesses dos empresários nacionais. Na verdade, serve, com exclusividade, aos interesses das grandes corporações mundiais, uma vez que, submetendo todas as questões ao juízo arbitrário do livre mercado e da livre iniciativa, esta espécie regulatória aprofunda as diferenças, impossibilitando, portanto, que empresas nacionais possam concorrer com as transnacionais.

Por outro lado, um dos subprodutos mais evidentes da regulação neoliberal é a desnacionalização das economias periféricas, cujas empresas, notadamente nas épocas de crises cambiais, são sistematicamente devoradas por outras grandes empresas internacionais.[299] É falso, absolutamente falso, que regulações neoliberais criem riquezas nas nações periféricas, uma vez que os investimentos em moeda estrangeira limitam-se, no mais das vezes, a aplicações, de curtíssimo prazo, nas bolsas de valores (eis que sempre haverá outra nação periférica ainda mais desesperada, e, portanto, oferecendo remunerações ainda mais atrativas) e a aquisição de empresas nacionais que já estavam no mercado produzindo, empregando e recolhendo tributos. Assim, regulações neoliberais nada agregam; pelo contrário, esvaziam, pelas duas formas antes expostas, os mercados nacionais.[300]

É interessante, neste ritmo, realizar uma indagação, qual seja, a razão pela qual as empresas dos Estados Unidos e da Europa adquiriram tanto poderio econômico. Tal verdade histórica pode ser explicada pelo fato de que, após a Grande Depressão, "os países mais industrializados não tiveram pejo em esquecer as prescrições do liberalismo clássico e neoclássico e encontraram fórmulas intervencionistas que duraram até os anos 70".[301] Assim, "a participação do gasto público no PIB americano, somando-se os gastos federal, estadual e local, era de 10% em 1930, enquanto que em 1990 estava em 36%. Na Europa, em média, o gasto estatal é de 50%, chegando, inclusive, a 60%".[302]

Diogo Rosenthal Coutinho coloca uma questão fundamental para que se possa introduzir a temática regulatória na universalização dos serviços públicos: "Há que se cuidar, claro, para que não se faça da regulação uma panaceia. Fazer com que ela se torne exclusivamente um instrumento de redistribuição de riqueza seria, por exemplo, desvirtuá-la por completo". Sustenta o professor que "a regulação não pode ser *qualquer* forma de atuação do Estado.

---

[299] Um panorama sobre a forma jurídica, praticamente única, de privatizações que foi realizada na América Latina, pode ser encontrado em RODRÍGUEZ CHIRILLO. *Privatización de la empresa publica y posto privatización*: analisis jurídico, p. 233 et seq.

[300] Cf. BEL i QUERALT. *Privatización, desregulación y competencia*, p. 17-29.

[301] CASTILLA. Economía y regulación en las telecomunicaciones. In: CREMADES (Coord.). *Derecho de las telecomunicaciones*. Madrid: La Ley: Ministerio de Fomento, 1997. p. 882-883.

[302] Idem, p. 883.

Regulação e universalização dos serviços públicos | 139

Se for isto, terá a pretensão de ser tudo e, portanto, será nada ao mesmo tempo".[303]

E a razão da correção da afirmação reside no fato, elementar, que a regulação não é o único instrumento de ação estatal para regular os mercados. Conforme as circunstâncias, o Estado tem o dever-poder de lançar mãos de outros instrumentos, como a atuação direta; a atuação indireta, através de empresas públicas e sociedades de economia mista; fomentar atividades privadas; diferenciação tarifária; isenções tributárias e vários outros instrumentos jurídicos previstos na Constituição e na legislação infraconstitucional.

Coutinho ainda aduz uma outra questão fundamental:

> Ver a relação entre a regulação e o desenvolvimento como a *quadratura do círculo*, isto é, uma contradição lógica sobre a qual não vale a pena esforço algum, seria aceitar o pressuposto de que, em condições de subdesenvolvimento econômico, não resta ao Estado nada senão a expectativa de que, quanto aos serviços públicos, deve ele agir (ou melhor, não agir) como se em um ambiente socioeconomicamente desenvolvido estivesse. Tal inércia também não se justificaria do ponto de vista lógico.[304]

Nestes termos, deve ficar claro que não se pode exigir da regulação mais do que a mesma pode oferecer, assim como, não se deve fazer dela menos do que efetivamente é. As duas concepções implicam em consequências terríveis. No primeiro caso, a regulação, de instrumento jurídico, passaria a ser o próprio Direito, como se a parte pudesse suplantar o todo. No segundo, representaria a mais desprezível e nefasta forma de negar o Direito: a impunidade.

Por isso aponto, e este, aliás, é o título do presente trabalho, que o único resultado ética e legitimamente a ser perseguido pela regulação, em sentido estrito, é o da universalização dos serviços públicos (estes sem adjetivos que desnaturam a sua essência). Referido mister pode, e deve, ser realizado pela regulação, de modo conjunto, com inúmeros outros instrumentos jurídicos construídos, elaborados, reelaborados e desenvolvidos pelo Direito Público.

Do mesmo modo, que fique assentado que regular não é, e nem pode ser, sufocar a iniciativa privada, com políticas de

---

[303] COUTINHO, op. cit., p. 83.
[304] Idem, op. cit., p. 83.

intervenção destituídas de razoabilidade e proporcionalidade. A intervenção no mercado deve visar a correção do mesmo, e não a extinção da atividade econômica empresarial. Do contrário, seria crer que o Estado pode tudo, quando na verdade ele é apenas um, e nem sempre o mais importante, ator do processo econômico. Contudo, mesmo não sendo o protagonista, a sua ausência (ou retirada como gostam de sustentar os neoliberais) impede a eficácia e eficiência de qualquer projeto de desenvolvimento sustentado.

Também seria ilusório vislumbrar um inexistente caráter messiânico na regulação, principalmente no sentido de subjugar as empresas privadas ao atendimento de políticas sociais. Sob o ponto de vista sistêmico, é até recomendável que as empresas privadas elaborem e apliquem projetos com este alcance. Mas, assim como a *ética protestante é a do trabalho*, a *ética da empresa privada é a da obtenção do lucro*. Políticas regulatórias que incentivem empresas a realizarem projetos sociais são recomendáveis. Contudo, não podem reduzir a regulação apenas ao *bom-samaritanismo*.

Ninguém é ingênuo a ponto de sustentar que a universalização dos serviços públicos pode ser alcançada em um panorama econômico ineficiente e de desperdício, que subproduz uma legião imensa de *carentes*. Aliás, o único resultado produzido pela miséria é a maior quantidade de miséria. No entanto, a riqueza, bem como a circulação da mesma, pode produzir dois resultados radicalmente antinômicos: mais riqueza ou, na hipótese da mesma não ser conveniente e proporcionalmente distribuída, mais, em quantidade e qualidade (se tal termo é possível), miséria.

O que pretendo sustentar é que os processos de desenvolvimento de qualquer nação passam necessariamente pela universalização dos serviços públicos. O acesso das populações à energia elétrica, telecomunicações, portos, aeroportos, estradas de rodagem, ferrovias, água, saneamento, escolas, hospitais, etc., é o único modo de promover o desenvolvimento e, consequentemente, distribuir equitativamente os resultados do mesmo. Fora desta ideia o que existe é acumulação de capitais que produzem apenas, e tão

Regulação e universalização dos serviços públicos | 141

somente, mais miséria. Assim, "é necessário, portanto, eliminar a exclusão do processo econômico".[305]

Ora, a eliminação da exclusão do processo econômico não tem outra forma de se realizar se não através do serviço público. Este fato não pode ser tido como ideologia. Aliás, pensar assim, é demonstrar, induvidosamente, total e absoluto, descompromisso com os seres humanos. É através, basicamente, mas não só, da escola pública e dos hospitais públicos, universalizados e presentes em cada povoado de um país, por mais distante que esteja dos grandes centros urbanos, que começa o longo, e penoso, caminho da eliminação da exclusão social. Este itinerário pode ser, bem mais rapidamente, desbravado, se nestes mesmos locais houver um mínimo indispensável de estruturas (estradas, telecomunicações, energia, água, saneamento) que permitam que as riquezas ali produzidas possam adentrar no mercado e servir de meio para aquisição de outras riquezas necessárias à sustentação econômica dos grupos sociais.

No campo da criação de meios de transmissão das preferências econômicas das pessoas, utilizando a linguagem desenvolvida por Calixto Salomão Filho, necessário se faz que se "eliminem valores ou instituições que impedem que isso ocorra". Ora, muito embora o citado autor não o diga, na verdade quem o diz sou eu, a eliminação de valores ou instituições que impedem a ocorrência do desejado, passa, *inevitavelmente pela eliminação de qualquer forma regulatória que impeça a universalização dos serviços públicos*. Somente assim haverá *democracia econômica*. E é o mesmo Calixto Salomão Filho quem observa que "é absolutamente falso imaginar que a existência de democracia política leve necessariamente à democracia econômica".[306]

Anoto, em complemento, que muito embora algumas das agências reguladoras, e os instrumentos regulatórios de que dispõem, no Brasil, tenham nascido através da reprovável medida provisória, é elementar que as mesmas foram criadas num ambiente

---

[305] SALOMÃO FILHO. *Regulação e desenvolvimento*, p. 32.
[306] Idem, p. 32.

político-democrático.[307] Todavia, o ambiente democrático, estava, como sempre esteve, face ao quadro de submissão que vive o país, contaminado (pelo clientelismo político, econômico e social). Serviu, a seu turno, para a opção de se negar a democracia econômica.

O mesmo autor acima citado coloca duas perguntas, cujas respostas são vitais: Primeira, o porquê da redução do conceito de desenvolvimento à ideia de democracia econômica? Segunda, por que colocar a existência de democracia econômica no sentido supra-exposto no centro da noção de desenvolvimento? A resposta a ambas as questões não pode ser outra que não a de que

> O Estado cada vez mais fraco é cada vez menos capaz de transmitir ao mercado, através de sua atuação direta, preferências dos eleitores no campo econômico. O domínio econômico é cada vez menos controlável pela esfera política, que, ao contrário, com cada vez mais frequência a controla.
>
> Se assim é, então é preciso cogitar de princípios e valores que permitam controlar a esfera econômica sem depender necessariamente dos influxos da esfera política. Ora, isso só pode ser feito caso a esfera econômica se torne capaz, por si só, de identificar seus problemas e mudar seus destinos. Isso, por sua vez, só pode ser obtido em presença de um princípio de democracia econômica onde todos conhecem suas preferências e tem igual "direito de voto" no campo econômico. Isto é tudo o que não corre nas economias subdesenvolvidas. Isso é tudo o que a regulação da atividade econômica deve buscar.[308]

Assim, é induvidoso que a regulação que vem sendo realizada no Brasil, tendo como princípio basilar a eficiência dos serviços, possui problemas, que residem exatamente no sacrifício da universalização em prol da eficiência. O que vale dizer: aquilo que o Estado brasileiro deveria buscar acaba sendo desvirtuado. Expõe o mesmo autor, antes citado:

> O resultado mais saliente e incontestável da análise histórico estrutural é a convicção de que, nos países subdesenvolvidos, alterações de demanda

---

[307] Há uma exceção no *novo* panorama regulatório brasileiro, no caso, a regulação das telecomunicações, em virtude do disposto na Emenda Constitucional nº 8/1995, que introduziu no art. 21, XI, a obrigatoriedade de lei para dispor sobre a organização dos serviços, a criação de um órgão regulador e outros aspectos institucionais.

[308] Ibidem, p. 32-22.

Regulação e universalização dos serviços públicos | 143

e não alterações no processo produtivo são os grandes elementos propulsores do crescimento. Consequentemente, não há justificativa para centrar a filosofia regulatória em torno da eficiência. Ela deve necessariamente ser direcionada precisamente à redistribuição, única forma de expandir, de forma estruturada e linear, o consumo pela sociedade.[309]

Assim, "é filosoficamente impensável e historicamente errôneo imaginar que é possível dissociar desenvolvimento econômico e distribuição de seus frutos".[310]

É preciso dizer que não é verdade, mais uma vez, segundo a ótica neoliberal, que ao Estado restou, unicamente, o papel de *regulador*. Esta é a grande manipulação intelectual, fruto da mais terrível das dominações: a cultural. O grande papel do Estado, seu mais nobre, e, desde sempre, o legitimador da existência do mesmo, é o de *distribuidor*.

Neste modo de ver as coisas, a regulação deixa de ser um fim em si mesmo, como sustentam os neoliberais, para ser instrumento da devida e necessária distribuição dos frutos do desenvolvimento econômico.

Aliás, supor que o Estado, doravante, seja apenas *regulador* é admitir que o mesmo possa se limitar a um punhado de agências reguladoras acompanhadas de uma única agência executiva: a Receita Federal. No que toca aos Poderes, o Executivo, exclusivamente para indicar os dirigentes das agências e o Legislativo, para aprovar as indicações. O resto, numa *utopia regulatória* poderia ser varrido para os *oitocentismos da história.*

Nestes termos, e somente nestes, é que se torna recomendável que se trabalhe com o "consenso que o Estado, como gestor distante e abstrato, não cumpre a contento suas funções". Contudo, tal conclusão "não significa que é necessário diminuir a sua presença ou destituir-se de função". Na verdade, o necessário é "atribuir-lhe outra função, talvez até mais onerosa. Em vez de gestão abstrata e macroeconômica da sociedade, cumpre-lhe fazer algo que o particular e o mercado jamais farão: incumbe-lhe redistribuir". Em conclusão, somente na "redistribuição que deve ser identificada a

---

[309] Ibidem, p. 38-39.
[310] Ibidem, p. 39.

grande função do *novo* Estado. Trata-se, portanto, de um Estado que deve basear sua gestão (inclusive do campo econômico) em valores e não em objetivos econômicos".[311]

Contudo, não se pode cair na ilusão de que o Estado redistribuidor serve "simplesmente para fazer com que os serviços estejam disponíveis para toda a população (universalização em sentido formal), mas que possam ser usufruídos por toda a população (universalização em sentido material)".[312] E, lamentavelmente, o *novo* modelo regulatório aplicado no Brasil, como de resto em caráter mundial, assegura, apenas, a universalização em sentido formal.

Dando continuidade ao entendimento antes exposto, que o Estado se legitima como *redistribuidor*, é evidente, sob pena de uma política absolutamente desarrazoada, que o Estado deve começar por ser o redistribuidor daquilo que a Constituição atribuiu como competência sua, ou seja, dentre outras, os serviços públicos. Seria absolutamente contraditório, e até mesmo absurdamente inexplicável, que o Estado encetasse uma política de redistribuição daquilo que não lhe incumbe, a atividade econômica privada. Tal conclusão não implica, é elementar, que ao Estado inexiste legitimidade para produzir uma política de regulação da atividade econômica privada. A regulação, como processo e instrumento jurídico da redistribuição, aos dois setores (serviço público e atividade econômica privada), deve estar voltada. Só que o objetivo, no campo dos serviços públicos, a ser alcançado, é o da universalização. No campo da atividade econômica privada, a eficiência.

Restaria, por fim, indagar qual o conteúdo regulatório em relação às atividades econômicas exercidas pelo Estado, eis que, ao menos no Brasil, apesar do desenfreado processo de privatização, restaram inúmeras empresas estatais, algumas das quais fundamentais para o desenvolvimento do país.

Na minha ótica, a questão, muito embora não fulcral no *habitat* do presente trabalho, merece algumas considerações.

---

[311] Op. cit., p. 41.
[312] Idem, p. 61.

Embora se possa classificar a atividade econômica exercida pelo Estado (fora do âmbito dos serviços públicos, deixe-se bem claro) de variados modos, entendo que a mesma pode, com propósitos científicos, ser dividida em dois amplos campos: o da atividade econômica de complementação e concorrência com a iniciativa privada e o da atividade econômica de caráter social. Assim, no primeiro, encontraríamos as atividades econômicas estatais que visam atuar no mercado como fator de racionalização do mesmo, quer complementando as falhas estruturais da iniciativa privada (resseguros, financiamentos de longo prazo, etc.), quer concorrendo com a mesma iniciativa privada (bancos, seguradoras, etc.). No segundo, a atuação se faz em nome da inclusão no mercado dos hipossuficientes (fabricação de roupas, distribuição de alimentos, produção de medicamentos genéricos, etc.).

No primeiro caso, entendo que o princípio da eficiência é indispensável, muito embora não o único, a ser alcançado. No segundo, a universalização material deve ser o objeto a ser atingido. Isso porque há uma diferença, também ética, mas, sobretudo, instrumental, nestes casos. A administração de uma fábrica de calçados, por exemplo, que caiu nas mãos do Estado por inadimplência dos seus proprietários junto aos organismos de crédito estatal, deve ser eficiente, até mesmo para que a mesma volte, imediatamente, à esfera da economia privada. A administração de uma fábrica do mesmo produto, com o claro propósito de distribuir calçados à população escolar de baixa renda, necessita do critério da eficiência como instrumento, mas do critério da distributividade como objetivo maior. No primeiro exemplo, a responsabilidade fiscal é o fundamental. No segundo, é o da responsabilidade social.

É assim que se demonstra que a regulação não pode ser pautada por um único receituário, conforme organismos de crédito internacional querem impingir às nações periféricas.[313]

---

[313] É interessante notar que, no mais das vezes, as soluções propostas são as exatamente iguais para países diferentes, o que denota o *surrealismo* das mesmas. Simples leitura das medidas de liberalização da atividade econômica na Espanha demonstra, descontadas uma ou outra idiossincrasia local, perfeita identidade com as adotadas no Brasil, na forma e no conteúdo. Cf. ESPANHA. BOLETIN OFICIAL DEL ESTADO. Medidas liberalizadoras de la actividad econômica, todo.

Muitas vezes, um mesmo ente estatal necessita, no exercício da mesma atividade, receituário regulatório diverso. Veja-se, por exemplo, a Caixa Econômica Federal no contrato de mútuo para um indivíduo particular adquirir um bem durável (seja necessário, útil, ou voluptuário). O critério informativo quer da concessão do empréstimo, quer da execução contratual, deve, por evidente, buscar a eficiência, o que vale dizer, seguir as regras do mercado. Por outra feita, o mesmo critério não poderá reger a concessão de empréstimo para que um Estado possa adquirir veículos de transporte de escolares residentes na zona rural. Neste caso, a taxa de juros, bem como as demais condições contratuais, e principalmente os prazos de devolução, devem ser fixados em regras absolutamente diversas das existentes no mercado.

Em conclusão:

> Supondo verdadeira a premissa de que não há uma fórmula econômica universal ou uma teoria jurídica geral para a regulação, isto é, que esta pode ser, dentro de certos limites, moldada conforme se dê mais ou menos importância a determinados princípios jurídicos, formulações econômicas e concepções políticas, conclui-se que o peso do conteúdo redistributivo da regulação pode variar de país para país, em função de traços próprios. Com base nesse raciocínio, pretender-se desenvolver a idéia segundo a qual o Brasil, como país com características marcantes de subdesenvolvimento, *deve* (conteúdo jurídico) e *pode* (conteúdo econômico) valer-se da regulação, dentro de seus limites próprios, e sem prejuízo de mecanismos de mercado, para promover a universalização do serviço público por meio da execução de políticas de conteúdo redistributivo.[314]

Também aqui é possível vislumbrar, vivamente, que o Estado *distribuidor* finca profundas raízes no Direito Administrativo e no regime jurídico que lhe é peculiar. A universalização dos serviços públicos e a livre competição dos agentes econômicos, sendo estatuídos e tutelados pela Constituição da República no mesmo espaço constitucional (art. 170, CR/1988) denota que os conflitos intersubjetivos somente podem encontrar tutela e resolução no Direito Público instrumental ao Direito Constitucional. Mesmo teses

---

[314] COUTINHO. A universalização do serviço público para o desenvolvimento como uma tarefa da regulação. In: SALOMÃO FILHO. *Regulação e desenvolvimento*. São Paulo: Malheiros, 2002. p. 69.

neoliberais não podem ignorar tal realidade constitucional, eis que necessitam do Estado para pôr fim aos citados conflitos quando os mesmos surgem.[315]

Por outro ângulo, é importante salientar que sempre pertenceu ao jurista a competência técnica de regular a economia. Desde Roma, aos cultores do Direito foi atribuída esta tarefa, nem sempre bem cumprida, é verdade, pois muitas vezes negaram e fugiram da responsabilidade quanto à titularidade da mesma. As negativas, como tantas outras fugas, foram desnudadas a partir da razão iluminista e seus processos políticos pós Revolução Francesa.[316] Assim, se a defesa intransigente da Separação dos Poderes é uma *visão oitocentista*, a contrária é ainda mais velha.

A universalização como princípio nuclear do serviço público

Segundo sustenta Valmir Pontes Filho, o "ordenamento constitucional brasileiro elegeu, como pedras angulares de sua estrutura sistemática, determinados princípios". Estes "(sejam explícitos, sejam implícitos) se colocam em posição de primazia diante das demais normas, funcionando como prescrições básicas, dotadas de enorme generalidade. Por isso, vinculam o entendimento e a aplicação de todas as demais normas jurídicas, inclusive das inseridas no Texto Supremo".[317]

---

[315] O tema pode ser aprofundado em SORIANO GARCÍA. *Derecho público de la competência*, especialmente, p. 17-42. Importante consultar, sobre técnicas regulatórias no direito comparado, duas obras de GORDILLO. *Después de la reforma del estado*, p. 1-4 et. seq. e *Tratado del derecho administrativo*: parte general, t. I. cap. I a III; CIRIANO VELA. *Principio de legalidad e intervención económica*, todo. Muito embora não concluam expressamente tal pensamento, o mesmo pode ser haurido nas seguintes obras do Direito brasileiro: NUSDEO. A regulação e o direito da concorrência: agências reguladoras e concorrência. In: SUNDFELD (Coord.). *Direito administrativo econômico*. São Paulo: Malheiros, 2000; TURCZYN, Sidnei. *O direito da concorrência e os serviços privatizados*; SALOMÃO FILHO. *Regulação da atividade econômica*: princípios e fundamentos jurídicos; NUSDEO. *Defesa da concorrência e globalização econômica*: o controle da concentração de empresas; PROENÇA. *Concentração empresarial e o direito de concorrência*; OLIVEIRA. *Concorrência*: panorama no Brasil e no mundo; CAMPILONGO; ROCHA; MATTOS (Coord.). *Concorrência e regulação no sistema financeiro*.

[316] Sobre os diferentes papéis exercidos pelos juristas veja-se CAPELLA. *Fruta prohibida*: una aproximación histórico-teorética al estúdio del derecho y del estado, passim.

[317] PONTES FILHO. *Curso fundamental de direito constitucional*, p. 70-71.

Do entendimento antes exposto, pode-se concluir: (a) a Constituição é principiológica e somente pode ser interpretada através dos seus princípios, sejam explícitos ou implícitos; (b) em caso de conflitos os princípios são superiores às normas; (c) um princípio constitucional não necessita estar explicitamente presente na Constituição.[318]

Restaria, para avançar, concluir que um princípio (explícito ou implícito), numa interpretação sistemática da Constituição, somente entraria em conflito aparente com uma norma constitucional quando a mesma dispusesse em contrário ao mesmo.[319]

Em síntese, o princípio da universalidade dos serviços públicos, dentro de uma interpretação sistemática e principiológica, deflui da confluência de outros tantos princípios constitucionais, explícitos ou implícitos, como os da democracia, legalidade, da dignidade da pessoa humana, da moralidade, da impessoalidade, da eficiência, da segurança das relações jurídicas, etc. Resulta, portanto, a universalização material dos serviços públicos, ser princípio constitucional implícito perante o nosso ordenamento. Mais, também porque, por mais que se procure, não se encontrará na Constituição norma que se oponha à universalização material dos serviços públicos. Pelo contrário, todas as construções levam à mesma conclusão.

A conclusão, ao fim e ao cabo, advém da própria noção de serviço público, agasalhada pela Lei Maior. Do contrário, como sustenta Celso Antônio Bandeira de Mello, em citação presente no primeiro capítulo deste trabalho, o "serviço não seria público".

Arrematando, tem-se o magistério de Luís Roberto Barroso:

> Os princípios constitucionais, portanto, explícitos ou não, passam a ser a síntese dos valores abrigados no ordenamento jurídico. Eles espelham a

---

[318] O entendimento esposado pelo professor Valmir Pontes Filho é compartilhado, na doutrina brasileira, dentre outros, Roque Carraza (*Curso de direito constitucional tributário*); Rocha (*Princípios constitucionais da administração pública*, p. 25 et. seq.); Freitas (*A interpretação sistemática do direito*, passim).

[319] ALEXY. *Teoría de los derechos fundamentales*, especialmente capítulos I e II; DWORKIN. *Levando os direitos a sério*, passim, mas especialmente os cinco primeiros capítulos; ES-PÍNDOLA. *Conceito de princípios constitucionais*, passim. Sem contar que o tema não pode deixar de ser estudado no Direito brasileiro ignorando-se o aporte de GRAU. *A ordem econômica na Constituição de 1998*, 5. ed., p. 75 et. seq.

Regulação e universalização dos serviços públicos | 149

ideologia da sociedade, seus postulados básicos, seus fins. Os princípios dão unidade e harmonia ao sistema, integrando suas diferentes partes e atenuando tensões normativas. De parte isto, servem de guia para o intérprete, cuja atuação deve pautar-se pela identificação do princípio maior que rege o tema apreciado, descendo do mais genérico ao mais específico, até chegar à formulação da regra concreta que vai reger a espécie. Estes os papéis desempenhados pelos princípios: a) condensar valores; b) dar unidade ao sistema; c) condicionar a atividade do intérprete.[320]

Pelos aportes antes trazidos à colação, pode-se afirmar que o princípio da universalidade material condensa os valores da civilização, dá unidade sistêmica ao serviço público e condiciona a atividade do intérprete no sentido de que, no campo dos serviços públicos, não há lugar para o indiferentismo neoliberal, característica nuclear do neoliberalismo. Preenche-se, assim, a melhor inteligência que se pode dar ao instituto, uma vez que, como quer Caio Tácito:

> (...) em nova etapa evolutiva do Direito Público, o reconhecimento da existência de relações comunitárias, carentes de especial proteção constitucional, institucionalizou uma terceira geração de direitos humanos, protegendo interesses difusos ou coletivos, atribuídos, indeterminadamente, a categorias sociais ou econômicas, desprotegidas de amparo individualizado.
>
> Cuida-se não mais de amparar apenas o indivíduo, na garantia de sua clássica liberdade, ou do cidadão, no acesso aos direitos políticos, mas de colocar sob o pálio da lei e ao alcance de instrumentos processuais específicos. O consumidor, o usuário ou diretamente a comunidade agredida sem condições adequadas de fruição de bens e serviços.[321]

Da noção de serviço público

Para Celso Antônio Bandeira de Mello, toda e qualquer atividade de "oferecimento de utilidade ou comodidade material fruível diretamente pelos administrados, prestado pelo Estado, ou por quem lhe faça as vezes, sob um regime de Direito Público",[322] será serviço público, ressaltando-se da ideia exposta, a noção de que o serviço público pode ser analisado por dois elementos.

---

[320] BARROSO. *Fundamentos...*, cit., p. 47.
[321] TÁCITO, op. cit. v. 3, p. 18-19.
[322] BANDEIRA DE MELLO. *Curso de direito administrativo*, p. 604-605.

O primeiro, qual seja, o substrato material, que consiste na fruição das utilidades ou comodidades, o que não confere ao serviço público qualquer caráter jurídico.[323]

Juridicamente, o relevante constitui-se no substrato formal do serviço público, ou seja, a submissão ao regime jurídico-administrativo,[324] que, conforme preceitua Celso Antônio Bandeira de Mello,[325] abrange os seguintes princípios: 1. dever inescusável do Estado de promover-lhe a prestação; 2. supremacia do interesse público; 3. da adaptabilidade, ou seja, sua atualização e modernização; 4. universalidade, por força do qual o serviço é indistintamente aberto à generalidade do público; 5. da impessoalidade, já que é inadmissível a discriminação entre os usuários; 6. continuidade, ou seja, a impossibilidade da sua interrupção; 7. da transparência; 8. da motivação; 9. da modacidade das tarifas; e, 10. do controle (interno e externo).

Quero pedir licença ao eminente professor para concluir que o princípio arrolado no item quatro, e na zona de confluência de todos os demais, é o princípio nuclear do serviço público. Deste modo, se o Estado possui o dever inescusável de promover a prestação do serviço público, este, somente, pode ser tido como cumprido, se todos os cidadãos, que se enquadrarem nos dispositivos legais, forem alcançados pelo mesmo. Esta é, induvidosamente, a materialização da supremacia do interesse público, pois, do contrário, estaríamos diante de outros interesses, até mesmo de titularidade do próprio Estado, mas contrários, divergentes, assimétricos ou indiferentes ao interesse público primário.

No mesmo sentido deve ser interpretado o princípio da adaptabilidade, uma vez que a constante atualização e modernização do serviço público visa, através dos progressos científicos, que o serviço público esteja colocado à disposição de todos aqueles que dele necessitam. De igual modo, os princípios da continuidade, transparência e motivação, assim como o controle dos mesmos. A impessoalidade, por evidente, só pode prescrever a discriminação benigna.[326]

---

[323] Idem, p. cit.

[324] Idem.

[325] BANDEIRA DE MELLO, op. cit., p. 604-605.

[326] Sobre o tema cf. BANDEIRA DE MELLO. *O conteúdo jurídico do princípio da igualdade*, todo.

Quanto à modicidade tarifária, a mesma adquire importância vital dentro da universalização, uma vez que, conforme aduz Celso Antônio Bandeira de Mello, "em um país como o Brasil, no qual a esmagadora maioria do povo vive em estado de pobreza ou miserabilidade, é óbvio que o serviço público, para cumprir sua função jurídico natural, terá de ser remunerado por valores baixos, muitas vezes subsidiado".[327]

Não seria, portanto, desarrazoado concluir que há um princípio nuclear no serviço público, o da universalidade material, sendo todos os demais instrumentais para o atingimento da única forma admitida de prestação deste velho e afrancesado instituto jurídico.

Partindo-se de outros pressupostos metodológicos, que, com fundamento diverso, informam a noção de serviço público, é possível se encontrar a mesma conclusão acima deduzida.

Segundo Eros Roberto Grau,[328] estribado em Ruy Cirne Lima,[329] a definição de serviço público pode ser encontrada na Constituição, em caráter determinante.[330] Isto porque, segundo o autor, nos termos do art. 170, *caput*, da Constituição da República, "toda atividade econômica, inclusive a desenvolvida pelo Estado, no campo dos serviços públicos, deve ser fundada na valorização do trabalho humano e na livre iniciativa, tendo por fim (fim dela, atividade econômica, repita-se) assegurar a todos existência digna, conforme os ditames da justiça social, etc."[331]

Ora, a alocução "assegurar a todos existência digna" revela, de modo induvidoso, que o objetivo maior, do serviço público, há

---

[327] Op. cit., p. 605.

[328] GRAU. *A ordem econômica na Constituição de 1988*. 5. ed. São Paulo: Malheiros, 2000, p. 139-140. Constituição e Serviço Público, in: GRAU; GUERRA FILHO (Org). *Direito constitucional*: estudos em homenagem a Paulo Bonavides, p. 249-267. Importa realçar que para Eros Roberto Grau não se deve trabalhar com a expressão "conceito" de serviço público, mas sim com "noção" de serviço público. Isto porque, entende o autor, baseado em Sartre e Althusser, que o conceito é atemporal, razão pela qual nem o tempo e nem a história poder ser objeto de um conceito. A noção, "pelo contrário, pode definir-se como o esforço sintético para produzir uma ideia que se desenvolve a sim mesma por contradições e superações sucessivas e que é, pois, homogênea ao desenvolvimento das coisas". *Constituição e serviço público*, p. 264.

[329] CIRNE LIMA, Ruy. *Pareceres*: direito público. Porto Alegre: Livraria Sulina, 1963. p. 122, apud GRAU. *Constituição e serviço público*, p. 249.

[330] Op. cit. p. cit.

[331] GRAU. *Constituição e serviço público*, p. 251.

que se dar pela universalização material dos mesmos, sob pena da palavra "todos" ser destituída de qualquer sentido.

Adentrando na noção elaborada por Eros Grau, importa ressaltar que, para o mesmo, há no Texto Constitucional atividade econômica em sentido amplo (gênero), comportando duas espécies: atividade econômica em sentido estrito e serviço público, resultando disto os chamados serviços públicos por definição constitucional.[332] Por isso, a conclusão de que

> Daí a verificação de que a mera atribuição de determinada competência atinente ao empreendimento de atividades ao Estado não é suficiente para definir essa prestação como serviço público. No caso, assim como naquele do art. 177 — monopólio do petróleo e do gás natural —, razões creditadas aos imperativos da segurança nacional é que justificam a previsão constitucional de atuação do Estado, como agente econômico, no campo da atividade econômica em sentido estrito. Não há, pois, aí, serviço público.

> É sob detidos cuidados, assim, que se deve tomar como indicativa da elevação de algumas parcelas da atividade econômica em sentido amplo à categoria de serviço público a circunstância de o texto constitucional atribuir a sua exploração à competência do Estado.[333]

Longe de desejar concluir o que Eros Grau não concluiu, até porque a sua pretensão, quando do desenvolvimento da noção, não era a mesma que a minha, entendo que se pode, da dedução antes transcrita, construir outra: a de que a mera atribuição de determinada competência atinente ao empreendimento de atividades ao Estado não é suficiente para definir esta prestação como serviço público reside no fato de que, no caso citado, não estaríamos diante da obrigatoriedade da universalização material. No exemplo citado pelo autor, petróleo e gás natural, o imperativo de se ter qualificado a atividade como econômica do Estado foi o da segurança nacional. Na energia elétrica, telefonia, etc., acrescento, o imperativo de se ter qualificado a atividade como serviço público foi, e não poderia ser outro, o da universalidade material.

Tal entendimento surge, implicitamente, quando se sabe que serviço público, para Eros Roberto Grau, "é atividade indispensável à

---

[332] Op. cit., p. 252.
[333] Idem, p. 245-255.

Regulação e universalização dos serviços públicos | 153

consecução da coesão social. Mais: o que determina a caracterização de determinada parcela da atividade econômica em sentido amplo como serviço público é a sua vinculação ao interesse social."[334] O que vale dizer, em síntese, que a noção de serviço público advém da sua vinculação ao interesse social[335] e, portanto, da universalização material do mesmo.

A reserva constitucional dos serviços públicos

A interpretação sistemática da Constituição Federal também conduz à conclusão de que a universalização material dos serviços públicos é princípio constitucional implícito e residente no próprio Texto Constitucional.

Para Celso Antônio Bandeira de Mello,[336] a Constituição Federal adotou a técnica de arrolar os serviços públicos federais em quatro categorias: 1. serviços de prestação obrigatória e exclusiva do Estado; 2. serviços que o Estado tem obrigação de prestar e obrigação de conceder; 3. serviços que o Estado tem obrigação de prestar, mas sem exclusividade; e, 4. serviços que o Estado não é obrigado a prestar, mas, não os prestando, terá de promover-lhes a prestação, mediante concessão ou permissão.

Na primeira categoria, a de serviços de prestação obrigatória e exclusiva, encontramos os serviços arrolados no art. 21, X, da Constituição Federal: serviço postal e correio aéreo nacional.[337] Na segunda, encontramos os arrolados no art. 232, do Texto Constitucional (serviços de radiodifusão sonora ou de sons e imagens), o que vale dizer, rádio e televisão, através da observância do princípio da complementaridade dos sistemas privado, público e estatal.[338] Na

---

[334] Ibidem, p. 257.

[335] Op. cit., p. 266.

[336] BANDEIRA DE MELLO. *Curso de direito administrativo*, p. 612 et. seq.

[337] "Isto porque, ao arrolar no art. 21 competências da União, quanto à prestação de serviços públicos, menciona, nos incisos XI e XII (letras "a" a "f") diversos serviços. A respeito deles, esclarece que a União os explorará diretamente ou 'mediante autorização, concessão ou permissão'. Diversamente, ao referir no inciso X o serviço postal e o correio aéreo nacional, não concedeu tal franquia. Assim, é visível que não quis dar o mesmo tratamento aos vários serviços que considerou". Op. cit., p. 615.

[338] "Se esta complementaridade deve ser observada, o Estado não pode se ausentar de atuação direta em tal campo, nem pode deixar de concedê-los, pena de faltar um dos elementos do trinômio constitucionalmente mencionado". Op. cit., p. 615.

terceira, são cinco os serviços que o Estado possui a obrigação de prestar sem exclusividade: 1. de educação; 2. de saúde; 3. de previdência social; 4. de assistência social; e, 5. de radiodifusão sonora de sons e imagens.[339] Finalmente, na quarta categoria, aparecem todos os demais serviços públicos, notadamente os arrolados no art. 21, XI, da Constituição Federal.[340]

Importa salientar aqui que segundo o consagrado autor, a enumeração não é exaustiva, o que significa dizer que, dentro de certos limites, os entes integrantes da Federação podem criar outros que não os até aqui mencionados.[341]

O que ressalta fundamental da exegese realizada é de que, em todos os dispositivos mencionados, exsurge, a toda evidência, que o Estado tem a obrigação de prestar (com exclusividade ou complementaridade) ou promover a prestação por terceiros.

Esta imposição constitucional, que em contrapartida cria o direito subjetivo do cidadão de exigir do Estado a prestação, quer direta, quer indireta, do serviço público, é mais um componente interpretativo do núcleo do serviço público, ou seja, o da universalização material. De modo diverso, seria interpretar a Lei Magna em desconformidade com seus princípios mais fundamentais, eis que não haveria sentido em obrigar o Estado a prestar, ou promover, a prestação de serviços públicos de modo excludente.

Jorge Luis Salomoni, ao comentar o artigo 42 da Constituição da República Argentina,[342] sustenta que o conjunto normativo assegurador de direitos aos usuários designa um sujeito credor (o usuário)

---

[339] Op. cit., p. 616.
[340] Idem, p. 616.
[341] Ibidem, p. 612-613.
[342] ARGENTINA. Constituição Argentina. Com as modificações introduzidas em 23 de agosto de 1994. Artigo 42. Os consumidores e usuários de bens e serviços têm direito, na relação de consumo, a proteção de sua saúde, segurança e interesses econômicos; a uma informação adequada e veraz; a liberdade de escolha e a condições de tratamento equitativo e digno. As autoridades proverão a proteção desses direitos, a educação para o consumo, a defesa da competição contra toda forma de distorção dos mercados, ao controle dos monopólios naturais e legais, a de qualidade e eficiência dos serviços públicos, e a constituição de associações de consumidores e usuários. A legislação estabelecerá procedimentos eficazes à prevenção e solução de conflitos, e os marcos regulatórios dos serviços públicos de competência nacional, prevendo a necessária participação das associações de consumidores e usuários e das províncias interessadas, nos organismos de controle. Traduzi.

e dois sujeitos devedores (o prestador do serviço e o Estado).[343] Assim, surgem, para o direito, duas categorias diferentes:

1) A primeira, que se pode denominar como de determinação exaustiva, consiste na obrigação que tem o Estado de ditar os marcos regulatórios dos serviços públicos para estabelecer e especificar os *standards* de prestação do serviço e o correlativo direito do usuário. Como disse o professor Sabino Cassese, "este tipo de determinação dos direitos dos usuários traz uma mudança radical a respeito das fórmulas de vinte anos atrás, nas quais se garantiam, somente, o respeito dos direitos fundamentais e a continuidade do serviço".

2) A segunda, que se pode denominar de direitos implícitos, o usuário tem uma série de prerrogativas que surgem implicitamente da norma constitucional, e que para a etapa pré-contratual são, sem esgotar o catálogo, os seguintes: o usuário individualmente ou através de associações de usuários, ou através do Defensor do Povo — art. 86 da Constituição Argentina — tem o direito a uma informação adequada e verídica das ofertas que competem para a adjudicação da concessão. Sobretudo dos aspectos econômicos que fixaram a equação econômico-financeira do contrato e com ela o *quantum* da tarifa que irá vigorar desde o início da exploração. Em resguardo e proteção de seus interesses econômicos e do direito a um trato equitativo e digno, que compreende, por sua vez, o de impedir que na relação que se estabeleça com o prestador "se produzam aproveitamentos por parte da parte mais forte da relação, os licitantes, em prejuízo da mais débil, é dizer, dos consumidores e usuários".[344]

Para a etapa contratual: o usuário individualmente, ou através de associações de usuários, tem o direito de estar informado sobre todas as questões do serviço. Contudo, fundamentalmente, nesta etapa, a proteção de seus interesses econômicos se concretizam, de modo meramente enunciativo, sem esgotar tampouco o catálogo, em:

- Obrigatoriedade do Estado de garantir o acesso a todos os potenciais usuários dos serviços públicos, qualquer que seja sua situação econômica.

- Impossibilidade do Estado, ou do concessionário, de aumentar a tarifa sem uma prévia audiência pública que permita o livre debate dos suportes fáticos e legais invocados como causa de tal aumento, com obrigatória participação dos usuários.

- Obrigatoriedade do Estado de baixar a tarifa quando se verifiquem maiores ganhos para o concessionário que as previstas em sua oferta, independentemente da causa a que se devam ditos benefícios.

---

[343] Op. cit., p. cit.
[344] QUIROGA LAVIÉ, Humberto. *Constitución de la Nación Argentina comentada*. Apud SALOMONI, op. cit., p. cit.

- Obrigatoriedade do Estado de revisar periodicamente o sistema de prestação quanto este seja monopólico ou de exclusividade, com o fito de verificar a conveniência do sistema, quadros tarifários, o cumprimento dos investimentos, metas do serviço etc.[345]

O art. 175, II e IV,[346] da Constituição da República de 1988, sem ser prolixo como o texto argentino, determina ao Poder Público, na forma da lei, diretamente ou sob regime de concessão ou permissão, sempre através de licitação, a prestação de serviços públicos, sendo que a lei regente dos mesmos deverá dispor sobre o direito dos usuários e a obrigação de manter serviços adequados.

Romeu Felipe Bacellar Filho[347] recorda que Geraldo Ataliba "já afirmava, com precisão, que, embora não haja uma definição ecumênica de serviço público, há indicadores na Constituição, revelados pela doutrina e jurisprudência, que são as balizas que permitem ao intérprete, em cada caso, saber se está diante de serviço público ou não".[348] Neste sentido, acrescenta Bacellar Filho, "conquanto não exista uma definição universal de serviço público, é coerente supor a existência de um núcleo duro, mínimo, fundamental, que possa servir de parâmetro para uma conceituação que atenda todas as aspirações".[349]

Assim, se pode concluir, que se há direito constitucional ao serviço público, a chave para resolução da questão reside na universalização material, pois de outro modo, seria considerar, mais uma vez, absurdamente, que a Constituição é um diploma excludente.

Voltando à questão das balizas, a que alude Geraldo Ataliba, o professor Bacellar Filho aduz que as mesmas podem ser encontradas no art. 175 da Constituição da República, no qual, em seu

---

[345] Op. cit., p. cit.

[346] BRASIL. Constituição da República Federativa do Brasil, promulgada em 05.10.1988. Art. 175. Incumbe ao Poder Público na forma da lei, diretamente ou sob regime de concessão ou permissão, sempre através de licitação, a prestação de serviços públicos. Parágrafo único: A lei disporá sobre: (...) II - os direitos dos usuários; (...) IV - a obrigação de manter serviço adequado.

[347] BACELLAR FILHO. O poder normativo dos entes reguladores e a participação dos cidadãos nesta atividade: serviços públicos e direitos fundamentais: os desafios da regulação na experiência brasileira. *Interesse Público*, n. 16, p. 13-22.

[348] ATALIBA. Empresas estatais e regime administrativo: serviço público; inexistência de concessão; delegação; proteção ao interesse público. *Revista Trimestral de Direito Público*, n. 4, p. 61.

[349] Op. cit., p. 14, nota 4.

parágrafo único, encontramos verdadeiro comando ao legislador ordinário no sentido de dispor sobre (I) o regime das empresas concessionárias e permissionárias de serviços públicos, o caráter especial de seu contrato e de sua prorrogação, bem como as condições de caducidade, fiscalização e rescisão da concessão ou permissão; (II) os direitos dos usuários: (III) política tarifária; e (IV) a obrigação de manter serviço adequado.

É neste contexto, e por suposto não haveria outro cabível, que se deve interpretar e dar um mínimo de eficácia, acrescento, aos fundamentos reitores da República que aparecem no art. 1º do Texto Constitucional brasileiro (cidadania, dignidade da pessoa humana, valores sociais do trabalho e da livre iniciativa e o pluralismo político). Afinal, como sustenta Romeu Felipe Bacellar Filho, "se a cidadania e a dignidade da pessoa humana constituem fundamentos do Estado, o interesse perseguido no exercício da função administrativa encontra seu princípio e fim no interesse dos próprios cidadãos, tanto numa perspectiva individual quanto coletiva".[350] Completando, Romeu Felipe Bacellar Filho vai visualizar no serviço público a própria legitimidade, melhor dizendo *razão da existência*, do Estado, pois "a legitimidade do Estado-Administração depende da eficiência na prestação de serviços essenciais para a proteção dos direitos fundamentais".[351] Temos, ainda, que o direito ao serviço público adequado integra os direitos fundamentais,[352] razão pela qual se faz necessária uma

> releitura dos artigos da Constituição brasileira que versam sobre os serviços públicos, notadamente em momento crucial, em que parte da doutrina

---

[350] Idem, p. 14.

[351] Op. cit., p. 14. O autor ainda acrescenta a lição de Carlos Alberto Mota Pinto, no sentido de que "os serviços oferecidos pelo Estado ao cidadão constituem meios de Direito Público, como, aliás, o próprio Estado, são, numa visão personalista, estruturas instrumentais a serviço da pessoa humana. Toda a sua aparelhagem visa criar condições que facilitem ou melhorem a realização da personalidade na vida dos homens". *Teoria geral do direito civil*, 3. ed., p. 43.

[352] Op. cit., em apoio à sua tese o autor recorda ainda os posicionamentos doutrinários de Cármen Lúcia Antunes Rocha, para quem a "a forma de prestação do serviço público justifica-se pela circunstância de a própria Constituição ter configurado o direito do cidadão (usuário) ao serviço público adequado". *Estudos sobre a concessão e permissão de serviço público no direito brasileiro*, p. 32; e Adilson Abreu Dallari que sustenta que "o direito ao uso dos serviços é um dos direitos fundamentais do cidadão". Direito ao uso dos serviços públicos. *Revista Trimestral de Direito Público*, n. 13, p. 215.

brasileira levanta-se contra o caráter público do regime do serviço público e passa a defender e a desenvolver técnicas de transferência da execução do serviço público a particulares que podem ser usadas como subterfúgio à fuga para o Direito Privado.[353]

Em conclusão, se pode afirmar, por todos os aportes antes vistos, que há na Constituição da República uma reserva de serviço público que, pouco importando a forma de prestação do mesmo, determina a observância material do regime jurídico do Direito Público com a finalidade de garantir, também materialmente, a universalidade.[354]

A universalização prometida

A nova legislação regulatória brasileira de serviços públicos,[355] toda ela, especialmente a de energia elétrica e telecomunicação, faz profissão de fé na universalização. As promessas constantes nos textos legislativos comportam comentários, a fim de que se possa vislumbrar o teor do que foi prometido.

Assim, a Lei nº 9.074, de 7 de julho de 1995,[356] estabeleceu (na verdade manteve o entendimento esposado em legislação anterior)

---

[353] Op. cit., p. 15-16.

[354] No mesmo sentido doutrina WILLEMAN. O princípio da generalidade e o direito ao recebimento de serviços públicos ainda não prestados em caráter geral. *Revista de Direito Administrativo*, p. 11-130, que invoca magistério de Dinorá Adelaide Mussetti Grotti no sentido de que a universalidade consiste na "possibilidade de que o serviço possa ser exigido e usado por todos. Significa que o mesmo deve atender indistintamente, a todos que dele necessitem, independentemente do poder aquisitivo, satisfeitas as condições para sua obtenção. Sua manutenção se constitui num dever legal, podendo ser exigido tanto daqueles que tenham a competência para instituí-lo quanto daqueles que o executem". *Teoria dos serviços públicos e a sua transformação*, p. 55-56. Bem como de Diogo de Figueiredo Moreira Neto: "Este é o mais importante dos princípios setoriais dos serviços públicos, e o que, assinaladamente, marca sua vocação universal, isonômica e democrática". *Curso de direito administrativo*, 12. ed., p. 417.

[355] Para que se visualize uma clonagem, ainda muito incompleta, da mesma com outros modelos estrangeiros, cf. ARIÑO ORTIZ; LÓPEZ DE CASTRO, op. cit., notadamente a partir das p. 455 et. seq.

[356] BRASIL. Lei nº 9.074, de 7 de julho de 1996. Estabelece normas para outorga e prorrogação das concessões e permissões de serviços públicos e dá outras providências. Um panorama do sistema regulatório implantado, com a posterior edição da Lei nº 9.427, de 26 de dezembro de 1996, pode ser encontrado em FAGUNDES. Os novos rumos do direito da eletricidade. *Revista de Direito Administrativo*, n. 224, p. 1-29; CAMPOS. *Introdução ao direito de energia elétrica*, todo; OLIVEIRA. A ANEEL e serviços de energia elétrica. In: SUNDFELD (Coord.). *Direito administrativo econômico*. São Paulo: Malheiros, 2000; WALTENBERG. O direito da energia elétrica e a ANEEL. In: SUNDFELD (Coord.). *Direito administrativo econômico*. São Paulo: Malheiros, 2000.

Regulação e universalização dos serviços públicos | 159

nítida natureza de serviço público ao setor de energia elétrica e a sua universalização material pode ser encontrada na compreensão de que ele é atividade indispensável à sobrevivência humana. Nesta toada, manifestou-se Marçal Justen Filho, "excluídas as atividades diretamente relacionadas com a soberania e as que não comportam transferência de gestão a particulares, o fornecimento de energia elétrica talvez possa ser indicado como o serviço público mais essencial". Isto porque, segundo o autor, "a civilização ocidental alicerçou na energia elétrica o funcionamento de aparatos que dão identidade à nossa vida e que se apresentam como indispensáveis à nossa sobrevivência".[357]

No magistério de Mauro Roberto Gomes de Mattos, "a energia elétrica é, atualmente, bem de uso vital a qualquer pessoa, e não meramente facultativo como se pensava anteriormente. É indispensável a sobrevivência digna de qualquer ser humano ou a manutenção e desenvolvimento de qualquer atividade econômica sempre que dela se faça uso".[358]

O caráter de universalidade material, portanto, é manifesto.

E mesmo que o serviço de energia elétrica tenha sido partilhado em geração, produção independente[359] e autoprodução; transmissão e distribuição, o caráter público e universal da atividade resta mais do que evidente, uma vez que, como prega Maria João Pereira Rolim, a meu ver com a mais absoluta razão, "a obrigação do Estado, conforme competência constitucional, se dá sobre a atividade globalmente concebida". Isto porque, "adicionalmente, considerando que o acesso à energia é condição para se concretizarem os demais objetivos expressos em nossa Constituição econômica, o cumprimento desta obrigação por parte do Estado representa instrumento de realização de seus próprios fins que não pode ser alijado de sua competência".[360]

---

[357] JUSTEN FILHO. *Concessões de serviços públicos*, p. 62.

[358] MATTOS. Da crise de energia elétrica e a proteção do consumidor dos serviços públicos privatizados. *Revista de Direito Administrativo*, n. 225, p. 163.

[359] O art. 11, da Lei nº 9.074/96 conceitua como produtor independente de energia elétrica a pessoa jurídica ou empresas reunidas em consórcio que recebam concessão ou autorização do Poder Concedente, para produzir energia elétrica destinada ao comércio de toda ou parte da energia produzida por sua conta e risco. Cf. TÁCITO. Produtor independente de energia elétrica. *Revista de Direito Público*, n. 225, p. 1-4.

[360] ROLIM. *Direito econômico da energia elétrica*, p. 161.

Por derradeiro, o art. 3º, IV, da Lei nº 9.074/1995,[361] determina que o atendimento do mercado deve ser abrangente, sem exclusão das populações de baixa renda e das áreas de baixa densidade populacional, inclusive as rurais.

A Lei nº 9.472, de 16 de julho de 1997, — LGT — no seu art. 2º, I, estabeleceu que o Poder Público tem o dever de garantir, a toda população, o acesso às telecomunicações, a tarifas e preços razoáveis, em condições adequadas. No inciso II, do mesmo artigo, ficou estabelecido, entre os deveres do Poder Público, o de estimular a expansão do uso de redes e serviços de telecomunicações pelos serviços de interesse público em benefício da população brasileira. O caráter de universalidade material fica manifesto no inciso I, do citado artigo, e reforçado, muito embora a utilização da expressão "serviços de interesse público" clonada do Direito europeu,[362] no inciso II.

De inovador, a LGT, conforme antes visto, estabeleceu que os serviços de telecomunicações podem ser de interesse coletivo ou de interesse restrito (art. 62). De igual modo, inovando, permite que os citados serviços sejam prestados através do regime jurídico de Direito Público e de Direito Privado (art. 63). Nos casos da prestação pelo regime público, os mesmos serão prestados mediante outorga de concessão ou permissão. No privado, mediante autorização.

Na interpretação das inovações trazidas, é importante frisar que existem dois modos de visualizar as novidades. O primeiro, de nítido caráter privatista, caminha no sentido de que os serviços prestados através do regime privado derrogam os princípios e as normas de Direito Público. O segundo, em conformidade à interpretação sistemática da Constituição Federal, conclui em sentido oposto. É o que faz Raquel Dias da Silveira quando aduz que este

---

[361] BRASIL. Lei nº 9.074, de 7 de julho de 1995 – Estabelece normas para outorga e prorrogação das concessões e permissões de serviços públicos e dá outras providências.

[362] "Reflexo disso é o Acordo sobre Telecomunicações firmado no âmbito da OMC, pedra angular do processo de liberalização dos serviços. Esse Acordo, que contém um Anexo específico sobre Telecomunicações, está fundado no 'reconhecimento das características específicas do setor de telecomunicações, em particular sua dupla função como setor independente de atividade econômica e meio fundamental de transporte de outras atividades econômicas". CELLI JÚNIOR. A nova organização dos serviços na Lei Geral de Telecomunicações. *Revista de Direito Administrativo*, n. 211, p. 151. ESCOBAR. *O novo direito de telecomunicações*, p. 28-29.

Regulação e universalização dos serviços públicos | 161

tipo de serviço, na telefonia fixa, e quando submetido ao regime de Direito Privado, "deve, inevitavelmente, ser derrogado por normas e princípios de Direito Administrativo", na dicção do art. 21, XI, da Lei Maior. Interpreta, ainda, que o exercente do Poder Constituinte, em 1988, fez menção aos hoje considerados serviços de interesse coletivo, "cuja oferta deve atender ao uso público em geral, a exemplo dos serviços de telefonia fixa". Citada autora lembra que, para os outros serviços, o Código Brasileiro de Telecomunicações (anoto que ainda parcialmente em vigor) considerava de interesse restrito os que interligavam "centros de memórias de computadores de lojas, indústrias, supermercados, instituições financeiras etc."[363]

Entendo, muito embora com farta doutrina em contrário,[364] ser a interpretação acima exposta a melhor, em conformidade com os ditames constitucionais vigentes.

O cidadão-usuário como sujeito da regulação e da universalização material dos serviços públicos

Resta, agora, traçar juridicamente quem é o sujeito da regulação e da universalização material dos serviços públicos, no caso, o cidadão-usuário.

Entendo que ele, embora também o seja, não pode ser confundido com o consumidor. Cidadão-usuário, por óbvio, também *consome* a utilidade pública que universalmente lhe é colocada à disposição pelo Estado. Mas não só. A relação jurídica não se encerra neste fenômeno.

Pode-se aventar, por certo, cipoal imenso de diferenças entre ambos os sujeitos. Todas, certamente, estarão corretas. Faço, contudo, opção por uma, que me parece ser a mais profunda e que melhor descreve a diferença entre ambos os sujeitos. E a mesma, penso, pode ser localizada na Constituição Federal, mais especificamente no art. 37, §3º. Aqui, no capítulo que trata da

---

[363] SILVEIRA, op. cit., p. 1499.
[364] Entre outros, MARQUES NETO. Direito das telecomunicações e ANATEL. SUNDFELD. *A regulação de preços e tarifas dos serviços de telecomunicações*: autorização, permissão e concessão.

Administração Pública, não exclusiva, mas, fundamentalmente prestadora de serviços públicos, é que se localiza o fato gerador do verdadeiro Direito Público subjetivo que diferencia o cidadão-usuário do consumidor, eis que submetida à legalidade estrita (típica e fundamental do regime jurídico de Direito Público), bem como à impessoalidade (demonstrando que o serviço público não é dádiva, mas conquista da cidadania); à moralidade (sendo dever moral de um Estado que se pretende ético); à publicidade (submetido a permanente controle); e, à eficiência (na qualidade e na quantidade da prestação do mesmo).

Diante disto, afirmo que é na Constituição que o cidadão-usuário encontra o direito de *participar* da administração do serviço, seja ele prestado direta ou indiretamente pelo Estado. Ao contrário, o ordenamento jurídico, sob pena de sacrificar irremediavelmente o princípio constitucional da livre iniciativa, não pode assegurar ao consumidor a referida participação na administração da atividade econômica privada.

É dentro desta ótica, destarte, que se deve interpretar o direito de reclamação (art. 37, §3º, I, da CF/1988)[365] do cidadão-usuário em relação ao mesmo direito do consumidor.

No primeiro caso, a reclamação visa propiciar que o cidadão-usuário participe da administração do serviço com a finalidade de que o mesmo lhe seja prestado com qualidade. No segundo, o consumidor exerce o seu direito de reclamar apenas para que possa consumir com qualidade. O consumidor, assim, não é agente ativo da administração da atividade econômica privada. Não atua na materialização do bem ou do serviço que consome. Ao contrário, o cidadão-usuário é sujeito ativo da produção material do serviço público. Em outras palavras, o consumidor, quando reclama, o faz na exigência de receber um bem, ou serviço, de qualidade. Não recebendo, busca a indenização do dano econômico e/ou moral que sofreu. Sua passividade só se transforma em ação objetiva e concreta quando exerce seus direitos de reclamação e de indenização. Pouco lhe importa o processo produtivo daquilo que está consumindo.

---

[365] Cf. SCHIER. *A participação popular na administração pública*: o direito de reclamação, passim.

Por seu turno, o cidadão-usuário é sempre ativo, assim o querendo, pois pode interferir no processo da produção material do serviço público. É por isso que o cidadão-usuário possui o direito subjetivo de ter acesso aos registros administrativos e às informações sobre atos de governo (§3º, II, do mencionado artigo). Do mesmo modo, o de representar contra o exercício negligente ou abusivo de agente titular de cargo ou exercente de emprego e de função pela prestação ou regulação negligente do serviço público. Entendo, ainda, que a negligência abrange, aqui, também, eis que do contrário o dispositivo constitucional seria inócuo, a prestação ou regulação imprudente e/ou imperita.

Em síntese: a violação dos direitos públicos subjetivos do cidadão-usuário ultrapassa, com folgas, os limites da simples indenização de conteúdo econômico ou moral. Vão além, muito além, os seus direitos. O cidadão-usuário busca, na sua participação ativa, a indenização política, democrática, republicana, cidadã. O cidadão-usuário é titular, assim, da cidadania plena, da *brasilidade*.

É, ao mesmo tempo, e em todo o tempo, ativo cidadão. Mesmo quando não *consome* é titular deste Direito Público subjetivo, até porque a lei não o obriga a usufruir o serviço público quando lhe outorga, por exemplo, o direito de reclamar ou participar de uma consulta ou audiência pública. Mesmo que jamais tenha posto os pés num transporte coletivo, o ordenamento jurídico lhe faculta o direito de impugnar o edital da licitação para concessão de dada linha ou comparecer à sessão de abertura dos envelopes do procedimento licitatório.

Mesmo que jamais tenha sido assinante de uma linha telefônica fixa comutada, tem o Direito Público subjetivo de buscar a invalidação do ato administrativo que autorizou o reajuste tarifário, se presente motivo para tanto.

Quando comparece ao Executivo, Legislativo ou Judiciário, como abstrato cidadão-usuário, não cabe, a ninguém, perguntar-lhe quem é, mas sim, educadamente, o que deseja. Não necessita carregar consigo a nota fiscal, o recibo de compra, o certificado de vigência da garantia, mas simples documento, ou mero testemunho, que comprove o seu *status* de cidadão.

Assim, entendo como destituída de cientificidade e eticamente contrária ao Direito, qualquer construção jurídica que considere ser possível a prestação de um serviço público sob regime privado. É a negação da essência do ser-cidadão-usuário, a violação mais terrível, pelo desprezo, dos direitos fundamentais.

Os vícios de origem

A regulação vigente no Brasil possui três vícios de origem, que a contaminam e a afastam da universalização material. Os dois primeiros são apresentados em sequência, o último fica reservado, em face da sua extensão, para o próximo capítulo.

A preocupação primeira, com os processos de privatização, jamais confessada, não foi a da universalização material dos serviços públicos, mas sim a obtenção de recursos para fazer frente aos compromissos com o FMI e ao pagamento dos juros das dívidas externa e interna. A lógica do processo regulatório, que é elemento indispensável, se perdeu, e creio, jamais será encontrada, mantendo-se as coisas como estão.

Assim, num autêntico jogo de mascaramentos da realidade, governo e imprensa, mas, sobretudo o *mercado*, comemoravam, com grande estardalhaço, o ágio eventualmente conseguido nas privatizações que continuamente eram levadas a efeito no campo da energia elétrica (cuja privatização foi realizada aos pedaços, pela indecisão do governo federal, em alguns casos, e, noutros, porque eram empresas de propriedade, quer exclusiva, quer com maioria do capital social ordinário, de diversos Estados da Federação); e, de uma só vez, no caso das telecomunicações, em relação ao Sistema Telebrás.

Esqueceram, tão-somente, mas propositadamente, de avisar que cada centavo obtido com o ágio havido (a mercantilização tão evidente e inerente ao neoliberalismo) seria cobrado, por duas vezes, da população brasileira.

A primeira, pelo repasse do mesmo às tarifas (afinal, atividade econômica privada, não é, e nem pode ser, pela sua própria natureza, sinônimo de caridade). Os custos, independentemente do caráter, de qualquer empresa, inclusive, e principalmente, os de aquisição, são repassados integralmente às *mercadorias* e, suportados por aqueles que delas necessitam.

Por segundo, como houve financiamento público para a aquisição das empresas antes estatais, cada centavo obtido com o festejado ágio aumentou os valores emprestados pelos organismos estatais de crédito, na maioria das vezes, com exclusividade, pelo BNDES. Como a citada instituição de fomento ao desenvolvimento econômico e social não fabrica dinheiro, recebendo-o, em parte significativa, do orçamento federal, a conta, mais uma vez, foi parar nos ombros do cidadão-usuário-contribuinte. Aquele mesmo, que como visto no item anterior, é o titular dos valores maiores da cidadania, da democracia e da República.[366]

A técnica utilizada, portanto, foi a pior possível. Estivessem os governantes, do período, preocupados com a universalização material dos serviços públicos teriam fixado como critério de seleção da proposta mais vantajosa o binômio pagamento do preço avaliado-tarifa mais baixa. Mas, tendo como critério único o de maior preço a ser pago pelo arrematante, o governo de Fernando Henrique Cardoso apenas cuidou do seu interesse, que é secundário, e no caso, pelos problemas que ocasionou, nefasto.

Reside aí, por certo, a explicação primeira, lamentavelmente não a última, pela qual as tarifas, no Brasil, são extremamente altas, desarrazoadas, muito embora o quadro regulatório até consiga materializar uma universalização formal. Impede, no entanto, a verdadeira e única universalização que está conforme a Constituição, qual seja, a material.

O segundo vício, específico do setor de energia elétrica, reside na regulação antecedida pela privatização, quando o racional, lógico, sistêmico, determinava exatamente o contrário.

Como constata Diogo Rosenthal Coutinho, "decidiu-se alienar as empresas estatais pelo valor máximo que se pudesse obter em leilão para, posteriormente, definir regras e metas de regulação,

---

[366] Há, talvez, um quarto vício, tão ou mais grave que os dois primeiros que aqui exponho, e do terceiro que surge no próximo capítulo, qual seja, a avaliação das empresas estatais e os preços mínimos fixados. Sobre o tema há contundente obra, jamais oficialmente desmentida, de BIONDI. *O Brasil privatizado*: uma balanço do desmonte do estado.

momento em que isso se torna claramente mais difícil". E a dificuldade, como é elementar, decorre da "inversão de procedimentos, somente explicável por medidas desconectadas de uma visão de longo prazo para o setor público", que "trouxe além da insegurança para investidores privados, ausência de um conjunto de regras claras que limite seu comportamento em muitas situações, especialmente quanto ao investimento em universalização".[367]

Até porque, conforme demonstra Calixto Salomão Filho,

> A universalização é, via de regra, não lucrativa, pois implica estender a rede até consumidores longínquos e sem poder aquisitivo. Por outro lado, a empresa privada não estará disposta a estender a prestação de serviço simplesmente pelas externalidades sociais positivas que apresenta. Em consequência, há características que assemelham-se bastante aos problemas que levaram à identificação de setores não-regulamentáveis, onde a intervenção direta do Estado é necessária.[368]

O resultado do incoerente processo, causado pelos dois vícios anteriormente apontados, não para por aí.

No setor de energia elétrica, na verdade, não se pode, até por respeito ao vernáculo, falar em regulação. O correto, creio, é referir-se ao procedimento adotado como *não-regulação*.

No setor das telecomunicações, a regulação é, sob o ponto de vista técnico-jurídico, muito bem feita. Contudo, em face da *transferência por infusão* operada, foram objeto da regulação as telecomunicações de um outro país, que não o Brasil. Nisto,

---

[367] COUTINHO, op. cit., p. 73.
[368] SALOMÃO FILHO. *Regulação e desenvolvimento*, p. 42. É interessante notar que, apesar da farta produção doutrinária havida no Brasil, a partir da edição das primeiras reformas setoriais (regulações de energia elétrica e telecomunicações), antes dos professores Calixto Salomão Filho e Diogo Rosenthal Coutinho, ninguém realizou um estudo sobre regulação e universalização dos serviços públicos, visando comprovar, ou negar, que o regime regulatório adotado pelo Brasil tenha incrementado a universalização material. Num autêntico *samba de uma nota só*, os trabalhos se limitaram a discutir, via de regra, a função normativa das Agências Reguladoras e, quando muito, a constitucionalidade ou inconstitucionalidade dos mandatos dos dirigentes destas. Nesta toada, também me penitencio, eis que, no meu trabalho sobre Agências Reguladoras, não arranhei a questão. Não negando a importância dos aspectos citados, muito pelo contrário, considerando os mesmos vitais, para a devida compreensão do processo regulatório brasileiro, creio que o *esquecimento* da questão da universalização reside no fato de que os operadores do Direito no Brasil, inconscientemente, são insensíveis, por herança cultural de um bacharelismo pedante e do conservadorismo estribado na maniqueísta fórmula de conceber o direito como *dever-ser, em detrimento do ser*. Assim, intelectualmente, operando apenas no mundo do dever-ser, o jurista não vislumbra o direito como ele é.

certamente, não estamos sós. Somos, apenas, uma das vítimas. A bem da verdade, há um verdadeiro *kit regulatório*, que foi espalhado pelo mundo. Mas, por agora, é melhor situar a não-regulação do setor de energia elétrica.

A não-regulação do setor elétrico

A energia elétrica sempre comportou três distintas fases técnicas: a geração,[369] a transmissão[370] e a distribuição.[371] Nos modelos regulatórios anteriores, na exploração da atividade, quer pelo Estado, quer por empresas públicas e sociedades de economia mista, ou ainda por concessionárias privadas, as fases estavam concentradas num único prestador, ou em empresas controladas pelo mesmo prestador. Esta política permitia, sem entrar em qualquer discussão sobre eficiência econômica ou justiça social, a prática dos denominados subsídios cruzados, uma vez que as fases menos rentáveis e de retorno mais demorado (a geração e a transmissão, notadamente de energia em grandes e pesadas quantidades) era subsidiada pela lucrativa distribuição e comercialização.

Com as modificações efetuadas pelas leis antes citadas, passamos a viver uma realidade completamente diversa, com a entrada no cenário de novos agentes, notadamente os produtores independentes. Como se não bastasse tal situação, é necessário ainda constatar que a energia elétrica não é a única produzida e comercializada no Brasil (há que se adicionar, entre outras, as usinas térmicas, a gás, a óleo, carvão, etc.). A complexidade, porém, não para por aqui.

---

[369] É um processo através do qual transforma-se um outro tipo qualquer de energia em energia elétrica. Transforma-se a energia do sol em energia elétrica; transforma-se a energia dos ventos em energia elétrica..." WALTENBERG, op. cit., p. 359.

[370] "Existem dois segmentos de transporte de energia elétrica, diferenciados conforme o nível de tensão utilizada e as consequentes características técnicas das estruturas físicas de cada um. O primeiro segmento de transporte de energia elétrica é o da transmissão, que na maior parte dos casos leva a energia da geração para o segmento seguinte, que é o da distribuição, que também é um segmento de transporte, mas que tem características diferenciadas das da transmissão." WALTENBERG, idem, p. 362-363.

[371] "(...) o sistema de transmissão, por razões de ordem técnica, não pode levar energia para cada um dos usuários. Para tanto é preciso haver um rebaixamento da tensão e é necessária a existência de um sistema capilarizado, que possibilite o trânsito da energia até os diversos consumidores finais. Neste segundo nível de transporte da energia elétrica há a caracterização de outro segmento setorial: a distribuição." WALTENBERG, ibidem, p. 366.

Em face da dimensão continental do país, e a diversidade geográfica do mesmo, a energia gerada, muitas vezes, necessita, para chegar ao usuário, de longa, e extremamente cara, transmissão. Finalmente, há que se observar que a nova legislação, partilhada em vários diplomas legais, com as duas leis antes citadas e um imenso arsenal de atos "regulatórios", não revogou, integralmente atos legislativos e normativos pretéritos.

O resultado deste panorama é, portanto, desolador. Num cenário desregulado, ou o que é pior, contraditoriamente regulado, movem-se concessionários e produtores independentes; empresas estatais e empresas privadas; empresas estatais, mas com sócios privados e empresas privadas com sócios estatais; sem que seus direitos e deveres tenham sido demarcados e com a assistência passiva do ente regulador. Com diferentes processos produtivos, que implicam em diferentes custos e interesses diversos, o sistema perdeu a sua lógica anterior, sem que houvesse outra em sucessão. O resultado, depois de tanta irresponsabilidade, resultou no grande *apagão* de 2001. Somente depois do *apagão*, e às pressas, se tentou dar alguma lógica no *mercado de energia elétrica*.

Assim, numa sucessão de medidas provisórias, rebaixou-se a ANEEL a pouco mais do que nada, uma vez que até Ministério Extraordinário foi criado, com expressiva participação da ANP (Agência Nacional de Petróleo) no processo, eis que, mais uma vez às pressas, se passou a comprar energia de todas as fontes possíveis (usinas térmicas a gás, a óleo, a carvão, etc.), e duas figuras passaram às manchetes jornalísticas: O Operador Nacional do Sistema Elétrico e o Mercado Atacadista de Energia (MAE).

O *apagão*, contudo, cobrando o preço de tanta irresponsabilidade, continuou por meses a fio.

A população foi conclamada, com exceção dos Estados do Sul, quase que em tom de desespero, pelas autoridades federais, a poupar energia.

Os brasileiros cumpriram disciplinadamente, e com extraordinário dever cívico, o que lhes foi solicitado, num ato de solidariedade coletiva que poderia ser descrito como a batalha *onde nunca tantos fizeram tanto por tão poucos irresponsáveis.*

Tempos depois, o grande prêmio, e o imerecido, e brutal, reconhecimento governamental: a população teve que pagar pela energia não consumida (pelo racionamento e pela cooperação cívica). Assim, o que não foi *comprado* foi pago, centavo por centavo. Afinal, o equilíbrio econômico-financeiro dos contratos tinha que ser observado. Até mesmo reajuste tarifário foi aplicado sobre a energia não consumida. Como se não bastasse, até sobretaxas foram previstas nas medidas provisórias que se sucediam, mês após mês, com profundas modificações de redação nos seus dispositivos, redigidas, por certo, em ambientes iluminados por velas.

Ameaças, em tom apocalíptico, eram realizadas, principalmente com a imposição, sem qualquer devido processo legal, de altíssimas sanções pecuniárias e corte de fornecimento por meses a fio. Quando confrontado pela imprensa de que tal proceder era contrário ao ordenamento jurídico, uma das autoridades se limitou a responder que o ordenamento jurídico não acendia lâmpadas.

Empresários da Região Nordeste foram tratados como delinquentes, eis que não se submetiam ao estrito horário de consumo permitido que, em alguns casos, não ultrapassava duas horas diárias, e produziam bens em suas indústrias, mantendo empregos e recolhendo tributos.

Em outros locais, faltou água, não se sabendo, até agora, se faltava água porque não havia luz para mover as estações, ou se não havia luz porque faltava água para mover as usinas.

Este foi o resultado de um processo regulatório irresponsavelmente inacabado que até hoje não foi de todo solucionado. E tudo por "culpa de São Pedro", diziam as autoridades responsáveis pelo setor, que havia se "esquecido" de mandar água.

No tal de MAE, em 2002, "por exemplo, o MWh no atacado suplementar chegou a oscilar de R$4 no piso a R$684 no teto. Isso é sério?" — indagou o jornalista Joelmir Beting.[372]

E tudo isso ocorreu por uma única razão. O Estado brasileiro, simplesmente, a partir de um certo momento histórico, parou de investir no sistema elétrico, bem como pensou estar regulando o

---

[372] BETING. Reeleição ou apagão?. *Gazeta do Povo*, p. 16, 25 jan. 2003.

mesmo quando não estava. Acreditou, portanto, que a solução neoliberal, de deixar tudo nas mãos do mercado, era a solução. Na verdade foi o caos.

O *kit* regulatório das telecomunicações

A nova regulação das telecomunicações possui certidão de nascimento. Trata-se da decisão do Tribunal de Justiça da então Comunidade Econômica Europeia na famosa decisão *British Telecomunications* (República Italiana vs. Comissão), datada de 20 de março de 1985.[373]

> A decisão citada resolveu um recurso interposto contra uma decisão da Comissão, adotada no marco do artigo 86 do Tratado CEE (abuso de posição dominante), sobre dois regulamentos da *British Telecomunications (BT)*. Era, a mesma, então, uma sociedade de Direito Público, detentora no monopólio legal da gestão dos sistemas de telecomunicações no Reino Unido. Aqueles regulamentos (que não chegaram a ser colocados em prática) tinham por objeto restringir a competição derivada de novas iniciativas no campo das emissões telefônicas. Aproveitando as novas tecnologias, a iniciativa privada havia começado a oferecer um novo serviço de recepção e transmissão, por conta de terceiros, de mensagens, a preços sensivelmente inferiores ao que se derivavam da aplicação das tarifas correspondentes ao uso tradicional das linhas de telecomunicações. De fato, os regulamentos tinham por objeto proibir a estes agentes privados a prática de preços tais que permitissem a transmissão das mensagens a preço menor que se praticava pelo telex. A Comissão da CEE estudou os regulamentos e decidiu que os mesmos contrariavam o disposto no art. 86. Contra esta decisão foi interposto recurso perante o Tribunal de Justiça da Comunidade pela República Italiana. É curioso que o recorrente não foi a *British Telecomunications*, nem o Reino Unido, que aparece como litisconsorte da empresa, mas sim, a República Italiana. (...) Se entendeu, no julgamento, que o interesse da Itália estaria em impedir que fossem desviados, ao Reino Unido, um volume importante de mensagens internacionais e os ganhos correspondentes. (...) Em todo o caso, é evidente que o Governo italiano havia preferido manter uma política restritiva de competição no mercado dos serviços de mensagens telefônicas. (...) A República Italiana pretendeu, com efeito, que o art. 86 do Tratado fosse aplicado unicamente às atividades empresariais desenvolvidas sob formas jurídico-privadas, e não em relação à atividade normativa exercitada no marco de um serviço público

---

[373] MUÑOZ MACHADO, op. cit., t. II, p. 54-58.

prestado em condições prefixadas pelo legislador. A Comissão e o Reino Unido sustentaram, em sentido oposto, que a prestação dos serviços de telecomunicações é uma atividade empresarial. Sendo assim, se a lei britânica havia conferido à *British Telecom* a competência regulamentar, era somente para fixar preços e condições em que o serviço deveria ser oferecido. Os regulamentos questionados cumpriam, portanto, a mesma função, caso fossem cláusulas contratuais. Ao final, o Tribunal decidiu pela eliminação de toda restrição à livre competição.[374]

Dando prosseguimento, e com base no que restou assentado no arresto citado, foi elaborado o *Livro verde sobre o desenvolvimento do mercado comum dos serviços e aparatos de telecomunicações*, cujos principais pontos, resumidamente, são os seguintes:

1. O desenvolvimento tecnológico, notadamente na informática, implica numa nova organização jurídica para regular as novas formas de telecomunicações (cabo, celular, satélite, internet, etc.). Classificam-se os serviços em duas espécies: os de base (tudo aquilo que é essencialmente transmissão de sons, ou de sons e imagens), e os de valor adicionado (tudo aquilo que não é essencialmente telecomunicação, mais sim instrumental, como por exemplo, um guia telefônico).[375]

2. O potencial econômico das novas espécies de telecomunicações deve ser desenvolvido para criar uma "rede europeia de telecomunicações" barata e tecnicamente avançada; e,

3. A criação de um poderoso setor europeu de telecomunicações depende do desenvolvimento das empresas, para que o mercado possa oferecer serviços em maior variedade e mais baratos. Tal missão se faz urgente, para enfrentar, economicamente, os Estados Unidos e o Japão.[376]

---

[374] Idem, idem.

[375] Cf. RAVENTÓS. Servicios de valor añadido: conmutación de datos por paquetes, por circuitos... In: CREMADES (Coord.). *Derecho de las telecomunicaciones*. Madrid: La Ley: Ministerio de Fomento, 1997, todo.

[376] MUÑOZ MACHADO, idem, p. 58 et seq.

Para alcançar o pretendido pelo *Livro verde*, a então Comunidade Econômica Européia inicia a edição de uma série de diretivas, cujos conteúdos podem ser resumidos nos seguintes pontos:

1. Liberalização, com a introdução de um regime de competição nos mercados de serviços;
2. Harmonização das diferentes regulações técnicas de cada país, visando uma unificação;
3. Liberalização para comercialização de equipamentos;
4. Liberalização das estruturas de telefonia fixa para os serviços de outras empresas de telefonia fixa, para serviços distintos da telefonia fixa, para comunicações por satélites, televisão a cabo, telefonia celular, etc.
5. Eliminação de direitos especiais ou exclusivos para prestação dos serviços de telecomunicações; e
6. Regulações normativas específicas para cada setor.[377]

Como o *Livro verde*, e também as diretrizes posteriores, jamais determinaram a privatização das empresas estatais, existentes em quase todos os países europeus, mas determinou que os mercados de cada país integrante da então CEE fossem liberados para qualquer empresa, estatal ou não, foi necessário separar as funções de exploração dos serviços com as de regulação,[378] nascendo assim as autoridades administrativas independentes, que são as agências reguladoras europeias.

Este processo regulatório vai encontrar o seu ápice no ano de 1994, quando são publicadas duas resoluções importantes, as de 7 de fevereiro e a de 22 de dezembro.

Pela primeira, cria-se a figura do denominado *serviço universal*, ou seja, de telefonia fixa que deve ser prestado em todo o território, com amplo acesso por qualquer usuário e com qualidade. A qualidade é estabelecida através de *standards* legais (tais como, por exemplo, o tempo de espera para completar uma ligação). O regime tarifário deve ser fixado em função dos custos, admitindo-se,

---

[377] CREMADES GARCIA. *El derecho de las telecomunicaciones en Europa y en España*, p. 11-12. ESTEVEZ RODRÍGUEZ. *El derecho europeo de las telecomunicaciones*: introducción a los organismos internacionales, p. 189 et. seq.

[378] Idem, p. 12-13.

Regulação e universalização dos serviços públicos | 173

e determinando-se, conforme o caso, a flexibilização dos mesmos, para atender necessidades sociais específicas. Deve incluir, também, as seguintes prestações adicionais: guia telefônico, serviços de informação, serviços de assistência da operadora, telefones públicos pagos e serviços gratuitos de acesso a telefones de urgência.[379]

O serviço universal é direito do usuário e as normatizações obrigam cada país membro a constituir uma administração independente (agência reguladora) para solução de conflitos, através de processos baratos, rápidos e acessíveis por qualquer utente.[380]

Pela resolução de dezembro de 1994 foram estabelecidas as normas de interconexão, procedimento de obtenção de licenças, liberdade de acesso de qualquer empresa europeia em qualquer país da então Comunidade e livre competição em qualquer modalidade de serviço, através de um processo temporal específico e determinado.[381]

Importa salientar, que dentro dos limites temporais estabelecidos pela então CEE, cada país teve prazos distintos para fazer evoluir o processo de implantação da livre competição, que comportou duas fases distintas. A primeira, da passagem do regime de monopólio para o de duopólio (com a liberalização do mercado para um segundo operador,[382] que no Brasil é conhecido como empresa espelho). Num segundo momento, a abertura total, através de títulos habilitantes denominados de autorizações gerais[383] para todo aquele que tivesse interesse, e um mínimo de condições previamente estabelecidas.[384]

No tocante à regulação dos mercados, bem como sobre o alcance das autoridades administrativas independentes, a doutrina não se omitiu no dever de realizar as devidas críticas. Para Carmen

---

[379] CREMADES, idem, p. 19-20.

[380] Ibidem, p. 20.

[381] Ibidem, ibidem.

[382] RODRÍGUEZ. Serviços finais: telefonia básica y definición de servicio universal, liberalización y el segundo operador. In: CREMADES (Coord.). *Derecho de las telecomunicaciones*. Madrid: La Ley: Ministerio de Fomento, 1997, todo.

[383] Sobre a polêmica pelo uso da expressão, já que, também sem tradição doutrinária em alguns países, consulte-se VILLAR URIBARRI. Pautas para una nueva regulación de las telecomunicaciones en España. In: CREMADES (Coord.). *Derecho de las telecomunicaciones*. Madrid: La Ley: Ministerio de Fomento, 1997. p. 117-118.

[384] Ibidem, p. 28 et. seq.

Chinchilla, o conceito, *mutatis mutandis*, embute uma ideia de solidariedade social que resgata o velho conceito de serviço público elaborado por Duguit.[385] Tomás de la Quadra-Salcedo[386] aponta que é necessário, muitas vezes, abandonando as clássicas teorias liberais, realizar "intervenção na política de preços, sacrificando-se a dinâmica própria do mercado" para "satisfazer a técnica continental do serviço público".[387]

Quanto à denominação de "serviço universal", o consagrado autor entende que o mesmo não possui qualquer força simbólica maior do que uma simples troca de nomenclatura, até porque o objeto da regulação deve ser o de "assegurar a satisfação de determinadas necessidades indeclináveis que antes eram próprias do serviço público e que agora se chamam de serviço universal".[388] Assim, cada país da CEE, com base nos marcos regulatórios sinteticamente expostos acima, passou a editar, sem modificações de monta, a sua LGT.

Dentro deste processo de *revolução das telecomunicações europeias* importa apresentar uma organização internacional que vem desempenhando ativo papel propagador do *kit regulatório*. É a UIT (União Internacional de Telecomunicações), fundada em 1865 e convertida, em 1947, em agência especializada da ONU. A UIT possui duas classes de membros: a dos países a ela filiados e das empresas de telecomunicações. Mas, atenção, somente as empresas que sejam *Operadoras Internacionais de Telecomunicações*, ou seja, que reconhecidamente operem em mais de um país.[389]

A principal função da UIT é a de "levar a cabo as políticas de cooperação internacional, assim como promover e proporcionar assistência técnica aos países em desenvolvimento, impulsionando a melhora, através da utilização de meios técnicos, e mais eficiente exploração"[390] dos serviços de telecomunicações.

---

[385] CHINCHILLA; GARCÍA DE ENTERRÍA; QUADRA-SALCEDO (Coord.). *Comentarios a la ley general de telecomunicaciones*, p. 276-277.

[386] *Telecomunicaciones y derecho público*, p. 134.

[387] Op. cit., p. 134.

[388] Op. cit., p. 135. Para uma conclusão diametralmente oposta a de QUADRA-SALCEDO, consulte-se ARIÑO ORTIZ. Servicio público y servicio universal en las telecomunicaciones. In: CREMADES (Coord.). *Derecho de las telecomunicaciones*. Madrid: La Ley: Ministerio de Fomento, 1997.

[389] ESTÉVEZ RODRÍGUEZ, op. cit., p. 200-201.

[390] Idem, p. 201.

A UIT ainda possui, entre outros, um órgão denominado CCITT (*International Telegraph and Telephone Consultative Comittee*) que é o responsável pela "definição dos *standards* técnicos internacionais de caráter global", estando entre suas atribuições as "definições técnicas e operativas sobre tarifas" que são elaboradas depois de "negociações internacionais".[391]

Muito embora o *novo* sistema europeu possua muitas semelhanças com o norte-americano, há, na origem de ambos, uma acentuada diferença: na Europa se estabeleceu um regime de ampla competição com a empresa estatal de cada país. Nos EUA, a preocupação foi, com as reformas iniciadas em 1994, a de extinguir o monopólio de uma empresa privada, a *AT&T,* proibindo a mesma de atuar na telefonia fixa, partilhando o seu acervo em sete empresas regionais, denominadas de *Bells* (*Pacific Telesis, U. S. West, SBC, Ameritech, Bell South, Bell Atlantic, NYNEX*).[392] A reforma foi completada em 1996 com a edição de novo marco regulatório, o *Telecommunications Act.*[393]

A exemplo da técnica utilizada na Europa, o *Telecommunications Act* também classificou os serviços de telecomunicações em básicos e adicionados.[394]

Este modelo foi *clonado* em quase toda a América hispânica, notadamente na Argentina, Bolívia, Chile, Peru, México e Venezuela,[395] através da difusão do *kit* empreendida pela AHCIET (Asociación Hispanoamericana de Centros de Investigación y Empresas de Telecomunicaciones) criada em 1982.[396]

A exceção, no processo, ocorreu no Uruguai, onde a Lei de Empresas Públicas, de 1991, determinava a realização de plebiscito

---

[391] Ibidem, p. 202.

[392] KNAUER. El entorno mundial de las telecomunicaciones. In: CREMADES (Coord.). *Derecho de las telecomunicaciones.* Madrid: La Ley: Ministerio de Fomento, 1997. p. 1147 et. seq.

[393] MEDINA ORS. Régimen jurídico de las telecomunicaciones en los Estados Unidos. In: CREMADES (Coord.). *Derecho de las telecomunicaciones.* Madrid: Ministerio de Fomento, 1997. p. 1169 et. seq.

[394] Op. cit., p. cit.

[395] PASTOR. Las telecomunicaciones em Iberoamerica. In: CREMADES (Coord.). *Derecho de las telecomunicaciones.* Madrid: La Ley: Ministerio de Fomento, 1997. p. 1243 et. seq.

[396] GÓMEZ ALAMILLO et al. Hechos relevantes y tendências de las telecomunicaciones em Hispanoamérica. In: CREMADES (Coord.). *Derecho de las telecomunicaciones.* Madrid: La Ley: Ministerio de Fomento, 1997. p. 1255 et seq.

para autorização ou não da privatização da operadora estatal ANTEL. Por maioria, o povo uruguaio não aceitou a privatização e a empresa opera, até hoje, em regime de monopólio.[397] Também, em regime de monopólio, mas com participação acionária de capitais estrangeiros, opera a estatal ETECSA de Cuba.[398]

O modelo segue, invariavelmente, sempre o mesmo padrão, o que não significa dizer que alguns não são mais protetivos que outros. Contudo, a telefonia fixa é prestada no regime de serviço público e as demais formas tecnológicas telefônicas sob o regime da livre competição. Outras características comuns são a liberalização do mercado de telefonia fixa em cada país, sofrendo a operadora dominante, num primeiro momento, a concorrência do segundo operador e, posteriormente, por quaisquer outros interessados.

No que se relaciona às agências reguladoras não há diferença de monta. Desde o número de dirigentes (sempre 5) até o rol de competências, o modelo é unificado, com uma ou outra diferença de caráter local.

Assim, por exemplo, entre tantos, na LGT brasileira encontramos o art. 63, parágrafo único, que qualifica o serviço de telecomunicações em regime público como aquele que é prestado mediante concessão ou permissão, com atribuição a sua prestadora de obrigações de universalização e continuidade. O art. 37 da LGT espanhola, por sua vez, estabelece que o serviço universal é o conjunto definido de serviços de telecomunicações com uma qualidade determinada, acessível a todos os usuários com independência de sua localização geográfica e preço acessível.

O modelo transferido por infusão para o direito brasileiro apresenta, marcadamente, duas deficiências. Uma estrutural e outra conceitual.

A deficiência estrutural reside na importação de um modelo impróprio.

O fundamento ideológico da liberalização das telecomunicações, no Velho Continente, está assentado no fato de que na

---

[397] Op. cit., p. 1267.
[398] Idem, p. 1269.

Regulação e universalização dos serviços públicos | 177

União Europeia, face ao princípio da isonomia que deve reger a atividade econômica no seio de uma *federação de Estados soberanos*, havia a necessidade de regular a livre competição entre empresas prestadoras do serviço público de telecomunicações.

A abertura de cada um dos mercados nacionais era imposição natural, sob pena de implosão sistêmica de todo o processo de construção da União Europeia. Contudo, esta abertura encontrava na origem dois sérios obstáculos. Primeiro: o de que a empresa dominante em cada país, de propriedade do Estado nacional, exercia a atividade em regime de monopólio. Segundo: a atividade desempenhada era serviço público.

No primeiro caso, para contornar o problema, estabeleceu-se o princípio da isonomia simétrica para cada uma das empresas nacionais. Assim, ao mesmo tempo em que seria obrigada a suportar concorrência em seu território poderia concorrer no território dos outros. Para que a competição fosse juridicamente regrada, o Estado nacional teria, pelo menos diretamente, de deixar de regular, eis que não poderia ser o regulador e proprietário da empresa dominante ao mesmo tempo. Não haveria, por óbvio, livre concorrência. Assim, buscaram no direito americano a instituição da agência reguladora.

No segundo, a criação foi, mais uma vez, sob o ponto de vista sistêmico da União Europeia, genial. Definiu-se um serviço universal (que é o velho e afrancesado serviço público com outra nomenclatura), ou seja, aquele a qual todo cidadão-usuário tem Direito Público subjetivo. Tudo o mais que fosse agregado, ou fruto de inovação tecnológica, a este mesmo serviço seria tido como atividade econômica privada. Tal método foi possível nos serviços de telecomunicações. Por elementar, seria impossível nos serviços de eletricidade ou de água e esgoto, por exemplo, porque nada de valor maior, ou novidade técnica, poderia ser adicionado aos mesmos. São serviços, que pela própria natureza, muito embora comportem fases distintas, perdem sua essência se não forem prestados globalmente.

Esta mesma genialidade, quando transferida por infusão, para países de realidade diversa, escancara toda a sua deficiência. No

Brasil, especificamente, a privatização teve outros propósitos, antes aventados, e que não necessitam, agora, ser repetidos.

Deste modo, a livre competição, pelo ângulo do modelo europeu, frise-se, não tem nenhum sentido para o Direito brasileiro. Como Bento Gonçalves e Frei Caneca, dentre outros, falharam em seus propósitos *federativos*, jamais houve, em solo pátrio, qualquer necessidade de propiciar um sistema de livre competição entre, por exemplo, TELEPAR e TELESC, ou entre TELEPAR e TELESP.

Mesmo no campo da abertura do mercado brasileiro de telecomunicações ao capital estrangeiro, não havia a necessidade estrutural da União instituir uma agência reguladora, eis que, deixando de ser proprietária da empresa estatal, pela privatização, poderia regular, com independência, através do Ministério das Telecomunicações, a livre concorrência entre a antiga estatal e as novas empresas privadas.

A instituição da ANATEL, assim, somente pode ser compreendida dentro de uma globalização jurídica de uniformização dos processos do Direito a serviço do neoliberalismo para: a) assegurar que no Brasil o modelo privatizado seria igual ao dos países europeus; b) evitar (ou tornar muito difícil) que os governantes do futuro viessem a modificar estruturalmente o modelo.

No novo modelo brasileiro não se poderia, jamais, ao menos em relação à empresa espelho, permitir que a mesma se submeta (exclusivamente) ao regime do Direito Privado, o que implica na não submissão a qualquer propósito universalizante. No mínimo alguma contribuição para tanto deveria ser exigida. A implantação do regime de prestação pelo regime privado, na telefonia fixa, é demonstração cabal de que o critério reitor do processo jamais foi o da universalização material do serviço de telefonia fixa, mas sim uma gorda arrecadação na outorga. Afinal, se a concorrência importa em eficiência, a mesma deveria ser direcionada à conquista da universalização material.

E nem se sustente que em virtude de assimetria regulatória há uma lógica no processo. No modelo vigente a regulação é assimétrica entre a operadora dominante e a espelho, pois se entende que a dominante foi adquirida com toda a estrutura antes existente, ao contrário da outra, em que na verdade nada material foi adquirido, apenas o direito de entrada no mercado. A espelho, assim, não possuindo qualquer obrigação de universalização material, disputará, como é óbvia a evidência, apenas a parcela mais rentável do mercado. Nesta lógica, há manifesto sinal de perversão social. Nos grandes centros urbanos, é, unicamente, nas regiões de maior poder aquisitivo que ocorrerá, por certo, a livre concorrência que tem como consequência natural a queda dos preços e o aumento de qualidade do serviço. Assim, os preços caem e o serviço melhora exclusivamente para aqueles que são economicamente abonados.

Mas a falta de sensibilidade social não para por aí. Existem dois outros elementos que devem ser desenvolvidos, mesmo que rapidamente.

Por primeiro o FUST (Fundo de Universalização dos Serviços de Telecomunicações), cuja criação foi prevista nos arts. 80, §2º e 81, II, da LGT e efetivada pela Lei nº 9.998, de 17 de agosto de 2000,[399] e regulamentado pelo Decreto nº 3.624, de 5 de outubro de 2000.[400]

Note-se que a regulação "não tem como objetivo primário o reequilíbrio das relações entre concorrentes, ainda que, indiretamente, possa ter o efeito benéfico de compensar as vantagens concorrenciais existentes a favor dos detentores das redes".[401] O objetivo primário da regulação, nos serviços públicos, é o da universalização material. Pois bem, o FUST inverte esta lógica.

Segundo o teor do art. 1º, da Lei nº 9.998/2000, o FUST tem por finalidade proporcionar recursos destinados a cobrir a parcela de custo exclusivamente atribuível ao cumprimento das obrigações de universalização de serviços de telecomunicações, que não possa ser recuperada com a exploração eficiente do serviço.

Tais obrigações de universalização, segundo a própria lei, art. 5º, são:

---

[399] BRASIL. Lei nº 9.998, de 17 de agosto de 2000 – Institui o Fundo de Universalização dos Serviços de Telecomunicações.

[400] BRASIL. Decreto nº 3.624, de 5 de outubro de 2000 – Dispõe sobre a regulamentação do Fundo de Universalização dos Serviços de Telecomunicações - FUST, e dá outras providências.

[401] SALOMÃO FILHO. *Regulação e desenvolvimento*, p. 43-44.

Art. 5º. Os recursos do Fust serão aplicados em programas, projetos e atividades que estejam em consonância com plano geral de metas para universalização de serviço de telecomunicações ou suas ampliações que contemplarão, entre outros, os seguintes objetivos:

I - atendimento a localidades com menos de cem habitantes;

II - (Vetado).

III - complementação de metas estabelecidas no Plano Geral de Metas de Universalização para atendimento de comunidades de baixo poder aquisitivo;

IV - implantação de acessos individuais para prestação do serviço telefônico, em condições favorecidas, a estabelecimentos de ensino, bibliotecas e instituições de saúde;

V - implantação de acessos para utilização de serviços de redes digitais de informação destinadas ao acesso público, inclusive da internet, em condições favorecidas, a instituições de saúde;

VI - implantação de acessos para utilização de serviços de rede digitais de informação destinadas ao acesso público, inclusive da internet, em condições favorecidas, a estabelecimento de ensino e bibliotecas, incluindo os equipamentos terminais para operação pelos usuários;

VII - redução das contas de serviços de telecomunicações de estabelecimentos de ensino e bibliotecas referentes à utilização de serviços de redes digitais de informação destinadas ao acesso público, inclusive de internet, de forma a beneficiar em percentuais maiores os estabelecimentos frequentados por população carente, de acordo com a regulamentação do Poder Executivo;

VIII - instalação de redes de alta velocidade, destinadas ao intercâmbio de sinais e à implantação de serviços de telecomunicações entre estabelecimentos de ensino e bibliotecas;

IX - atendimento a áreas remotas e de fronteira de interesse estratégico;

X - implantação de acessos individuais para órgãos de segurança pública;

XI - implantação de serviços de telecomunicações em unidades de serviço público, civis ou militares, situadas em pontos remotos do território nacional;

XII - fornecimento de acessos individuais e equipamentos e equipamentos de interface a instituições de assistência a deficientes;

XIII - fornecimento de acessos individuais e equipamentos de interface a deficientes carentes;

XIV - implantação da telefonia rural.

Ninguém discute, por elementar, que os propósitos acima descritos possuem extraordinário alcance social. Há, porém, um detalhe.

Veja-se o teor do art. 6º, IV, e parágrafo único, da Lei nº 9.998/2000:

> Art. 6º. Constituem receitas do Fundo: (...)
>
> IV - contribuição de um por cento sobre a receita operacional bruta, decorrente de prestação de serviços de telecomunicações nos regimes público e privado, excluindo-se o Imposto sobre Operações relativas à Circulação de Mercadorias e sobre Prestações de Serviços de Transportes Interestadual e Intermunicipal e de Comunicações – ICMS, o Programa de Integração Social – PIS e a Contribuição para o Financiamento da Seguridade Social – Cofins;
>
> Parágrafo único. Não haverá incidência do Fust sobre as transferências feitas de uma prestadora de serviços de telecomunicações para outra e sobre as quais já tenha havido o recolhimento por parte da prestadora que emitiu a conta ao usuário, na forma do disposto no art. 10 desta Lei.

Ou seja, parcela considerável dos recursos que formam o fundo (há outras, arroladas no art. 6º, da citada lei, como dotações orçamentárias da União, preços públicos cobrados pelas outorgas, etc.) tem como origem o valor das contas telefônicas, ou seja, são suportados pelos usuários.

Deste modo, se pode concluir, que as concessões, ao menos neste modelo, não são atividades exercidas *por conta e risco do concessionário*, uma vez que os *custos e os riscos* presentes no atendimento a localidades com menos de cem habitantes (de baixa rentabilidade, portanto) ou instituição de ensino, bibliotecas, instituições de saúde (também de baixa rentabilidade) são suportados parcialmente pelos usuários. Há evidente socialização do lado não-rentável do negócio que é, na sua origem e essência, serviço público. Contudo, no lado lucrativo da atividade, inexiste qualquer socialização. Explico.

As concessionárias, por serem as titulares das redes de telecomunicação, cobram, das empresas espelho e das autorizadas, custos pela *interconexão*,[402] que como antes visto e conceituado

---

[402] Conforme exposto no primeiro capítulo do presente trabalho, interconexão, segundo definição normativa da ANATEL, art. 3º, VI, da Resolução nº 040/1998, é a ligação entre redes de telecomunicações funcionalmente compatíveis, de modo que os usuários de serviços de uma das redes possam comunicar-se com usuários de serviços de outra ou acessar serviços nela disponíveis.

182 | Paulo Roberto Ferreira Motta

pela legislação em vigor, é o processo técnico pelo qual o assinante de uma operadora consegue acessar o terminal telefônico de outro assinante, de outra operadora. Elementar que a concessionária, que herdou os assinantes das empresas estatais que prestavam a atividade em regime de monopólio, tem uma carteira de assinantes muito maior. Assim, nesta *compensação*, a concessionária adquire ainda mais receitas (muito embora tenha custos para atender a *interconexão*, reconheça-se).

Em virtude dos fatos acima vistos, temos que, quanto mais a concessionária titular das redes universalizar formalmente o serviço de telecomunicações, levando o mesmo ao maior número de pessoas físicas e jurídicas, públicas ou privadas, mais arrecadará, não só pelo maior número de assinantes que obterá, mas também pela maior incidência de *interconexão*, uma vez que, universalizando seus serviços propicia maior opção de ligações para os assinantes das empresas concorrentes. Assim, maior será a sua arrecadação pelos dois lados do sistema: mais receita por ter aumentado o número dos seus assinantes e mais receita por ter aumentado o faturamento na *interconexão*.

Crescendo a arrecadação, pela universalização, seria natural que os ônus da universalização não-rentável também fossem suportados integralmente pela concessionária (conta e risco da concessão). Mas não, os mesmos são suportados, em parte, pelos usuários e doutra parte pela União.

Como se isso ainda não bastasse, o FUST incide sobre os valores pagos pelos assinantes das operadoras espelho e autorizadas. Valores estes que, na forma do parágrafo único, do art. 6º, da citada lei, antes transcrito, não são cobrados novamente (quando do acerto de contas da *interconexão*), mas são cobrados nas contas pagas às empresas espelho e autorizadas. Ou seja: os usuários das concorrentes também pagam pelos custos de universalização cuja materialização incumbe, por lei, à empresa da qual não são assinantes. Como aponta o professor Calixto Salomão Filho[403] há clara violação, neste sistema, do art. 173, §4º, da CF/88, no tocante ao aumento arbitrário dos lucros, uma vez que a operadora, titular

---

[403] Idem, p. 44.

da rede, recebe recursos do Fundo público, cuja receita, em grande parte vem do erário e doutra parte pelo pagamento do *plus* imposto aos assinantes da própria empresa beneficiada e aos assinantes das suas concorrentes.

A conclusão, tal e qual realizou o citado professor, é somente uma: "As empresas titulares das redes, além da enorme vantagem concorrencial que a pura e simples operação da rede lhe proporciona, se puderem, ainda, repassar às demais o custo da universalização terão obtido do Estado uma verdadeira tutela da obtenção da margem máxima do lucro".[404]

Na verdade, e a análise jurídica da questão não comporta outra conclusão, a universalização material não está sendo assegurada pela concessionária, mas sim pelo erário e pelos usuários de todas as empresas.

Outra questão a dificultar ainda mais a universalização material dos serviços públicos de telecomunicações tem origem na denominada, de forma manifestamente equivocada, *internet grátis*. Algumas operadoras do serviço telefônico são, total ou parcialmente, proprietárias de alguns provedores de acesso à *internet* e, pelo serviço prestado, nada cobram dos seus assinantes. Resta, neste processo, uma evidência: se o serviço prestado não é cobrado dos assinantes dos provedores somente se pode concluir que o provedor tem seus custos suportados pela operadora de serviço de telefonia que é a proprietária do mesmo. Assim, utiliza-se de parte de suas receitas, advindas da telefonia, para suportar a totalidade dos custos de acesso à *internet*. Neste processo é evidente que há, como afirmou o superintendente de universalização da ANATEL, uma injustiça, uma vez que "os 42 milhões de usuários de telefonia não podem sustentar os 12 milhões de usuários de internet".[405]

De outra feita, estranhamente, demorou-se muito a adotar, para propiciar a livre, e efetiva, competição entre a operadora dominante, a espelho e as demais autorizadas, um critério presente no Direito europeu, ou seja, a conservação do número (art. 42, da LGT espanhola),

---

[404] Ibidem, p. 44. Há na doutrina nacional um excelente estudo sobre o FUST da lavra de BOTELHO. *As telecomunicações e o FUST.*

[405] *Mundo digital*. Publicação *on line*. UOL. Disponível em: <http://noticias.uol.com.br/mundodigital/ultimas/ult1345u19.jhtm>. Acesso em: 17 jan. 2003.

portabilidade no direito brasileiro. Sendo o número do telefone uma extensão do direito; de marca (notadamente de empresas que atuam em todo o território nacional), da profissão (profissionais liberais) e até mesmo da dignidade da pessoa humana e da sua integridade corporal (socorro médico por ambulâncias, hospitais, farmácias); é incompreensível que tal instrumento, absolutamente possível em termos tecnológicos, tenha sido implantado tão tardiamente. Assim, a livre competição, num sistema de pluralidade de prestadores, ficou brutalmente atingida, se, por exemplo, uma empresa de *telemarketing* que tinha editado milhões de folhetos ou intensa e pretérita publicidade de seu número telefônico. Por mais vantajosas que fossem as condições ofertadas pelo concorrente, a empresa utente não encontrou, no período de inexistência da portabilidade, meios de trocar de operadora, sob pena de brutal prejuízo.

Pelos aportes antes vistos, é possível concluir que a *fuga do Direito Administrativo*, perseguida pela nova regulação do setor elétrico e do de telefonia fixa, implicou na *traição da universalização material*.

Neste tópico, e depois dos aportes antes deduzidos, é chegada a hora de analisar o terceiro dos vícios que foram antes referidos. E o mesmo aparece, mais uma vez, como traição à universalização. Cabe, portanto, analisar o modelo regulatório brasileiro no que diz respeito ao uso das estruturas dos serviços públicos de energia e telecomunicações, bem como dos bens públicos, por parte das mais diversas prestadoras de serviços públicos, independentemente de serem concessionárias, permissionárias ou autorizatárias.

O tema, pela sua extensão, requer capítulo apartado.

As estruturas do serviço público

Sumário: Introdução - O compartilhamento - A indevida transferência de regime jurídico - Da tributação do uso de bens públicos por prestadoras de serviços públicos - Outras considerações necessárias - Da natureza jurídica dos valores cobrados - Do interesse local - A competência da União para fixação das tarifas e o equilíbrio econômico nos contratos de concessão - O artigo 19, III, da Constituição Federal - Privilégios fiscais expressamente vedados pelo texto constitucional - Da cobrança sobre bens públicos federais - A função social da propriedade

Introdução

Colhe-se em Diogo Rosenthal Coutinho que, "a infraestrutura de um país é o aparato de suporte para muitas atividades econômicas. Tradicionalmente, esse setor abrange os mercados de energia elétrica, telecomunicações, gás natural, ferrovias, rodovias, hidrovias, portos, aeroportos, transporte urbano e saneamento básico".[406]

A importância da infraestrutura, para o desenvolvimento sustentado de qualquer nação é evidente:

> Investimentos em infraestrutura, incluindo aí as atividades prestadas em mercados de rede sob o regime legal de serviço público, são um vetor de crescimento econômico porque proporcionam aumento do retorno dos insumos privados, incentivam o investimento, garantindo dinamismo à atividade econômica e, além disso, geram empregos. (...)

> Entretanto, o crescimento de uma economia, desde o ponto de vista do aumento do produto interno, não é, como se sabe, necessariamente sinônimo de redução de desigualdades sociais, nem tampouco de amplo acesso a serviços essenciais. Mais investimentos em infraestrutura não são,

---

[406] COUTINHO, op. cit., p. 65.

assim, garantia de que haverá ganhos compartilhados com os cidadãos hoje alijados das redes de serviço público. Em se tratando de universalização do acesso ao serviço público, para que se verifique aumento efetivo do bem-estar, desde a perspectiva redistributiva, há que se promover, de forma pró-ativa, a inclusão de novos usuários às redes de saneamento básico, energia, telefonia e gás.[407]

As estruturas do serviço público, que se constituem nas redes de prestação dos mesmos, bem como de todos os bens e equipamentos necessários à prestação do serviço, incluem a infra-estrutura do País e respondem pelo desenvolvimento da sociedade e da cidadania.

Só que, a má utilização destas, quando de uma regulação despreocupada com a universalização material dos serviços públicos, deturpa o processo desenvolvimentista. Tal fenômeno, a meu ver, está ocorrendo no Brasil.

Antes de adentrar na análise dos problemas que podem ser diagnosticados, se faz necessário estabelecer duas questões fundamentais, verdadeiras premissas, para uma análise jurídica da questão.

Primeira: o objetivo a ser perseguido pela regulação, no tocante aos serviços públicos, é, não exclusivamente, mas primordialmente, a universalização material, conforme este trabalho vem sustentando até aqui.

Segunda: a reversão dos bens da concessionária, ao final do contrato, é instituto jurídico necessariamente presente em toda e qualquer concessão de serviços públicos. De outro modo, não haveria concessão, mas sim, simples, e irresponsável, doação de bens.

Destas duas premissas assentadas, se pode, dentre outras por certo, retirar-se duas conclusões:

a) as estruturas do serviço público são, juridicamente, bens públicos;[408]

---

[407] Idem, p. 66-67.

[408] BRASIL. Lei nº 8.987/1995. Art. 35, §2º. Extinta a concessão, retornam ao Poder Concedente todos os bens reversíveis, direitos e privilégios transferidos ao concessionário conforme previsto no edital e estabelecido no contrato.

b) toda propriedade, quer pública, quer privada, deve cumprir com a sua função social.[409]

Em estudo que denominou "da necessária reclassificação dos bens públicos", Juarez Freitas[410] sustenta que os mesmos "poderiam ser todas as coisas pertencentes às entidades estatais, autárquicas, fundacionais e, inclusive às paraestatais, destinadas ou não a uso público, e que não estejam integradas, a qualquer título, ao domínio privado".[411]

Avançando na conceituação afirma, "que parte da doutrina, com dose de razão, vai ao ponto de considerar bens públicos aqueles afetados à prestação de serviço público, mesmo quando não pertencentes a pessoas da Administração Pública",[412] como Ruy Cirne Lima para quem "formam o patrimônio administrativo todos os bens, pertençam a quem pertencerem, que participam da atividade administrativa e se acham, por isso mesmo, vinculados aos fins desta".[413] Aliás, Cirne Lima fundamentava a sua tese com a assertiva de que "a situação jurídica, que o uso público estabelece, sem confundir-se com a propriedade, pode ser-lhe análoga. A Ihering deve-se a fórmula de uma relação jurídica análoga à propriedade, embora distinta da propriedade. (...) Essa, a relação de administração".[414]

Com sólida base no que foi antes colocado, Juarez Freitas avança no sentido de que a classificação dos bens públicos, presente no Código Civil, comporta dois pressupostos da maior importância, quais sejam: a) a classificação existente no Código Civil não é exaustiva; b) "as normas civis jamais regerão o domínio público, a não ser de modo subsidiário e sempre sob a cogência subordinante dos princípios e regras do Direito Administrativo".[415]

Lembra ainda Juarez Freitas que a "disciplina hierárquica sobre todos os bens públicos, inclusive os dominicais, há de ser, por

---

[409] BRASIL. Constituição. Art. 5º, XXIII: a propriedade atenderá a sua função social.
[410] FREITAS. *Estudos de direito administrativo*, p. 61-73.
[411] Op. cit., p. 61.
[412] Idem, p. 61-62.
[413] CIRNE LIMA. *Sistema de direito administrativo brasileiro*, p. 151, apud FREITAS, op. cit., p. 62.
[414] Op. cit., p. cit., apud op. cit., p. cit.
[415] FREITAS, op. cit., p. 62.

inexistente lacuna teleológica na matéria, ditada pela predominância dos preceitos públicos".[416] Invoca, inclusive, o magistério de Clóvis Bevilaqua, para quem, dentre outros fundamentos, o exercício dos poderes de proprietário sobre os bens patrimoniais é realizado segundo os preceitos do Direito Constitucional e Administrativo.[417]

Concluindo, arremata com a assertiva de que, "todos os bens — subordinados aos *telos* de bem público — são de algum modo regidos por preceitos públicos",[418] o que implica dizer que, nas classificações sobre o tema dos bens públicos, há de imperar, para qualificar os mesmos, a "exclusão da dominialidade privada",[419] cuja consequência é a de que, "todos os bens públicos, inclusive os dominicais, devem ser vistos sob a égide da ideia de que sobre os mesmos não há de preponderar o domínio da vontade particular, em si mesma, devendo valer o princípio finalístico dos princípios de Direito Administrativo".[420]

Os aportes, antes aduzidos, possuem a força de demonstrar, mais uma vez, a correção das duas conclusões antes encetadas, quais sejam, as de que as estruturas do serviço público são, juridicamente, bens públicos; e, que toda a propriedade, quer pública, quer privada, deve cumprir com a sua função social.

É dentro desta ótica que deve ser visualizado o instituto jurídico do *compartilhamento*.

O compartilhamento

Referido instituto, como define o Regulamento conjunto para compartilhamento de infraestrutura entre os setores de energia elétrica, telecomunicações e petróleo, baixado pela ANEEL, ANATEL e ANP, em seu art. 3º, V, é "o uso de uma infraestrutura por agentes dos setores de energia elétrica, de telecomunicações ou de petróleo".[421]

---

[416] Idem, p. 63.
[417] Ibidem, p. 63, nota 87.
[418] Ibidem, p. 67.
[419] Ibidem, p. 69.
[420] Idem, ibidem, p. 69.
[421] <http://www.anatel.gov.br>.

Na verdade, o que o *nomen iuris* está descrevendo, nada mais é do que o uso das estruturas físicas de uma prestadora de serviços públicos por outra, de mesma ou diversa atividade, para o fito de tornar possível a prestação do serviço público nos moldes que atenda todas as exigências de qualidade, mediante o pagamento de tarifas módicas. Não havendo compartilhamento, do mesmo modo que se não houvesse interconexão, conforme visto no capítulo anterior, haveria necessidade da prestadora de serviços públicos construir nova rede estrutural, o que além de encarecer sobremaneira o serviço, tornaria a vida, nos grandes e populosos centros urbanos, insuportável, pela pluralidade de postes, fios, equipamentos, etc.

O instituto do compartilhamento, em que pese a novidade da sua nomenclatura, nada mais é, conforme se pode inferir da construção acima, do que uma intervenção limitativa do direito de propriedade. Especificamente, pela regulação do compartilhamento, reduzem-se a dois atributos do citado direito: o uso e a fruição. No uso, em virtude de que o proprietário da rede deve compartilhar a mesma com terceiro. Na fruição, no sentido de que a mesma, embora remunerada, deve se fazer mediante critérios que não sejam abusivos, dando-se, assim, guarida ao princípio constitucional da função social da propriedade.

O fenômeno é novo no Brasil. Antes dos processos de privatização, sendo as empresas responsáveis pelos serviços públicos de energia elétrica e telecomunicações estatais do mesmo proprietário, no caso a União Federal, não havia necessidade de regular o compartilhamento, uma vez que, em última instância, não haveria sentido algum uma empresa pagar para usar a estrutura da outra, sendo a propriedade de ambas, da mesma pessoa jurídica de Direito Público interno.

A regulação existente no Direito brasileiro do compartilhamento, mais uma vez, lamentavelmente, é uma regulação omissa. A causa, de novo, reside na importação de modelo estrangeiro absolutamente impróprio, tendo em vista que é inaplicável à realidade, inclusive histórica, brasileira.

Ainda, como se não fosse pouco, as regulações conjuntas da ANEEL, ANATEL e ANP resolveram regular a questão não regulando, uma vez que, não fixando valores de compartilhamento, propiciam inúmeros litígios entre as diversas prestadoras.

Estes litígios quer resolvidos por juízo arbitral, quer pelo Poder Judiciário, ocasionam, depois de demoradas discussões, a fixação de valores diferentes, eis que, fixados dentro de um universo sem qualquer critério. Em suma: temos uma regulação que contraria, de forma absoluta e absurda, o próprio instituto jurídico da regulação. Até porque, como sustenta Calixto Salomão Filho, "o compartilhamento não se faz sentir apenas na obrigação de contratar. Influência há — e deve haver — também nas cláusulas contratuais. A garantia de acesso não pode ser apenas formal, deve ser também material."[422]

Há, ainda, uma realidade legislativa que não pode ser ignorada. Como a normatização sobre telecomunicações é, técnica e juridicamente, muito bem feita, ainda que se relembre as críticas antes elaboradas, ao contrário das leis da energia elétrica, também como antes visto, a LGT teve o cuidado de fazer constar no seu art. 73, o seguinte:

> Art. 73. As prestadoras de serviços de telecomunicações de interesse coletivo terão direito à utilização de postes, dutos, condutos e servidões pertencentes ou controlados por prestadora de serviços de telecomunicações ou de outros serviços de interesse público, de forma não discriminatória e a preços e condições justos e razoáveis.

Assim, o Direito Público subjetivo de uso da propriedade alheia, aparentemente, foi outorgado apenas às empresas de telecomunicações de interesse coletivo. Surgem, deste modo, duas questões:

a) as empresas de energia elétrica, ausente dispositivo semelhante nas suas leis regulatórias, não são titulares de tal direito?

b) as empresas de telecomunicações que prestam serviços de interesse restrito, do mesmo modo, não são titulares de tal direito?

---

[422] *Regulação da atividade econômica*: princípios e fundamentos jurídicos, p. 67. O referido autor, na verdade, defende a tese, a meu ver absolutamente correta, que já na espécie, face ao teor e alcance do compartilhamento, a aplicação, em todos os seus termos e alcances, da teoria do *dirigismo contratual.*

Regulação e universalização dos serviços públicos | 191

As indagações, a meu ver, comportam respostas iguais. No primeiro caso, é evidente que, mesmo com a ausência de dispositivo legal nas leis reguladoras de energia elétrica, o direito subjetivo de uso existe. Tal conclusão origina-se pelo teor no art. 5º, *caput*, da CR/1988, eis que ambas concessionárias de serviço público.

No segundo caso, com as prestadoras de serviços de telecomunicações de interesse restrito não são concessionárias de serviço público, estão equiparadas a qualquer empresa privada. Contudo, tendo em vista o direito concorrencial, o acesso não pode ser negado, não havendo aqui, mais uma vez, resquícios de normas de Direito Privado, muito embora a LGT assim o diga. A autonomia de vontade da concessionária proprietária da rede não vai ao ponto de impedir a livre concorrência.

A indevida transferência de regime jurídico

As teorias sobre o compartilhamento, bem como a resolução dos conflitos sobre este, notadamente na fixação dos valores praticados, possui raízes no direito norte-americano no qual, inclusive, destaca-se a *essential facility doctrine*, visando pôr cabo ao abuso do poder econômico e da recusa de contratar.

"A *essential facility doctrine*, ao romper com o caráter essencialmente passivo da disciplina antitruste, permite o desenvolvimento da disciplina regulatória".[423] Sua razão de ser reside, "para aquelas situações identificadas pela doutrina econômica como de monopólio natural, em que há um bem (geralmente uma rede) de tal importância que é impossível minimamente competir sem que exista acesso a esse bem".[424]

Contudo, as questões não são tão simples, como reconhece explicitamente o autor da observação acima transcrita, eis que, a doutrina em questão, mesmo nos Estados Unidos, não é a panaceia esperada pelos simplistas que acham que não regulando, o estão. Assim, mesmo em território norte-americano existem *diferentes essential facility doctrine*, uma vez que, cada escola jurídica e

---

[423] Op. cit., p. 53-54.
[424] Idem, p. 54.

econômica irá vislumbrar no princípio geral, que é o de realizar política antitruste, com olhos diversos. Neste campo, portanto marcadamente ideológico, uma mesma solução firmada na *essential facility doctrine*, poderá ser visualizada como excessivamente intervencionista na atividade econômica ou como tímida demais.

A bem da verdade, a *essential facility doctrine* somente tem sentido no Direito brasileiro como princípio geral, pois, no mais das vezes, as suas aplicações nos Estados Unidos são, pelas razões adiante expostas, inaplicáveis no Brasil.

Há entre os sistemas de comparação, diferenças de fundo que tornam, quase sempre, inaplicáveis as soluções norte-americanas no Direito brasileiro. E tal diferença reside, neste campo, fundamentalmente, no fato de que, no sistema norte-americano das *public utilities* quase toda a estrutura foi construída por empresas privadas, ao passo que, no Brasil, na origem, quase toda a estrutura foi construída pelo Estado. Mesmo quando a estrutura foi implantada por empresa privada de energia elétrica ou de telecomunicações (sendo que pelo decurso temporal a mesma estaria, por evidente, e caso existente, completamente sucateada física e tecnologicamente) a partir do momento que se deu a encampação, os dispêndios com a construção e manutenção da rede, foram suportados, mais uma vez integralmente, pelo Estado brasileiro.

Este fato histórico implica, necessariamente, reconhecer que foi o Estado brasileiro que além de construir a rede, "encarregou-se de expandi-la e fazer-lhe manutenção".[425]

A extraordinária diferença histórica, mas com profundos reflexos na economia e no direito, ainda pode ser verticalizada, pois, "nos países do mundo desenvolvido, as redes de infraestrutura já estão totalmente ou quase totalmente construídas, seja pelo Estado (como na Europa), seja pelo mercado, com subsídios e incentivos estatais (como nos EUA)". A conclusão passível é a de que, "neles, a regulação é geralmente orientada para a promoção de concorrência e repartição de benefícios com os consumidores, cuja quase totalidade é atendida pelo serviço público".[426]

---

[425] COUTINHO, op. cit., p. 77.
[426] Idem, p. 75.

No Brasil, a realidade é completamente diversa:

A universalização do serviço público ainda é, todavia, uma meta social distante em países em desenvolvimento, mormente naqueles de dimensões continentais e populosos como o Brasil. Esses países ainda não têm redes de infraestrutura extensas e capilarizadas o suficiente para atingir áreas distantes dos grandes centros urbanos, pouco povoadas e/ou de baixa renda. A construção e expansão da infraestrutura em direção a essas regiões implicam investimentos que, como se viu, não trazem retornos financeiros que compensem os altos e irrecuperáveis custos iniciais que têm os concessionários privados do serviço público. Ademais, alguns desses investimentos pressupõem economias de escala típicas de monopólios naturais, fato que agrega complexidade à possibilidade de operação conjunta e concorrencial das infraestruturas.

Com uma agravante, também se nota no Brasil maiores preocupações com políticas redistributivas na regulação de serviços públicos prestados em áreas urbanas populosas *já servidas* por infraestrutura. Ou seja: mesmo onde já houve investimentos na expansão das redes não se constata a existência de tarifas diferenciadas por renda (aposentados e pensionistas, assalariados de baixa renda, por exemplo) ou serviços mais baratos (como, por exemplo, pacotes de serviços de telefonia a preços mais baixos para quem já tem uma linha de telefonia fixa ou, ainda, políticas de redução do desligamento das linhas). Note-se que diferenciação de tarifas para cidadão comprovadamente incapazes de pagar taxas padrão é, vale dizer, uma realidade na Europa e nos EUA.[427]

Em virtude das radicais diferenças históricas, e consequentemente jurídicas e econômicas, é que a regulação frouxa e omissa de remeter tudo à livre negociação entre as prestadoras foi a pior possível.

Dentro desta regulação omissa, e, portanto essencialmente uma não-regulação, ocorre hoje no país uma autêntica *guerra de laudos*, sendo que alguns apresentam critérios e equações absolutamente *surrealistas*, tudo para que o detentor da rede fature mais e o que vai usar a rede pague menos.

Alguns destes laudos, subscritos por professores de reputadas universidades, mas não pelas universidades, chegam ao clímax do *surrealismo* de partirem do *critério* do denominado *custo evitado*. Por este *critério*, o detentor da rede (e estou utilizando detentor em

---

[427] Ibidem, p. 75.

razão do fato de que ao final da concessão a rede será de propriedade da União Federal, face ao instituto da reversão) teria o *direito* de repassar à outra prestadora parte dos custos que foram evitados em virtude da *outra* não ter arcado com os custos de construção da rede. Evidente que, dentro da teoria do dirigismo contratual, e das normas regulatórias da concorrência, este critério implica no tipo penal e administrativo do abuso de poder econômico. Imagine-se, por absurdo, a aplicação deste critério na fixação de uma tarifa de transporte coletivo de passageiros ou, ainda com intensidade mais grave, e absurdamente manifesta, na navegação aérea ou marítima. Evidente que, nestes casos, a pretensão seria incabível, pela mais absoluta falta de clientela disposta a se submeter a tal *surrealismo* arbitrário, desarrazoado e desproporcional. Nos casos de monopólios naturais, a questão, pelos valores jurídicos, mas, sobretudo éticos, que envolvem, é ainda muito mais grave e, por certo, deveria requerer atenção máxima das agências reguladoras e não a omissão verificada.

O que, mais uma vez, não é confessado é o caráter neoliberal da regulação existente hoje no Brasil. Creem, as agências reguladoras, que o próprio mercado irá se encarregar de solucionar a questão. Olvidam-se, certamente por critérios inexplicáveis, que não há livre competição quando só um é detentor da estrutura, e todos os demais, sem o uso compartilhado da mesma, não conseguem exercer a sua atividade, que é, e aqui a agravante máxima, serviço público que deve ser materialmente universalizado.

Em assim sendo, qualquer critério de fixação de preços não pode ter como base o custo de construção da rede, mas sim apenas, e exclusivamente, a parcela do *quantum* necessário à manutenção da mesma. Fora disso, não há qualquer lógica minimamente aceitável.

Outra questão, da maior importância, deve ser enfrentáda. É a não aplicação material do disposto no parágrafo único do art. 11, da Lei nº 8.987/1995 (Lei de Concessões), que dispõe, expressamente:

> Art. 11. No atendimento às peculiaridades de cada serviço público, poderá o Poder Concedente prever, em favor da concessionária, no edital

de licitação, a possibilidade de outras fontes proveniente de receitas alternativas, complementares, acessórias ou de projetos associados, com ou sem exclusividade, com vistas a favorecer a modicidade das tarifas, observado o disposto no art. 17 desta Lei.[428]

Parágrafo único. As fontes de receita previstas neste artigo serão obrigatoriamente consideradas para a aferição do inicial equilíbrio econômico-financeiro do contrato.

Realizando a exegese do transcrito dispositivo legal, Leandro Sabóia Rinaldi de Carvalho[429] observa que "as receitas previstas devem gerar benefícios à coletividade, através da modicidade das tarifas" tudo para assegurar a universalização material do serviço público, descrito pelo citado autor como "forma de reduzir o preço a ser cobrado aos usuários como contraprestação pelo serviço".[430] Entendimento contrário ao exposto por Leandro Carvalho implicaria, necessariamente, numa brutal e insuportável contradição.

Exemplifico: uma empresa distribuidora de energia elétrica ao compartilhar a sua estrutura, notadamente postes, para uma empresa operadora de telecomunicações, cobra da mesma uma quantia mensal, pelo aluguel de cada poste compartilhado. Evidente que a empresa operadora de telecomunicações retira o valor deste aluguel, até porque outra fórmula legal não encontraria, das tarifas que pratica. Ao não se dar eficácia ao parágrafo único do art. 11 da Lei nº 8.987/1995, se pode visualizar, objetivamente, a seguinte situação: o cidadão-usuário do serviço de telefonia tem, em alguns centavos, ou fração de centavos, um aumento na sua conta mensal para que a operadora de telefonia do qual é assinante pague os valores requeridos pelo compartilhamento à empresa de energia elétrica. Ocorre que, este mesmo cidadão-usuário de telefonia, independente da empresa da qual seja assinante, é, ao mesmo tempo, cidadão-usuário da mesma empresa de distribuição de energia elétrica, e não tem, na sua conta, o abatimento dos centavos, ou da

---

[428] O aludido art. 17 dispõe: Considerar-se-á desclassificada a proposta que, para sua viabilização, necessite de vantagens ou subsídios que não estejam previamente autorizados em lei e à disposição de todos os concorrentes.

[429] CARVALHO. Receitas alternativas, complementares e acessórias. In: SOUTO; MARSHALL (Coord.). *Direito empresarial público*. Rio de Janeiro: Lumen Juris, 2002. p. 684-695.

[430] Op. cit., p. 684.

fração de centavos que pagou numa ponta. Multiplicando-se estes centavos, ou frações por milhões de assinantes, todos os meses do ano, verifica-se transferência brutal de renda do cidadão-usuário para a empresa detentora da rede em flagrante violação do ordenamento jurídico em vigor.

Algum crítico da tese exposta poderia, por certo, alegar duas questões: a) se a empresa de telefonia tivesse que construir e manter uma rede o custo seria ainda maior; b) se não houve, na origem da concessão, a aplicação do art. 11, da Lei nº 8.987/1995, não se pode, agora, exigi-lo, porque no mesmo, segundo os estreitos termos do dispositivo legal em questão, as vantagens deveriam estar previstas na proposta, face ao disposto no parágrafo único do mesmo comando legal (as fontes de receita previstas serão obrigatoriamente consideradas para a aferição do inicial equilíbrio econômico-financeiro do contrato).

A primeira assertiva poderia ser facilmente rebatida pelos elementos antes expostos: universalização material, função social da propriedade, compartilhamento regulado como política regulatória antitruste.

Quanto ao segundo, mais uma vez a colocação de Leandro Carvalho é perfeita, razão pela qual o transcrevo integralmente:

> Ora, é evidente que a necessidade de previsão no edital visa a assegurar aos licitantes o direito de terem as informações necessárias para a elaboração das propostas.
>
> No entanto, ultrapassada a licitação, caso haja alteração das condições iniciais do contrato, não parece correto manter-se tal postura, se a necessidade de remunerações alternativas se fizer vital para a manutenção do equilíbrio econômico-financeiro do contrato.
>
> Basta fazermos uma interpretação sistemática da Lei nº 8.987/95. O §2º do artigo 9º estabelece que "os contratos poderão prever mecanismos de revisão de tarifas, a fim de manter-se o equilíbrio econômico-financeiro do contrato". O §4º do mesmo artigo prevê que "em havendo alteração unilateral do contrato que afete o seu inicial equilíbrio econômico-financeiro, o Poder Concedente deverá restabelecê-lo, concomitantemente à alteração". E o artigo 10 estabelece que "sempre que forem atendidas as condições do contrato, considera-se mantido seu equilíbrio econômico-financeiro".

Portanto, é evidente que, para a manutenção do equilíbrio econômico-financeiro do contrato, poderá o Poder Concedente alterar o contrato de concessão, para incluir a possibilidade de remuneração prevista no artigo 11.[431]

Entendimento contrário, creio, implicaria em duas realidades despossuídas de juridicidade:

a) desequilibrada contra os interesses do cidadão-usuário, a equação econômica-financeira não comporta correção;

b) a concessionária obteria maior rentabilidade no exercício da acessoriedade de sua atividade principal.

Por derradeiro, neste tópico, e até mesmo para a exata compreensão da questão, e aproveitando mais uma vez o aporte de Leandro Carvalho, no exemplo antes citado, pagamento pelo compartilhamento de postes, temos receita acessória, que é aquela que "integra a remuneração do concessionário, sem estar relacionada à prestação do serviço". Alternativas são aquelas que substituem a tarifa; e, complementares são as que "integram a remuneração do concessionário, e estão diretamente relacionadas com a prestação do serviço".[432]

Da tributação do uso de bens públicos por prestadoras de serviços públicos

Alguns Municípios brasileiros, pelos mais diversos artifícios legislativos ou normativos, estão instituindo formas de cobrança pela utilização de bens públicos pelas prestadoras de serviço público. Este fato, ao contrário do que apressadamente se pode pensar, não faz com que as prestadoras de serviços públicos tenham suas margens de lucro diminuídas, pelo pagamento das referidas taxas ou preços (conforme divergem os doutrinadores).

Na verdade, face ao arsenal legislativo, normativo, regulatório e contratual que regulam a relação jurídica entre as empresas prestadoras, as agências reguladoras e o Poder Concedente, todos estes pagamentos, pelas mais diversas fórmulas, implicam no aumento

---

[431] Idem, p. 689.
[432] Ibidem, p. 686.

das tarifas. Ou seja, todos os recursos destinados ao pagamento da utilização dos bens públicos municipais são, em última instância, suportados pelos cidadãos-usuários dos serviços públicos, que como munícipes, já estão submetidos a diversos tributos, taxas e tarifas de alçada municipal.

Mais uma vez, portanto, todos os custos da universalização, impossível de ser materializada sem a utilização de bens públicos municipais, são jogados nas largas, e cansadas, costas do cidadão-usuário.

Esta política de agravamento tarifário imposta pelas municipalidades parece ser absolutamente inconstitucional pela colocação de poderosos óbices à universalização material. Mais, face aos inúmeros dispositivos constitucionais que são violados constitui-se em autêntica pedagogia da inconstitucionalidade.

No que pertine ao presente trabalho, os dispositivos presentes nas leis e atos normativos dos Municípios, em síntese, podem ser assim descritos: a outorga, a título precário, de permissão de uso de espaços públicos municipais, inclusive o espaço aéreo, o subsolo e as obras-de-arte para a implantação, instalação de equipamentos urbanos destinados à prestação de serviços de infraestrutura por entidades de Direito Público e Privado. Consideram-se equipamentos urbanos destinados à prestação de serviços de infraestrutura, entre outros, os equipamentos relacionados com abastecimento de água, serviços de esgoto, energia elétrica, coleta de águas pluviais, dutos para transporte de petróleo e derivados ou de produtos químicos, transmissão telefônica, de dados ou de imagens, limpeza urbana, gás canalizado e transporte.

Evidente que, ninguém de sã consciência poderia admitir que o Município não pudesse dispor sobre a instalação de equipamentos sobre as vias públicas, notadamente os de grandes proporções, repletos de cabos e outros utensílios que atrapalham, de certa forma, o trânsito e o tráfego de pessoas e veículos, além de malferir o padrão estético das cidades, principalmente aquelas mais densamente povoadas, já extremamente castigadas. Assim, alguma forma de regulamentação, notadamente sobre os tipos e padrões visuais, deve haver, principalmente a submissão à prévia apreciação dos órgãos competentes da municipalidade, e, caso cumprido o ordenamento legal existente, as prestadoras de serviços públicos devem receber, mediante outorga, o competente Termo de Permissão de Uso.

Do mesmo modo, quando os equipamentos não tiverem mais utilidade para a prestação do serviço público, caberá à prestadora retirar, imediatamente, os mesmos, repondo o espaço público nas condições equivalente ou superiores às existentes previamente a essa retirada, sem qualquer ônus para a Administração Municipal e nem qualquer direito de retenção ou indenização por benfeitorias, no prazo estabelecido em norma municipal, se existente. Neste diapasão, repito, não se nega ao Município o direito de exigir a observância integral das condições previstas nas disposições legais e regulamentares aplicáveis.

Por igual, não se pode objetar a fiscalização permanente dos equipamentos urbanos, de modo a assegurar a preservação das condições de conservação e manutenção, inclusive de segurança, nos termos aprovados quando da outorga da permissão de uso; bem como a proibição de utilização dos equipamentos urbanos ou do espaço público objeto da permissão para qualquer finalidade diversa da prestação dos serviços públicos, exceto mediante prévia autorização do Município. A aplicação de sanções, inclusive pecuniárias, é, neste turno, perfeitamente admissível.

Por outro lado, parece ser interferência indevida, até porque a prestadora de serviço público, conforme antes visto, tem o dever de compartilhar com outra a sua rede, a obrigatoriedade de obter autorização prévia para permitir que terceiros utilizem, compartilhadamente, os equipamentos localizados nos espaços públicos.

Duvidoso também é o dever de promover, sem ônus para a Administração Municipal, a alteração de localização dos equipamentos, por motivos de *interesse público*. Nestes casos, e para evitar abusos, é sempre de bom alvitre regulamentar a questão do modo mais exaustivamente possível, sob pena de, mediante várias manipulações do *interesse público*, se determinar modificações absolutamente contrárias à razoabilidade que é inerente à atividade público-administrativa.

Outras considerações necessárias

Importa salientar, desde já, que as normatizações municipais inovam o ordenamento jurídico, eis que, jamais, os Municípios exigiram pagamento para a outorga de permissão de uso de espaços públicos de *sua propriedade*. Assim sendo, é lícito sustentar, eis que fato historicamente verdadeiro, que as prestadoras de serviços públicos, enquanto empresas estatais, jamais pagaram qualquer taxa (ou denominação fiscal assemelhada) pelo uso de bens públicos, quer municipais, estaduais ou federais, mesmo que fossem sociedades de economia mista ou empresas públicas, portanto pessoas jurídicas de Direito Privado. Também, nesta toada, não há notícia de prestadora de serviço público na qualidade de concessionária ou permissionária de serviços públicos, tenha, em algum outro período histórico, pago as referidas taxas (ou preços).

Deste modo, os Municípios (muitos dos quais irrefletida, desarrazoada e desproporcionalmente) pretendem, agora, impor, ônus de valor considerável, e incomensurável no tempo, não porque houve a privatização, mas sim porque o arsenal regulatório existente não implica em diminuição de lucros às empresas, pela possibilidade de repasse dos custos aos usuários, sob as mais diferentes modalidades.

Sob o regime anterior, quando os serviços eram prestados por empresas públicas ou sociedades de economia mista, havia forte controle tarifário, muitas vezes irracional, razão pela qual, no cenário anterior, não havia imagem para o repasse desses valores às tarifas e, consequentemente, ao cidadão-usuário. Destarte, sob o regime anterior, os Municípios não cobravam taxas das empresas estatais pela ocupação do solo urbano. Agora, com o paradoxo de uma regulação que desprotege o cidadão-usuário, e cria óbices à universalização material, há espaço suficiente para o agravamento tarifário, via cobrança, pela utilização dos espaços públicos.

Na verdade, o que não pode ser negado, mas sistematicamente não vem sendo assumido pelos cultores e sacerdotes do direito neoliberal, é que a regulação, com pequenas exceções, vem se constituindo num poderoso inoculador de genes destrutivos do Estado de Direito, notadamente no desrespeito ao princípio da estabilidade das relações jurídicas.

É neste organismo debilitado, suscetível de generalizada septicemia social, que se reproduzem vírus oportunistas, a contribuir, mais e mais, com a brutal transferência de renda dos despossuídos para os possuidores. Neste ambiente, não dotado de imunidade, ocorrem todas as espécies de síndromes, nas quais, oportunisticamente, dentre outras fomes de dinheiro, surge a fiscal dos Municípios.

Construídas são, neste clima, as mais variadas argumentações, muitas delas repousando numa equivocada, a meu sentir, interpretação dos dispositivos constitucionais. Passo à análise dos mesmos.

Da natureza jurídica dos valores cobrados

Creio que a natureza jurídica específica da figura em exame se identifica com aquela caracterizadora das exigências tributárias, importando salientar que os elementos que a compõem, confrontando-o com a definição traçada pelo Código Tributário Nacional, mostram tratar-se de tributo. Com efeito, dispõe o art. 3º do aludido Código que "tributo é toda prestação pecuniária compulsória, em moeda ou cujo valor nela se possa exprimir, que não se constitua sanção de ato ilícito, instituída em lei e cobrada mediante atividade administrativa plenamente vinculada".

Estão presentes, pois, os elementos integrativos do tributo, como objeto da relação jurídico-tributária. O sujeito ativo, no caso o Município, por ter expedido o ato legislativo para instituir a exigência. O sujeito passivo, no caso a prestadora, contribuinte, que deve cumprir com a obrigação imposta pela lei, sendo responsável pelo recolhimento do tributo. O fato gerador, no caso em tela, tratando-se de taxa, pela utilização, efetiva ou potencial de uso de bem público e/ou poder de polícia.

A taxa aqui, como espécie do gênero tributo, é inegável, eis que sua compulsoriedade emerge da prestação potencial ou efetiva do serviço público ou da atividade relativa ao poder de polícia.

Além disso, a compulsoriedade também pode ser constatada no fato de que o não pagamento implica em sanções administrativas específicas pelo descumprimento, com a imposição de multas, e, em alguns casos, o perdimento de bens.

Do interesse local

Os defensores da constitucionalidade e legalidade da aludida tributação baseiam suas teses no disposto no art. 30, VIII, da Constituição Federal que estabelece a competência dos Municípios em promover, no que couber, adequado ordenamento territorial, mediante planejamento e controle do uso, do parcelamento e da ocupação do solo urbano. Vislumbram neste dispositivo — interesse local do Município[433] — permissivo da referida cobrança. A interpretação, aparenta-me, não é a melhor. Isto porque, não há competência absoluta para o Município adequar o seu ordenamento territorial, pois, de outro modo, a expressão *no que couber*, existente no inciso VIII, do mencionado artigo constitucional perderia completamente o sentido.

Sobre o tema, leciona José Carlos Vasconcelos dos Reis, o direito urbanístico apresenta três graus de "especialização legiferante", ou seja: as normas gerais da União; as normas

---

[433] O conceito de interesse local — grande determinante da competência do Município — merece um breve esclarecimento, pois se trata de uma cláusula altamente genérica e de forte conteúdo fático. A doutrina nacional, de que se cita como paradigma Hely Lopes Meirelles, pacificou-se no sentido de que se deve atentar não para a exclusividade do interesse local — ou, nos textos anteriores a 1988, peculiar interesse dos Municípios —, está fazendo referência a um interesse mais intensamente municipal, predominantemente local, que sobrepuja o interesse do Estado ou da União. Além disso, Diogo de Figueiredo Moreira Neto, com apoio em Adilson Dallari, observa que o conceito de interesse local tem um sentido dinâmico, sendo sensível às transformações tecnológicas e econômicas, e deve ter suficiente flexibilidade para assimilá-las, pois a predominância de interesse pode variar no tempo e no espaço. Por isso, não se pode fixar *a priori* a amplitude do conteúdo da autonomia do Município, que depende da ideia que se faça de interesse local. Trata-se de um conceito histórico, que não pode ser avaliado despedindo do mundo dos fatos, devendo ser objeto de cuidadosa análise casuística pelo Poder Judiciário. Isto porque, sempre que predominar o interesse local sobre o regional e o nacional, ao Município deverá ser dada preferência na disciplina da matéria. REIS. Os municípios no estado federal brasileiro: algumas considerações ante a nova lei de diretrizes urbanas (Lei 10.527, de 10/07/2001). *Revista de Direito Administrativo*, n. 228, p. 169; MEIRELLES. *Direito municipal brasileiro*, 5. ed. São Paulo: Revista dos Tribunais, 1985, p. 76-77; MOREIRA NETO. *Mutações do direito administrativo*. Rio de Janeiro: Renovar, 2000, p. 244-245.

regionais, suplementares, dos Estados; e, as normas locais dos Municípios.[434]

O citado autor traz à lembrança o disposto no capítulo de Política Urbana, presente na Constituição, mais especificamente no seu art. 182, que estabelece que a política de desenvolvimento urbano, executada pelo Poder Público municipal, conforme diretrizes gerais fixadas em lei, tem por objetivo ordenar o pleno desenvolvimento das funções sociais da cidade e garantir o bem-estar de seus habitantes.

Impossível, penso, ler o ditame constitucional do bem-estar dos habitantes de uma cidade sem que se possa pressupor de que este venha a ser alcançado com a colocação de óbices à plena e efetiva universalização material dos serviços públicos.

A interpretação sistemática do art. 30, VIII, e do art. 182, todos da Lei Maior, deve levar em conta que a promoção do adequado ordenamento territorial — competência municipal — implica, não só nos interesses estéticos e arquitetônicos, mas também, e principalmente, no *pleno desenvolvimento das funções sociais da cidade e a garantia do bem-estar de seus habitantes*. O mesmo José Carlos Vasconcellos dos Reis lembra que os princípios do *interesse predominante* e da *subsidiariedade* formam verdadeiro alicerce da Federação.[435]

O referido autor, em alocução perfeita, demonstra que o "princípio do *interesse predominante* é de compreensão muito simples", pois norteia a repartição de competências no sentido de que confere "à União as matérias de interesse predominantemente geral ou nacional" e aos Municípios "os assuntos em que predomina o interesse local, entre os quais, inegavelmente, se inclui o urbanismo".[436]

Contudo, o urbanismo (interesse local) não pode se sobrepor à universalização material dos serviços públicos (interesse geral e nacional). Do contrário, penso como o autor mencionado, teríamos

---

[434] Op. cit., p. 158-159. Segundo o autor "as normas locais dos Municípios, não só em virtude da competência atribuída expressamente pelo inc. VIII, mas também, quando for o caso, da competência suplementar conferida pelo inc. II, do art. 30, da Constituição, sempre que o interesse local assim o requerer. Idem, p. 159.

[435] Op. cit., p. 159.

[436] Idem, p. 159.

a falência sistêmica do princípio da universalização material dos serviços públicos, sejam federais, estaduais ou municipais.

O que quero ressaltar, mesmo sob o risco de severas críticas, é que o urbanismo, comparado aos serviços públicos, notadamente aos indispensáveis à sobrevivência humana, se constitui em utilidade pública, no sentido de transformar os centros urbanos em locais úteis para que as pessoas possam viver e exercer suas atividades. Já os serviços públicos se constituem em necessidades e utilidades públicas, sendo indispensáveis para a vida das pessoas.

Creio com isso dizer que o urbanismo, tomado isoladamente, como gênero da política de Administração Pública, comporta o pleno atendimento às necessidades e utilidades públicas. Acolhe no seu corpo, com extraordinário e generoso espaço, o serviço público. Sem a ligação inerente e essencial com o serviço público, o urbanismo, muito embora respeitável, é mera utilidade pública.

Ademais, seria impossível, ou quando muito extremamente difícil, se conceber políticas urbanísticas sem que as mesmas não possibilitassem o acesso aos serviços públicos.

O mesmo Vasconcellos dos Reis lembra de que "tudo aquilo que uma comunidade menor puder fazer por si mesma não deve ser absorvido por uma comunidade maior, garantindo-se, dessa forma, a autonomia dos Estados e Municípios em face da União".[437] O contrário também é verdadeiro. Ou seja, tudo aquilo que uma comunidade menor não puder fazer por si mesma deve ser absorvido por uma comunidade maior, garantindo-se, dessa forma, a autonomia da União em face dos Estados e Municípios. Não é outra a lógica, por suposto, pela qual o exercente do Poder Constituinte repartiu a competência da prestação dos serviços públicos entre União, Estados e Municípios. Qualquer outra exegese, entendo, iria contra os fundamentos do Federalismo. No sistema constitucional brasileiro, como diz Silvia Faber Torres, foram atribuídas à União "aquelas tarefas que não pudessem ser executadas senão a partir de um governo com esse nível de amplitude e generalização".[438]

---

[437] Ibidem, p. 160.

[438] *O princípio da subsidiariedade no direito público contemporâneo.* Rio de Janeiro: Renovar, 2001, p. 213, apud REIS, op. cit., p. 160-161.

A competência da União para fixação das tarifas e o equilíbrio econômico nos contratos de concessão

Evidente que há ônus financeiro imposto pelas normatizações municipais. Por menor que sejam os valores praticados, em face da extraordinária quantidade de equipamentos, que formam as redes de energia elétrica e telecomunicações, há que se reconhecer que as taxas pretendidas implicam em custos vultosos que, por sua vez, jamais foram previstos nos editais que regeram os procedimentos licitatórios, encetados pela União Federal, bem como jamais foram aventados pelas leis que regulam a energia elétrica e pela LGT, que não fazem constar nos seus textos qualquer determinação de pagamento de taxas pela *outorga* de uso de bem público municipal.

Clássica no Direito Administrativo brasileiro a posição de que qualquer alteração no custo da equação original do contrato administrativo deve ser compensada mediante o reequilíbrio econômico-financeiro do mesmo.

A legislação também não descurou da doutrina. O art. 65, da Lei nº 8.666/93, em seu §5º, determina expressamente que quaisquer tributos ou encargos legais criados, alterados ou extintos, bem como a superveniência de disposições legais, quando ocorridas após a data da apresentação da proposta, de comprovada repercussão nos preços contratados, implicarão a revisão destes para mais ou para menos, conforme o caso. Já o §3º, do art. 9º, da Lei nº 8.987, de 13 de fevereiro de 1995, reza que, ressalvados os impostos sobre a renda, a criação, alteração ou extinção de quaisquer tributos ou encargos legais, após a apresentação da proposta, quando comprovado seu impacto, implicará a revisão da tarifa, para mais ou para menos, conforme o caso. Para complementar, no §4º do mesmo artigo, aduz que em havendo alteração unilateral do contrato que afete o seu inicial equilíbrio econômico-financeiro, o Poder Concedente deverá restabelecê-lo, concomitantemente à alteração.

No entanto, surge aqui a primeira impossibilidade legal e constitucional de assim proceder, uma vez que o necessário, e obrigatório, reequilíbrio econômico-financeiro dos contratos de concessão em vigor, firmados entre as prestadoras e as agências reguladoras, não podem ser reajustados pelos seguintes motivos:

Primeiro, os contratos de concessão, quer os de energia elétrica, quer os de telecomunicações, não contemplam hipóteses de reajustamento tarifário em uma única cidade; sendo que o serviço de energia elétrica possui muitas concessionárias cuja área de atuação ultrapassa, em muito, um único município. Por sua vez, as concessionárias dos serviços de telecomunicações de interesse coletivo, pelo menos uma delas, atua em vários Estados da Federação, conforme dispõe a setorização do Plano Geral de Outorgas.

No caso das telecomunicações, a LGT determina a universalidade e uniformidade da tarifa estabelecida no Contrato de Concessão em cada setor do Plano Geral de Outorgas, aprovado pelo Decreto nº 2.534/1997, que corresponde a cada Estado da Federação. Nestes termos, as normatizações municipais infringem frontalmente o artigo 3º da LGT, que, em seu inciso III, determina que os cidadãos-usuários de serviços de telecomunicações têm o direito de serem tratados indiscriminadamente.

Isto posto, se verifica que as normatizações municipais negam vigência à lei federal, quando submetem as prestadoras às exigências das taxas pelas leis ou decretos, uma vez que jamais obteriam, as concessionárias, por absoluta falta de previsão legal e contratual, reajustes das tarifas praticadas nos Municípios em que existe a cobrança, mantendo outros valores para as tarifas praticadas em outras cidades das suas áreas de concessão, sem que fossem frontalmente desrespeitados os dispositivos da LGT (art. 3º, III) e violados os princípios constitucionais da isonomia, da legalidade, da moralidade e da impessoalidade, que ressaltam tão evidentes.

O artigo 19, III, da Constituição Federal

Estabelece o art. 19, III, da Constituição Federal, que é vedado à União, aos Estados, ao Distrito Federal e aos Municípios criar distinções entre brasileiros ou preferências entre si. Invocado dispositivo constitucional, não por acaso constante do Capítulo da Organização Política-Administrativa e do Título da Organização do Estado Brasileiro, está sendo diversas vezes violado pelas normatizações em comento.

Leitura atenta dos atos legislativos demonstra que os mesmos atingem, muitas vezes, apenas empresas concessionárias da União

Federal, deixando de fora de seu alcance as empresas (de capital público ou privado) que são concessionárias estaduais ou municipais. Tem-se, assim, expressamente aquilo que foi vetado pelo dispositivo constitucional antes invocado, ou seja, a preferência para empresas concessionárias das municipalidades e do Estados-membros da Federação, conforme o caso.

Torna-se claro e facilmente verificável que os Municípios estão estabelecendo uma preferência para si (cobrança pela outorga de uso do bem público municipal) de empresas concessionárias da União, ou seja, via reflexa, e manifestamente ilegal e inconstitucional, se apropriam de receitas remuneratórias de serviço público federal.

Sobre as vedações do art. 19, III, do Texto Constitucional veja-se a lição doutrinária de José Afonso da Silva:

> A vedação de criar distinções entre brasileiros coliga-se com o princípio da igualdade. Significa que um Estado não pode criar vantagem a favor de seus filhos em detrimento de originário de outros, como não poderá prejudicar filhos de qualquer Estado em relação a filhos de outros, nem filhos de um Município em relação a filhos de outros. A União não poderá beneficiar nem prejudicar filhos de uns Estados ou Municípios ou do Distrito Federal mais do que filhos de outros. Tampouco os Municípios poderão fazê-lo. O ato discriminatório será nulo e a autoridade responsável por ele poderá incidir no crime previsto no art. 5º, XLI.
>
> A paridade federativa encontra apoio na vedação de criar preferências entre um Estado federado e outro ou outros, ou entre os Municípios de um Estado e os de outro ou do mesmo Estado, ou entre Estado e Distrito Federal.[439]

Privilégios fiscais expressamente vedados pelo texto constitucional

Estabelece art. 173, §2º, da Constituição Federal, que as empresas públicas e as sociedades de economia mista não poderão gozar de privilégios fiscais, não extensivos às do setor privado. Existem Municípios, dentre os que criaram as taxas em comento, que possuem empresas públicas de transporte coletivo

---

[439] SILVA. *Curso de direito constitucional positivo*, 9. ed., p. 415-416.

de passageiros, que também utilizam do espaço urbano para a colocação de equipamentos, notadamente pontos (paradas) de ônibus, que não são, por certo, taxadas. É claro, portanto, que ao estabelecer privilégio fiscal reflexo à empresa pública e/ou sociedade de economia mista (que exerçam atividade econômica ou serviço público municipal) e não estendendo o mesmo às empresas privadas prestadoras de serviço público federal, restará violado o invocado dispositivo presente na Lei Maior.

Evidente que a expressão *privilégio fiscal* utilizada pela Constituição tem aqui o claro sentido de qualquer numerário de origem fiscal que venha a ingressar no erário, no caso o municipal.

Da cobrança sobre bens públicos federais

Inegável que ao final da concessão, quer pela LGT, quer pelas leis que regulam a prestação dos serviços de energia elétrica, quer pela lei de concessões, em dispositivo antes transcrito, todos os bens necessários para a prestação dos serviços, de propriedade da prestadora, reverterão à União Federal.

Veja-se, por importante, para a exata compreensão da classificação dos bens públicos, bem como a aplicação da mesma, ensinamento de Eros Roberto Grau sobre a completa inconstitucionalidade e ilegalidade da cobrança pelo uso de bens públicos municipais para empresas prestadoras de serviços públicos:

> Os bens públicos, de uso comum do povo, de uso especial e dominicais, integram, todos eles, o patrimônio público, mas os bens de uso comum do povo são modernamente entendidos como propriedade pública.
>
> Tamanha, no entanto, é a intensidade da participação do bem de uso comum do povo na atividade administrativa que ele constitui, em si, o próprio serviço público (objeto de atividade administrativa) prestado pela Administração.
>
> Entende-se por uso comum, de outra parte — este é o ensinamento de Forsthoff — o uso de um bem que, sem autorização especial, é acessível a todos ou a pelo menos a um conjunto não individualizado de pessoas.
>
> Isso poderia inicialmente nos levar a afirmar ser descabida a pretendida cobrança de remuneração pelo uso desses bens, de uso comum do povo.
>
> Contra tanto será, porém, dito que as empresas referidas na consulta, prestadoras do serviço público de distribuição de gás canalizado, fazem

Regulação e universalização dos serviços públicos | 209

uso especial — e não uso comum — dos bens de uso comum, já que deles não se valem para exercer o direito à circulação, que é a manifestação mais característica do direito de locomoção, direito de ir e vir e também de ficar (estacionar, parar) assegurado pela Constituição Federal, mas sim para, em seu subsolo, instalar redes de gás canalizado ou passar dutos de maior ou menor porte, necessários ao transporte e à distribuição de gás canalizado. Por isso — dir-se-á — justificar-se-ia a cobrança de um preço para tal uso.

Aqui, mais uma vez, caberia vigorosa contradita, esgrimida desde a afirmação de que as empresas de que cuida poderiam, se propriedade particular fossem as áreas correspondentes a esses bens de uso comum do povo, obter declaração de utilidade pública de seu subsolo pelos Estados-membros, a fim de constituírem servidões administrativas suficientes para permitirem aquele uso especial independentemente do pagamento de qualquer remuneração.

Logo se vê que duas circunstâncias conferem complexidade à hipótese:

(i) a primeira delas repousa sobre o fato de os bens a serem utilizados pelas empresas prestadoras de serviços públicos não constituírem propriedade privada, mas sim bens de uso comum do povo; pois é certo, bem certo, que se de propriedade particular se tratasse as empresas delegadas/concessionárias do serviço público poderiam constituir servidões administrativas, que — repito — não conduzindo à extinção de direitos, não acarretariam, em princípio, o dever de indenizar, salvo disposição legal expressa em contrário, no caso inexistente;

(ii) a segunda, sobre o fato de o uso feito pelas empresas prestadoras de serviço público consubstanciar uso especial, e não uso comum de bens de uso comum.

Sendo assim, não é razoável que as empresas de que se trata sejam oneradas mercê precisamente da peculiaridade de serem prestadoras de serviço público.

Explico-me.

Os bens de uso comum do povo consubstanciam propriedade pública. Não consubstanciam bens de propriedade do Estado; são como ensina Ruy Cirne Lima, os bens do patrimônio administrativo "insuscetíveis de propriedade, quer dizer, de vincular-se, pelo laço do direito real, a uma vontade ou personalidade".

De outra banda, como vimos, constituem, em si, o próprio serviço público (objeto de atividade administrativa) prestado pela Administração. Mas assim é apenas enquanto os particulares deles façam o uso comum (= uso normal).

Quando, porém, deles faça uso não um particular, mas o próprio Estado ou entidade prestadora de serviço público, e para fim de prestação desse serviço, tais bens já não constituem o próprio serviço, mas instrumentam a prestação de outro serviço público. (...)

O fato é que, ainda que os bens do domínio público e do patrimônio administrativo não tolerem o gravame das servidões, sujeitam-se, no caso de que tratamos, aos efeitos da restrição decorrente da passagem, pelo seu subsolo, de dutos de maior ou menor porte, necessários ao transporte e à distribuição de gás canalizado.

Por certo que não conduzindo, a imposição dessa restrição, à extinção de direitos, não acarreta o dever de indenizar, salvo disposição legal expressa em contrário, no caso, contudo, inexistente.[440]

A função social da propriedade

A Constituição Federal, sem fazer qualquer ressalva entre os bens públicos e os privados, assegura o direito de propriedade, desde que a mesma cumpra com a sua função social (art. 5º, XXIII).

As normatizações municipais ao onerar serviço público federal e universal, regido por normas de Direito Público, trazem interferência indevida na universalização material destes, descumprindo, portanto, com o princípio constitucional da função social da propriedade.

Parece ter passado desapercebido por estas municipalidades que a Lei. nº 10.257/2001 — o Estatuto das Cidades — trata como normas gerais os princípios basilares da política urbana. Com efeito, este é o perfeito entendimento que se deve ter face ao seu art. 2º,[441] que dispõe sobre a política urbana, bem como do art. 3º, que estabelece as competências da União Federal.[442]

---

[440] Em face da pluralidade de ideias e institutos jurídicos abordados pelo autor, fui obrigado a reproduzir o texto, bastante longo. Do contrário, penso, muito se poderia perder. GRAU. Uso do subsolo de faixas de domínio de rodovias e vias públicas, por empresas concessionárias de serviços públicos: servidão administrativa, direito restritivo de passagem e preço. *Revista Trimestral de Direito Público*, n. 27, p. 81 et. seq.

[441] BRASIL. Lei nº 10.257 de 10 de julho de 2001. Regulamenta os arts. 182 e 183 da Constituição Federal, estabelece diretrizes gerais da política urbana e dá outras providências.

"Art. 2º. A política urbana tem por objetivo ordenar o pleno desenvolvimento das funções sociais da cidade e da propriedade urbana, mediante as seguintes diretrizes gerais:

I - garantia do direito a cidades sustentáveis, entendido como direito à terra urbana, à moradia, ao saneamento ambiental, à infraestrutura, ao transporte e aos serviços públicos, ao trabalho e ao lazer, para as presentes e futuras gerações.

II - a gestão democrática por meio da participação da população e de associações representativas dos vários segmentos da comunidade na formulação, execução e acompanhamento de planos, programas e projetos de desenvolvimento urbano;

Regulação e universalização dos serviços públicos | 211

III - cooperação entre os governos, a iniciativa privada e os demais setores da sociedade no processo de urbanização, em atendimento ao interesse social;

IV - planejamento do desenvolvimento das cidades, da distribuição espacial da população e das atividades econômicas do Município e do território sob sua área de influência, de modo a evitar e corrigir distorções do crescimento urbano e seus efeitos negativos sobre o meio ambiente;

V - oferta de equipamentos urbanos e comunitários, transporte e serviços públicos adequados aos interesses e necessidades da população e às características locais;

VI - ordenação e controle do uso do solo, de forma a evitar:

a) a utilização inadequada dos imóveis urbanos;

b) a proximidade de usos incompatíveis ou inconvenientes;

c) o parcelamento do solo, a edificação ou o uso excessivos ou inadequados em relação à infraestrutura urbana;

d) a instalação de empreendimentos ou atividades que possam funcionar como pólos geradores de tráfego, sem a previsão da infraestrutura correspondente;

e) a retenção especulativa de imóvel urbano que resulte na sua subutilização ou não utilização;

f) a deterioração das áreas urbanizadas;

g) a poluição e a degradação ambiental.

VII - a adoção e complementaridade entre as atividades urbanas e rurais, tendo em vista o desenvolvimento socioeconômico do Município e do território sob a sua área de influência;

VIII - a adoção de padrões de produção e consumo de bens e serviços e de expansão urbanas compatíveis com os limites da sustentabilidade ambiental, social e econômica do Município e do território sob sua área de influência;

IX - justa distribuição dos benefícios e ônus decorrentes do processo de urbanização;

X - adequação dos instrumentos de política econômica, tributária e financeira e dos gastos públicos aos objetivos do desenvolvimento urbanos, de modo a privilegiar os investimentos geradores de bem-estar geral e a fruição dos bens pelos diferentes segmentos sociais;

XI - recuperação dos investimentos do Poder Público de que tenha resultado a valorização de imóveis urbanos;

XII - proteção, preservação e recuperação do meio ambiente natural e construído, do patrimônio cultural, histórico, artístico, paisagístico e arqueológico;

XIII - audiência do Poder Público municipal e da população interessada nos processos de implantação de empreendimentos ou atividades com efeitos potencialmente negativos sobre o meio ambiente natural ou construído, o conforto ou a segurança da população;

XIV - regularização fundiária e urbanização de áreas ocupadas por população de baixa renda mediante o estabelecimento de normas especiais de urbanização, uso e ocupação do solo e edificação, consideradas a situação socioeconômica da população e as normas ambientais;

XV - simplificação da legislação de parcelamento, uso e ocupação do solo e das normas edilícias, com vistas a permitir a redução dos custos e aumento da oferta dos lotes e unidades habitacionais;

XVI - isonomia de condições para os agentes públicos e privados na promoção de empreendimentos e atividades relativos ao processo de urbanização, atendido o interesse social."

[442] "Art. 3º. Compete à União, entre outras atribuições de interesse da política urbana:

I - legislar sobre normas gerais de direito urbanístico;

II - legislar sobre normas para a cooperação entre a União, os Estados, o Distrito Federal e os Municípios em relação à política urbana, tendo em visto o equilíbrio do desenvolvimento e do bem-estar em âmbito nacional;

III - promover, por iniciativa própria e em conjunto com os Estados, o Distrito Federal e os Municípios, programas de construção de moradias e a melhoria das condições habitacionais e de saneamento básico;

Todos os dispositivos legais, transcritos exaustivamente na nota de rodapé, são direcionados a assegurar, induvidosamente, a função social da propriedade urbana. Tal fato, elemento nuclear da lei, está previsto expressamente no art. 39, do mencionado diploma legal:

> Art. 39. A propriedade urbana cumpre sua função social quando atende às exigências fundamentais de ordenação da cidade expressas no plano diretor, assegurado o atendimento das necessidades dos cidadãos quanto à qualidade de vida, à justiça social e ao desenvolvimento das atividades econômicas, respeitadas as diretrizes previstas no art. 2º desta lei.

Muito embora as normas constantes nos arts. 2º, 3º e 39 da mencionada lei sejam programáticas, ou seja "expressem o que o Poder Público deve alcançar, mas não como esses objetivos serão realizados"[443] é evidente que não se pode conceber constitucionalidade nas normatizações que afastam o direito da concreção dos objetivos ali presentes. Ou seja, qualquer normatização que afaste a função social da propriedade, deve ser tida como contrária ao atingimento dos programas arrolados no mencionado Estatuto.

É neste universo que se torna perfeitamente possível demonstrar que, em última *ratio*, os arts. 2º, 3º e 39 da Lei nº 10.257/2001, asseguram e defendem, de modo intransigente, a universalização material dos serviços públicos. Aqui, com certeza, ao contrário das regulações antes examinadas, deu-se guarida ao princípio constitucional em questão. Diria mais, os mencionados comandos legais tutelam e agasalham o princípio da universalização material como jamais nenhum diploma legal o fez na história do Brasil. E o fato de ser um Estatuto urbanístico demonstra a força da sociedade civil organizada, eis que a matéria ambiental possui ardorosos e valorosos defensores neste país.

Portanto, a construção de uma exegese universalizante (e material) do direito urbanístico, tendo como elemento central a

---

IV - instituir diretrizes para o desenvolvimento urbano, inclusive habitação, saneamento básico e transportes urbanos;

V - elaborar e executar planos nacionais e regionais de ordenação do território e de desenvolvimento econômico e social."

[443] REIS. Os municípios no estado federal brasileiro..., p. 167.

Regulação e universalização dos serviços públicos | 213

função social da propriedade é perfeitamente possível, tarefa a qual lanço mão, doravante.

A função social da propriedade, na verdade, inunda o Estatuto das Cidades. Quando a matéria ainda se encontrava no estágio de projeto de Lei, Marcelo Figueiredo, em estudo feito a pedido da Fundação Prefeito Faria Lima — CEPAM,[444] já alertava que, numa concepção da Constituição como sistema, é "imprescindível comprovar que o mesmo não é um sistema agregado caótico, mas uma totalidade ordenada e sistemática".[445] Neste passo, segundo Marcelo Figueiredo, "a política urbana deve ser visa como elemento da função social da propriedade e um caminho para a redução das desigualdades regionais e sociais".[446]

Acredito, portanto, que sendo a função social da propriedade o caminho necessário para a redução das desigualdades, ela não poderá, jamais, contrapor-se, ainda mais com a colocação de instrumentos, que prejudiquem a universalização material dos serviços públicos. Não pode ser, portanto, aceita como cumpridora da função social da propriedade, uma política que venha encarecer tarifas, principalmente num País onde nas mesmas, pelos mais variados artifícios, se embutem valores não condizentes com a universalização material.

Ao contrário senso, seria permitir aquilo que Eros Roberto Grau, com precisão, descreve como o atendimento ao "interesse do aparato organizacional que é a Administração (...) unitariamente considerado",[447] portanto, interesse secundário, contra o interesse primário, qual seja, o interesse público em universalizar materialmente o serviço público.

Seria, consequentemente, aplicar às avessas a denominada *ponderação de valores* ou *ponderação de interesses*, que segundo Luís Roberto Barroso "é a técnica pela qual se procura estabelecer o peso relativo de cada um dos princípios contrapostos". Inexistindo "um critério abstrato que imponha a supremacia de um

---

[444] FIGUEIREDO. Considerações a respeito da outorga onerosa (solo criado) no projeto de lei n. 5.788 de 1990. *Revista Trimestral de Direito Público*, n. 32, p. 135-147.

[445] Idem, p. 135.

[446] Ibidem, p. 135.

[447] GRAU. Uso do subsolo... p. 84.

sobre o outro, deve-se, à vista do caso concreto, fazer concessões recíprocas, de modo a produzir um resultado socialmente desejável, sacrificando o mínimo de cada um dos princípios ou direitos fundamentais em oposição".[448]

Ora, no caso concreto temos, de um lado, um princípio (o da autonomia municipal no desiderato do atingimento de seus interesses de dotar seu aparato instrumental de recursos) e, no outro, um princípio (a função da propriedade) adicionado ao direito fundamental (a universalização material do serviço público).

A solução, que creio mais adequada, é a de determinar "a solução que melhor atende o ideário constitucional da situação apreciada".[449]

E o ideário constitucional, conforme vim demonstrando desde o início deste capítulo, deve resguardar o direito do Município em dispor adequadamente do seu solo urbano, exercendo poder de polícia sobre o mesmo, até mesmo cobrando a devida taxa de licença para construir, tão-só, em valores razoáveis e proporcionais, e sancionando aqueles que descumprirem os dispositivos legais, mas sem, em momento algum, onerar, através de cobrança do uso do solo urbano, o serviço público.

Do contrário, estaria sendo atendido apenas o interesse secundário, qual seja, o de dotar de recursos financeiros o aparato instrumental da municipalidade, sacrificando, de forma absoluta, o princípio da função social da propriedade e prejudicando a eficácia plena de um direito fundamental, que é, no que se constitui, a universalização material do serviço público.

Aliás, não é outra a fundamentação que se pode encontrar em cada um dos dispositivos dos arts. 2° e 3° do Estatuto das Cidades. Veja-se, dentre tantos outros, o inciso I, do art. 2° que determina ser objetivo de qualquer política urbana a garantia do direito a cidades sustentáveis; entendido como direito à terra urbana, à moradia, ao saneamento ambiental, à infraestrutura urbana, ao transporte e aos serviços públicos, ao trabalho e ao lazer, para as presentes e futuras gerações.

---

[448] BARROSO. Fundamentos teóricos... p. 49.
[449] Idem, p. 49.

Em assim sendo, não haveria qualquer sentido em dar tutela a uma política municipal que agrava, mediante cobrança, a prestação dos serviços de infraestrutura urbana. No mesmo sentido, o inciso III, do mesmo artigo, que prega a necessidade de uma política de cooperação entre os governos, a iniciativa privada e os demais setores da sociedade no processo de urbanização, em atendimento ao interesse social. Não seria lícito supor, nesta direção, que haveria cooperação da municipalidade agravando economicamente o processo de urbanização, com uma política de encarecimento deste mesmo processo, prejudicando-se financeiramente o prolongamento das redes de serviços públicos até os locais que estão sendo urbanizados.

Mais exemplos poderiam ser colhidos, por evidente.

Resta, ainda, neste tópico, demonstrar a grave incoerência, inclusive social, na pretendida cobrança, que atinge, ainda mais, a universalização material dos serviços públicos.

Instalada uma rede de serviços públicos de energia, em dada localidade, onde antes estava ausente, — através de um processo de urbanização da periferia —, os moradores, por certo carentes, pois do contrário ali não viveriam, passam a ter uma pequena, mas em relação aos seus patrimônios, portentosa, valorização imobiliária. Dada valorização implica, também, em muitos casos, ultrapassar eventuais limites de isenção do imposto sobre propriedade urbana, com o aumento da base de cálculo do referido tributo. Deste modo, há, novamente, uma situação *surrealista*.

O proprietário, nas suas contas devidas pelo consumo de energia elétrica está pagando um *plus* para que a concessionária remunere o Município pelo uso do solo urbano. Este mesmo pagamento implica na valorização da propriedade que, quanto mais valorizada, mais e maiores recursos exigirá para remunerar o uso do solo. Assim, em conclusão, é com o dinheiro do cidadão-usuário que se valoriza a sua propriedade, e, em valorizando a propriedade dele, se onera a sua situação de contribuinte. Manifestamente se contraria o princípio da função social da propriedade. De igual modo, está contrariada qualquer lógica redistributiva de justiça social.

Some-se, ao processo narrado em relação à energia elétrica, os gastos pela instalação de redes de telefonia, gás, água, esgoto, etc. Conclui-se que o carente, para ser cidadão pleno, ao final do processo, deve pagar valores, que se pagos forem, o transformam num carente ainda mais necessitado do que era antes do processo de urbanização.

Kafka teria, com toda a certeza, muita dificuldade para entender *O processo*.

Penúltimas palavras

1. Regulação é o processo administrativo encetado pela Administração Pública, mediante a observância do regime jurídico de Direito Público, de limitação (mínima, média ou máxima, conforme a opção ideológica do legislador) à liberdade e à propriedade, visando dar funcionalidade e racionalidade ao mercado. Quanto direcionada à atividade privada, estabelece um regime de sujeição geral e impõe deveres aos agentes do mercado. Ao revés, quando endereçada aos serviços públicos, constitui um regime de sujeição especial e impõe obrigações aos prestadores e cidadãos-usuários.

2. O mercado, que nada mais é do que o local onde cada um vende, ou comuta os gêneros que lhe sobejam, pelos que lhe faltam, e de que necessitam precisa ser regulado, eis que o abuso pode ser prejudicial ao mais interessante objeto do bem comum.

3. Considerando que a Administração pública existe, e foi concebida, para servir ao Cidadão, somente no Direito Administrativo e no regime jurídico que lhe é próprio, ou seja, aquele que estabelece a supremacia do interesse público primário sobre o privado e a indisponibilidade dos interesses públicos pela Administração, é que se encontram fundamentos científicos para embasar a regulação dos serviços públicos no Brasil.

4. É induvidoso, portanto, que qualquer forma regulatória que retire a primazia da cidadania e entregue a mesma ao mercado estará, no tempo e no espaço, traindo o Direito que a idealizou e, portanto, fadada ao fracasso, por incoerência metodológica, ocasionada pela ausência de cientificidade.

5. A crise do Estado Social, ao contrário do que sustentam ideologicamente os neoliberais, não passa pela eliminação

deste, mas sim pelo direcionamento do aparelhamento estatal às maiorias interessadas no desenvolvimento de suas situações individuais e coletivas. Não trafega, portanto, pela mercantilização dos processos humanos, mas sim pela dignificação destes. E, fundamentalmente, não caminha pelo genocídio de culturas diferentes e, historicamente, estratificadas nas mentes das pessoas.

6. A importação irrefletida de modelos jurídicos estrangeiros, principalmente quando afrontosos à Constituição da República aponta a falsidade do liberalismo brasileiro, fundada no colonialismo, no escravismo, no servilismo e na discriminação, visando sempre convir a interesses externos, mesmo quando estes contradizem os nacionais e até mesmo os eliminam.

7. O serviço público não está em crise. Determinados serviços, notadamente o das telecomunicações, tiveram avanços tecnológicos que ultrapassaram o agasalho jurídico que a atividade antes possuía. Como as telecomunicações possibilitam, hoje, a livre competição, em virtude do desenvolvimento tecnológico, não se pode dizer o mesmo de outros serviços públicos estruturais. Realizar esta não-realidade, mesmo que apenas no plano das ideias, é desconhecer o real alcance dos ditos monopólios naturais.

8. A função regulatória, espécie do gênero função administrativa, está submetida aos princípios gerais da ordem econômica previstos na Constituição Federal; explicitados nas Casas legislativas; regulamentados pelo Chefe do Poder Executivo; e, submetida ao controle judicial, quando desbordar das canaletas traçadas pelo ordenamento positivo. Assim, compete à função regulatória, sem violar os demais ditames constitucionais, mas ao contrário, não os contrariando (interpretação e aplicação sistemática da Constituição), dar eficácia material, e, portanto, tutelando juridicamente todas as atividades econômicas (quer as propriamente ditas — privadas ou estatais — quer os serviços públicos — prestados direta ou indiretamente pelo

Estado) com a finalidade de assegurar e defender, assim sendo, sob tutela jurídica do Direito Público, a soberania nacional, a propriedade privada, a função social da propriedade, a livre concorrência, a defesa do consumidor, a defesa do meio ambiente, a redução das desigualdades regionais e sociais, a busca do pleno emprego, e todos os outros princípios inerentes aos da soberania, cidadania, dignidade da pessoa humana, valor social do trabalho e da livre iniciativa e do pluralismo político.

9. É no desnudamento da função regulatória, portanto, que se pode verificar se estamos diante de uma regulação neoliberal. Cumprindo-se os princípios fundamentais da República e da ordem econômica desta mesma Coisa Pública, a regulação existente é a necessária, e no caso do Direito brasileiro, secular. Agasalhando apenas a livre iniciativa, e, violando ou, no mínimo, contrariando, os demais princípios arrolados na Carta Magna, estaremos diante da regulação neoliberal.

10. Não é verdade, mais uma vez, segundo a ótica neoliberal, que ao Estado restou, unicamente, o papel regulador. Esta é a grande manipulação intelectual, fruto da mais terrível das dominações: a cultural. O grande papel do Estado, seu mais nobre, e, desde sempre, o legitimador da existência do mesmo, é o de distribuidor. Neste modo de ver as coisas, a regulação deixa de ser um fim em si mesmo, como sustentam os neoliberais, para ser instrumento da devida e necessária distribuição dos frutos do desenvolvimento econômico. Aliás, supor que o Estado, doravante, seja apenas regulador é admitir que o mesmo possa se limitar a um punhado de agências reguladoras acompanhadas de uma única agência executiva: a Receita Federal. No que toca aos Poderes, o Executivo, exclusivamente para indicar os dirigentes das agências e o Legislativo, para aprovar as indicações.

11. Cabe ao Estado distribuidor assegurar a universalização material, ou seja, aquela que possibilita que os serviços públicos possam ser usufruídos por toda a população e

não simplesmente a universalização formal, que é aquela na qual os serviços estão, apenas, disponíveis para quem puder pagá-los. Portanto, sob pena de uma política desarrazoada, o Estado deve começar por ser o redistribuidor daquilo que a Constituição atribuiu como competência sua, ou seja, os serviços públicos. Seria absolutamente contraditório que o Estado encetasse uma política de redistribuição daquilo que não lhe incumbe, a atividade econômica privada. Tal conclusão não implica que ao Estado inexista legitimidade para produzir uma política de regulação econômica privada. Os objetivos é que são diferentes, pois no campo dos serviços públicos o que deve ser alcançado é a universalização material. Na atividade econômica privada, a eficiência.

12. O princípio da universalidade material dos serviços públicos, dentro de uma interpretação sistemática e principiológica da Constituição da República, deflui da confluência de outros tantos princípios constitucionais, explícitos ou implícitos, como os da democracia, legalidade, eficiência, segurança das relações jurídicas, etc. Resulta, portanto, a universalização material dos serviços públicos, ser princípio constitucional perante o nosso ordenamento.

13. Cidadão-usuário, embora também seja, não pode ser confundido com consumidor. Cidadão-usuário, face aos precisos termos do art. 37, §3º da CR, tem Direito Público subjetivo de participar da administração do serviço público, ao contrário do consumidor que não participa da administração da atividade econômica privada. Cidadão-usuário é sempre ativo, assim o querendo. Cidadão-usuário busca, na sua participação ativa, a vida política, democrática, republicana, cidadã. O cidadão-usuário é titular, assim, da cidadania plena, da *brasilidade*. Mesmo quando não *consome* serviço público é titular do Direito Público subjetivo de participar.

14. Portanto, não é possível considerar como constitucional a prestação de um serviço público sob regime privado. É

a negação da essência do ser-cidadão-usuário, a violação mais terrível, pelo desprezo, dos direitos fundamentais.

15. Em virtude de um processo licitatório que visava, exclusivamente, arrecadar mais, foi estabelecido como critério de arrematação o do maior preço a ser pago pelo arrematante, razão pela qual o Brasil apresenta tarifas extremamente altas, impedindo assim, a universalização material dos serviços públicos.

16. No setor de energia elétrica há uma não-regulação, uma vez que a mesma foi antecedida pela privatização, quando o racional, lógico, sistêmico, determinava exatamente o contrário. O Estado brasileiro, simplesmente, a partir de certo momento histórico (governo Fernando Henrique Cardoso), parou de investir no sistema elétrico, bem como pensou estar regulando o mesmo quando não estava. Acreditou, portanto, que a solução neoliberal, de deixar tudo nas mãos do mercado, era a solução.

17. No setor de telecomunicações, a regulação é, sob o ponto de vista jurídico, bem feita. Contudo, em face da importação irrefletida, foram objeto de regulação as telecomunicações de um outro país, que não o Brasil. Tendo sido realizada a abertura do mercado brasileiro de telecomunicações ao capital privado, nacional e estrangeiro, não havia necessidade estrutural da União instituir uma agência reguladora, eis que, deixando de ser proprietária da empresa estatal, pela privatização, poderia regular, com independência, através do Ministério das Telecomunicações, a livre concorrência entre a antiga estatal e as novas empresas privadas. A instituição da ANATEL, assim, somente pode ser compreendida dentro de uma globalização jurídica de uniformização dos processos do Direito a serviço do neoliberalismo para assegurar que no Brasil o modelo privatizado seria igual aos dos países europeus e evitar (ou tornar muito difícil) que os governantes do futuro viessem a modificar estruturalmente o modelo.

18. No novo modelo não se poderia, jamais, ao menos em relação à empresa espelho, permitir que a mesma se submeta (exclusivamente) ao regime de Direito Privado, o que implica na não submissão a qualquer propósito universalizante. No mínimo, alguma contribuição para tanto deveria ser exigida. A implantação do regime de prestação pelo regime privado, na telefonia fixa, é demonstração cabal de que o critério reitor do processo jamais foi o da universalização material do serviço, mas sim uma gorda arrecadação na outorga. Afinal, se a concorrência importa em eficiência, a mesma deveria ser direcionada à conquista da universalização material.

19. A fuga do Direito Administrativo, perseguida pela nova regulação do setor elétrico e do de telefonia fixa, implicou na traição da universalização material.

20. O instituto do compartilhamento, em que pese a novidade da sua nomenclatura, nada mais é, conforme se pode inferir da sua análise, do que uma intervenção limitativa do direito de propriedade. Especificamente, pela regulação do compartilhamento, reduzem-se dois atributos do citado direito: o uso e a fruição. No uso, em virtude de que o proprietário da rede deve compartilhar a mesma com terceiro. Na fruição, no sentido de que a infraestrutura, embora remunerada, deve ser feita mediante critérios que não sejam abusivos, dando-se, assim, guarida ao princípio constitucional da função social da propriedade.

21. As estruturas do serviço público de energia elétrica e telecomunicações são, juridicamente, bens públicos com as ressalvas devidas que, face ao instituto da reversão, ao final da concessão, serão de propriedade exclusiva da União Federal. Nestes termos, e considerando que toda a propriedade, quer pública, quer privada, deve cumprir com a sua função social, qualquer cobrança, de qualquer taxa pelo seu uso, por parte de Estados e de Municípios, serve como poderoso fator de obstaculização à universalização material.

Referências

ALESSI, Renato. *Instituciones de derecho administrativo*. Barcelona: Bosch, 1970.

ALEXY, Robert. *Teoría de los derechos fundamentales*. Madrid: Centro de Estudios Políticos y Constitucionales, 1993.

ANDRADE, Oswald. *O rei da vela*. São Paulo: Abril Cultural, 1976.

ARAGÃO, Alexandre Santos de. *Agências reguladoras e a evolução do direito administrativo econômico*. Rio de Janeiro: Forense, 2002.

ARAGÃO, Alexandre Santos de. As agências reguladoras independentes e a separação dos poderes: uma contribuição da teoria dos ordenamentos setoriais. *Revista dos Tribunais*, São Paulo, n. 786, p. 11-56.

ARAGÃO, Alexandre Santos de. As concessões e autorizações petrolíferas e o poder normativo da ANP. *Revista de Direito Administrativo*, n. 228, p. 243-272.

ARAGÃO, Alexandre Santos de. O conceito jurídico de regulação econômica. *A&C*, n. 6, p. 59-74.

ARIÑO ORTIZ, Gaspar. *Economía y estado*. Buenos Aires: Abeledo-Perrot, 1993.

ARIÑO ORTIZ, Gaspar. *La regulación económica*: teoría y práctica de la regulación para la competência. Buenos Aires: Editorial Ábaco de Rodolfo de Palma, 1996.

ARIÑO ORTIZ, Gaspar. LÓPEZ DE CASTRO, Lucía. *El sistema eléctrico español*: regulación y competencia. Madrid: Fundación ICO; Fundación de Estudios de Regulación: Editorial Montecorvo, 1998.

ARIÑO ORTIZ, Gaspar. *Principios de derecho público económico* (con la colaboración de Juan Miguel de la Cuétara Martinez y Lucía López de Castro García-Morato). Granada: Fundación de Estudios de Regulación: Comares, 1999.

ARIÑO ORTIZ, Gaspar. Privatización y liberalización de servicios. *Boletín Oficial del Estado*. Madrid: Universidad Autónoma de Madrid, 1999.

ARIÑO ORTIZ, Gaspar. Servicio público y servicio universal en las telecomunicaciones. In: CREMADES, Javier (Coord.). *Derecho de las telecomunicaciones*. Madrid: La Ley: Ministerio de Fomento, 1997.

ARIÑO ORTIZ, Gaspar; DE LA CUÉTARA, J. M.; LÓPEZ-MUÑIZ, J. L. Martínez. *El nuevo servicio público*. Madrid: Marcial Pons, 1997.

ATALIBA, Geraldo. Empresas estatais e regime administrativo: serviço público; inexistência de concessão; delegação; proteção ao interesse público. *Revista Trimestral de Direito Público*, n. 4, p. 61-80.

BACELLAR FILHO, Romeu Felipe. O poder normativo dos entes reguladores e a participação dos cidadãos nesta atividade: serviços públicos e direitos fundamentais: os desafios da regulação na experiência brasileira. *Interesse Público*, n. 16, p. 13-22.

BACELLAR FILHO, Romeu Felipe. *Processo administrativo disciplinar*. 2. ed. São Paulo: Max Limonad, 2002.

BACELLAR FILHO, Romeu Felipe. Profissionalização da função pública: a experiência brasileira. *Cadernos da Escola de Direito e Relações Internacionais da Faculdades do Brasil*, n. 1, p. 17-26.

BANDEIRA DE MELLO, Celso Antônio. *Curso de direito administrativo*. 14. ed. São Paulo: Malheiros, 2002.

BANDEIRA DE MELLO, Celso Antônio. Natureza jurídica do pedágio: taxa? preço?. *Revista Tributária de Direito Público*, n. 32, p. 21-26.

BANDEIRA DE MELLO, Celso Antônio. *O conteúdo jurídico do princípio da igualdade*. 3. ed. São Paulo: Malheiros, 2001.

BANDEIRA DE MELLO, Celso Antônio. Perfil do poder regulamentar no direito brasileiro. *Revista de Direito Administrativo Aplicado*, n. 7, p. 970.

BANDEIRA DE MELLO, Celso Antônio. Poder regulamentar ante o princípio da legalidade. *Revista Tributária de Direito Público*, n. 4, p. 71-81.

BANDEIRA DE MELLO, Celso Antônio. Privatização e serviços públicos. *Revista Tributária de Direito Público*, n. 22, p. 172-180.

BANDEIRA DE MELLO, Celso Antônio. Serviço público e sua feição constitucional no Brasil. In: MODESTO, Paulo; MENDONÇA, Oscar (Coord.). *Direito do estado*: novos rumos. São Paulo: Max Limonad, 2001. t. II.

BANDEIRA DE MELLO, Oswaldo Aranha. Aspecto jurídico-administrativo da concessão de serviço público. *Revista de Direito Administrativo*, v. 26.

BARRAZA, Javier Indalecio; SCHAFRIK, Fabiana Haydeé. La potestad reglamentaria de la administración a la luz de la Constitución nacional reformada. In: CASSAGNE, Juan Carlos. *Derecho administrativo*: obra colectiva en homenaje al profesor Miguel S. Marienhoff. Buenos Aires: Abeledo-Perrot, 1998.

BARROSO, Luís Roberto. Fundamentos teóricos e filosóficos do novo direito constitucional brasileiro: (pós-modernidade, teoria crítica e pós-positivismo). *Revista Tributária de Direito Público*, n. 29, p. 31-57.

BARROSO, Luís Roberto. *O direito constitucional e a efetividade de suas normas*. 2. ed. Rio de Janeiro: Renovar, 1993.

BARROSO, Luís Roberto. Princípio da legalidade, delegações legislativas, poder regulamentar, repartição constitucional das competências legislativas. *Boletim de Direito Administrativo*, v. 13, p. 15-28.

BEL i QUERALT, Germá. *Privatización, desregulación y competencia*. Madrid: Civitas, 1996.

BELLUZO, Luiz Gonzaga. Nostalgia do futuro. *Carta Capital*. 8 jan. 2003.

BETING, Joelmir. Reeleição ou apagão?. *Gazeta do Povo*. 25 jan. 2003.

BIONDI, Aloysio. *O Brasil privatizado*: um balanço do desmonte do estado. São Paulo: Fundação Perseu Abramo, 1999.

BLUSTEIN, Paul. *Vexame*: os bastidores do FMI na crise que abalou o sistema financeiro mundial. Rio de Janeiro: Record, 2002.

BOBBIO, Norberto et al. *Dicionário de ciência política*. 6. ed. Brasília: Ed. UnB, 1994.

BONAVIDES, Paulo. *Do país constitucional ao país neocolonial*: a derrubada da Constituição e a recolonização pelo golpe de estado institucional. São Paulo: Malheiros, 1999.

BORGES. Alice Gonzalez. Aspectos polêmicos das licitações nas privatizações. In: MODESTO, Paulo; MENDONÇA, Oscar (Coord.). *Direito do estado*: novos rumos. São Paulo: Max Limonad, 2001. t. II.

BOTELHO NETO, Fernando. *As telecomunicações e o FUST*. Belo Horizonte: Del Rey, 2001.

BRITO, Mariano. La desmonopolización de los servicios públicos prestados por el estado. *Anuário de Derecho Administrativo*. Montevideo: FCU, 1989. t. III.

BRITO, Mariano; DELPIAZZO, Carlos A. *Derecho administrativo de la regulación económica*. Montevideo: Universidad de Montevideo, 1998.

BRUNA, Sérgio Varella. Procedimentos normativos da administração e desenvolvimento econômico. In: SALOMÃO FILHO, Calixto. *Regulação e desenvolvimento*. São Paulo: Malheiros, 2002.

BUSTAMANTE, Jorge Eduardo. *Desregulación entre el derecho y la economía*. Buenos Aires: Abeledo-Perrot, 1993.

CALDEIRA, Jorge. *Mauá*: empresário do Império. São Paulo: Companhia das Letras, 1995.

CAMPILONGO, Celso Fernandes; ROCHA, Jean Paul Cabral Veiga da; MATTOS, Paulo Todescan Lessa (Coord.). *Concorrência e regulação no sistema financeiro*. São Paulo: Max Limonad, 2002.

CAMPOS, Clever M. *Introdução ao direito da energia elétrica*. São Paulo: Ícone, 2001.

CAMPOS, Francisco. *Direito administrativo*. Rio de Janeiro: Freitas Bastos, 1958. v. 1.

CAMPOS, Francisco. Lei e regulamento. Matéria reservada à competência do Poder Legislativo. Limites do poder regulamentar. Direitos e garantias individuais. *Revista Forense*, n. 146, p. 71-90.

CANOTILHO, J. J. Gomes. *Direito constitucional*. 5. ed. Coimbra: Almedina, 1991.

CANOTILHO, J. J. Gomes; MOREIRA, Vital. *Os poderes do presidente da república*. Coimbra: Coimbra, 1991.

CAPELLA, Juan Ramón. *Fruta prohibida*: una aproximación histórico-teorética al estudio del derecho y del estado. 2. ed. Madrid: Trotta, 1999.

CARBONELL, Eloísa; MUGA, José Luís. *Agencias y procedimiento administrativo en Estados Unidos de América*. Madrid: Marcial Pons, 1996.

CARVALHO PINTO, Carlos Alberto A. de. *A cláusula-ouro nas concessões de serviço público*. São Paulo: Prefeitura do Município de São Paulo, 1943.

CARVALHO, Leandro Sabóia Rinaldi de. Receitas alternativas, complementares e acessórias. In: SOUTO, Marcos Juruena Villela; MARSHALL, Carla C. (Coord.). *Direito empresarial público*. Rio de Janeiro: Lumen Juris, 2002.

226 | Paulo Roberto Ferreira Motta

CARVALHO, Paulo de Barros. *Curso de direito tributário*. São Paulo: Saraiva, 1999.

CASSAGNE, Juan Carlos (Dir.). *Derecho administrativo*: obra colectiva en homenaje al profesor Miguel S. Marienhoff. Buenos Aires: Abeledo-Perrot, 1998.

CASSAGNE, Juan Carlos (Dir.). *La intervención administrativa*. Buenos Aires: Abeledo-Perrot, [s.d.].

CASSESE, Sabino. La transformación del servicio público in Itália. *AeDP* 4.

CASSESE, Sabino. *Las bases del derecho administrativo*. Madrid: Instituto Nacional de Administración Pública, 1994.

CASTILLA, Adolfo. Economía y regulación en las telecomunicaciones. In: CREMADES, Javier (Coord.). *Derecho de las telecomunicaciones*. Madrid: La Ley: Ministerio de Fomento, 1997.

CAVALCANTI, Themístocles Brandão. *Curso de direito administrativo*. 2. ed. Rio de Janeiro: Freitas Bastos, [s.d.].

CELLI JÚNIOR, Umberto. A nova organização dos serviços na Lei Geral de Telecomunicações. *Revista de Direito Administrativo*, n. 211, p. 151-161.

CHINCHILLA, Carmen. Comentario. In: GARCÍA DE ENTERRÍA, Eduardo; CUADRA-SALCEDO, Tomás de la. *Comentarios a la ley general de telecomunicaciones*. Madrid: Civitas, 1999.

CHINCHILLA, Carmen; LOZANO, Blanca; DEL SAZ, Silvia. *Nuevas perspectivas del derecho administrativo*: tres estudios. Madrid (Universida Nacional de Educación a Distancia): Civitas, 1992.

CIRIANO VELA, César D. *Principio de legalidad y intervención económica*. Barcelona: Atelier Administrativo, 2000.

CIRNE LIMA, Ruy. *Princípios de direito administrativo*. São Paulo: Revista dos Tribunais, 1987.

CLÈVE, Clèmerson Merlin. A lei no estado contemporâneo. *Revista de Direito Administrativo Aplicado*, n. 9, p. 346-360.

CLÈVE, Clèmerson Merlin. *Atividade legislativa do poder executivo no estado contemporâneo e na Constituição de 1998*. São Paulo: Revista dos Tribunais, 1993.

COELHO, Fábio Ulhoa. Reforma do estado e direito concorrencial. In: SUNDFELD, Carlos Ari (Coord.). *Direito administrativo econômico*. São Paulo: Malheiros, 2000.

COMELLA DORDA, Rosa. *Limites del poder reglamentario en el derecho administrativo de los Estados Unidos*: evolución de los modelos tradicionales, control judicial y técnicas de negociación. Barcelona: Cedecs Editorial, 1997.

COMPARATO, Fábio Konder. As garantias institucionais dos direitos humanos. *Revista Trimestral de Direito Público*, n. 32, p. 5-13.

COUTINHO, Diogo Rosenthal. A universalização do serviço público para o desenvolvimento como uma tarefa da regulação. In: SALOMÃO FILHO, Calixto. *Regulação e desenvolvimento*. São Paulo: Malheiros, 2002.

CREMADES, Javier (Coord.). *Derecho de las telecomunicaciones*. Madrid: La Ley: Ministerio de Fomento, 1997.

Regulação e universalização dos serviços públicos | 227

CREMADES, Javier (Coord.). El derecho de las telecomunicaciones en Europa y en España. In: CREMADES, Javier (Coord.). *Derecho de las telecomunicaciones*. Madrid: La Ley: Ministerio de Fomento, 1997.

CRETELLA JÚNIOR, José (Coord.). *Direito administrativo da ordem pública*. 3. ed. Rio de Janeiro: Forense, 1998.

CUELLAR, Leila. *As agências reguladoras e seu poder normativo*. São Paulo: Dialética, 2001.

DALLARI, Adílson Abreu. Direito ao uso dos serviços públicos. *Revista Trimestral de Direito Público*, n. 13, p. 210-215.

DERANI, Cristiane. *Privatização e serviços públicos*: as ações do estado na produção econômica. São Paulo: Max Limonad, 2002.

DESDENTADO DAROCA, Eva. *La crisis de identidad del derecho administrativo*: privatización, huida de la regulación pública y administraciones independientes. Valencia: Tirant lo Blanch, 1999.

DI PIETRO, Maria Sylvia Zanella. *Direito administrativo*. 14. ed. São Paulo: Atlas, 2002.

DI PIETRO, Maria Sylvia Zanella. *Parcerias na administração pública*. 3. ed. São Paulo: Atlas, 1999.

DOURADO, Maria Cristina César de Oliveira. O repensar do conceito de serviço público. *Interesse Público*, n. 9, p. 86-96.

DUPAS, Gilberto. *Economia global e exclusão social*: pobreza, emprego, estado e o futuro do capitalismo. 2. ed. São Paulo: Paz e Terra, 1999.

DUTRA, Pedro. O poder regulamentar dos órgãos reguladores. *Revista de Direito Administrativo*, n. 221, p. 239-256.

DWORKIN, Ronald. *Levando os direitos a sério*. São Paulo: Martins Fontes, 2002.

ESCOBAR, J. C. Mariense. *O novo direito das telecomunicações*. Porto Alegre: Livraria do Advogado, 1999.

ESPÍNDOLA, Ruy Samuel. *Conceito de princípios constitucionais*. São Paulo: Revista dos Tribunais, 1999.

ESTEVEZ RODRÍGUEZ, José Francisco. El derecho europeo de las telecomunicaciones: introducción a los organismos internacionales. In: CREMADES, Javier (Coord.). *Derecho de las telecomunicaciones*. Madrid: La Ley: Ministerio de Fomento, 1997.

ESTORNINHO, Maria João. *A fuga para o direito privado*: contributo para o estudo da actividade de direito privado na administração pública. Coimbra: Almedina, 1996.

FABRI, Andréa Queiroz. Os limites da regulação do sistema financeiro pelo Banco Central do Brasil. *Revista Jurídica Unijus*, v. 5, n. 1, p. 93-108.

FAGUNDES, Maria Aparecida de Almeida Pinto S. Os novos rumos do direito da eletricidade. *Revista de Direito Administrativo*, n. 224, p. 1-29.

FARRANDO (h), Ismael. Servicios públicos y privatizaciones. *AeDP 7*.

FERRARI, Regina Maria Macedo Nery. *Normas constitucionais programáticas*: normatividade, operatividade e efetividade. São Paulo: Revista dos Tribunais, 2001.

228 | Paulo Roberto Ferreira Motta

FERRAZ, Sérgio. *Três estudos de direito*. São Paulo: Revista dos Tribunais, 1997.

FERREIRA, Daniel. *Sanções administrativas*. São Paulo: Malheiros, 2001.

FERREIRA, Sérgio de Andréa. Poder e autoridade da polícia administrativa. In: CRETELLA JÚNIOR, José (Coord.). *Direito administrativo da ordem pública*. 3. ed. Rio de Janeiro: Forense, 1998.

FIGUEIREDO, Marcelo. Considerações a respeito da outorga onerosa (solo criado) no projeto de lei n. 5.788 de 1990. *Revista Trimestral de Direito Público*, n. 32, p. 135-147.

FIORI, José Luís. *60 lições dos 90*: uma década de neoliberalismo. 2. ed. Rio de Janeiro: Record, 2002.

FOLHA DE S.PAULO. Tarifas públicas sobem mais que o dobro da inflação no governo FHC. 31 dez. 2002.

FRANCO SOBRINHO, Manoel de Oliveira. *Concessão de serviços públicos em direito administrativo*. Curitiba, 1936.

FRANCO SOBRINHO, Manoel de Oliveira. *Curso de direito administrativo*. São Paulo: Saraiva, 1979.

FRANCO SOBRINHO, Manoel de Oliveira. Poder político e poder administrativo. *Revista de Direito Público*, v. 6, p. 71-82.

FREITAS, Juarez. *A interpretação sistemática do direito*. São Paulo: Malheiros, 1995.

FREITAS, Juarez. *Estudos de direito administrativo*. São Paulo: Malheiros, 1995.

FRIAS, Pedro. Los breviários del siglo XXI. *AeDP* 8.

GABARDO, Emerson. *Princípio constitucional da eficiência administrativa*. São Paulo: Dialética, 2002.

GARCÍA DE ENTERRÍA, Eduardo; FERNÁNDEZ, Tomás-Ramón. *Curso de derecho administrativo*. 8. ed. Madrid: Civitas, 1997. v. 1 e 2.

GARCÍA DE ENTERRÍA, Eduardo; QUADRA SALCEDO, Tomás de la. *Comentarios a la ley general de telecomunicaciones*. Madrid: Civitas, 1999.

GARRIDO FALLA, Fernando. *Tratado de derecho administrativo*. 12. ed. Madrid: Tecnos, 1994. v. 1.

GASPARINI, Diogenes. *Poder regulamentar*. São Paulo: Revista dos Tribunais, 1982.

GIANNINI, Massimo Severo. *Diritto amministrativo*. Milano: Giuffré, 1988. v. 2.

GOMES, Joaquim B. Barbosa. Agências reguladoras: a "metamorfose" do Estado e da democracia: uma reflexão de direito constitucional e comparado. *Revista de Direito da Associação dos Procuradores do Novo Estado do Rio de Janeiro*, v. 11. 2002.

GÓMEZ ALAMILLO. Francisco et al. Hechos relevantes y tendencias de las telecomunicaciones em Hispanoamérica. In: CREMADES, Javier (Coord.). *Derecho de las telecomunicaciones*. Madrid: La Ley: Ministerio de Fomento, 1997.

GORDILLO, Agustín A. *Después de la reforma del estado*. Buenos Aires: Fundación de Derecho Administrativo, 1996.

GORDILLO, Agustín A. *Tratado de derecho administrativo:* parte general. 2. ed. Buenos Aires: Fundación de Derecho Administrativo, 1997.

GRAU, Eros Roberto. *A ordem econômica na Constituição de 1988.* 5. ed. São Paulo: Malheiros, 2000.

GRAU, Eros Roberto. As agências, essas repartições públicas. In: SALOMÃO FILHO, Calixto. *Regulação e desenvolvimento.* São Paulo: Malheiros, 2002.

GRAU, Eros Roberto. Constituição e serviço público. In: GRAU, Eros Roberto; GUERRA FILHO, Willis Santiago (Org.). *Direito constitucional:* estudos em homenagem a Paulo Bonavides. São Paulo: Malheiros, 2001.

GRAU, Eros Roberto. *O direito posto e o direito pressuposto.* São Paulo: Malheiros, 1996.

GRAU, Eros Roberto. Princípio da livre concorrência, função regulamentar e função normativa. *Revista Trimestral de Direito Público,* n. 4, p. 104-115.

GRAU, Eros Roberto. Uso do subsolo de faixas de domínio de rodovias e vias públicas, por empresas concessionárias de serviços públicos: servidão administrativa, direito restritivo de passagem e preço. *Revista Trimestral de Direito Público,* n. 27, p. 75-88.

GRAU, Eros Roberto; GUERRA FILHO, Willis Santiago (Org.). *Direito constitucional:* estudos em homenagem a Paulo Bonavides. São Paulo: Malheiros, 2001.

GROTTI, Dinorá Adelaide Musetti. Regime jurídico das telecomunicações: autorização, permissão e concessão. *Revista de Direito Administrativo,* n. 224, p. 183-196.

GROTTI, Dinorá Adelaide Musetti. Teoria dos serviços públicos e sua transformação. In: SUNDFELD, Carlos Ari (Coord.). *Direito administrativo econômico.* São Paulo: Malheiros, 2000.

GUIMARÃES, Fernando Vernalha. Procedimento e função regulatória no estado póssocial. *A&C,* 7.

HESPANHA, António Manuel. *Poder e instituições na Europa do antigo regime:* colectânea de textos. Lisboa: Fundação Calouste Gulbenkian, [s.d.].

HORTA, Raul Machado. Poder legislativo e monopólio da lei no mundo contemporâneo. *Revista Trimestral de Direito Público,* n. 3, p. 10 et seq.

JUSTEN FILHO, Marçal. *Concessões de serviços públicos.* São Paulo: Dialética, 1997.

JUSTEN FILHO, Marçal. *O direito das agências reguladoras independentes.* São Paulo: Dialética, 2002.

KNAUER, Leon T. El entorno mundial de las telecomunicaciones. In: CREMADES, Javier (Coord.). *Derecho de las telecomunicaciones.* Madrid: La Ley: Ministerio de Fomento, 1997.

KRAUSE, Eduardo B. *Agências de regulação:* conceito, legislação e prática no Brasil. Porto Alegre: Mercado Aberto, 2001.

LABAURE ALISERIS, Carlos. *Estudios sobre la reforma del estado.* Montevideo: Amalio Fernandez, 2002.

LAZZARINI, Álvaro. Polícia de manutenção da ordem pública e a justiça. In: CRETELLA JÚNIOR, José (Coord.). *Direito administrativo da ordem pública*. 3. ed. Rio de Janeiro: Forense, 1998.

LEÃO, Adroaldo. Globalização e o constitucionalismo pós-moderno. In: LEÃO, Adroaldo; PAMPLONA FILHO, Rodolfo (Org.). *Globalização e direito*. Rio de Janeiro: Forense, 2002.

LEÃO, Adroaldo; PAMPLONA FILHO, Rodolfo (Org.). *Globalização e direito*. Rio de Janeiro: Forense, 2002.

LEGUINA VILLA, Jesus. A Constituição espanhola e a fuga do direito administrativo. *Revista de Direito Administrativo Aplicado*, n. 6, p. 635-639.

MARAVALL, José António. A função do direito privado e da propriedade como limite do poder do estado. In: HESPANHA, António Manuel. *Poder e instituições na Europa do antigo regime*: colectânea de artigos. Lisboa: Fundação Calouste Gulbenkian, [s.d.].

MARQUES NETO, Floriano Peixoto de Azevedo. A nova regulação dos serviços públicos. *Revista de Direito Administrativo*, n. 228, p. 13-29.

MARQUES NETO, Floriano Peixoto de Azevedo. Direito das telecomunicações e ANATEL. In: SUNDFELD, Carlos Ari (Coord.). *Direito administrativo econômico*. São Paulo: Malheiros, 2000.

MARQUES NETO, Floriano Peixoto de Azevedo. *Regulação estatal e interesses públicos*. São Paulo: Malheiros, 2002.

MARTINS JÚNIOR, Wallace Paiva. A discricionariedade administrativa à luz do princípio da eficiência. Disponível em: <http://www.santajus.unisanta.br>.

MATA, Ismael. Los entes reguladores de los servicios públicos. In: *El derecho administrativo argentino, hoy*. Buenos Aires: Editorial Ciencias de la Administración, 1996.

MATTOS, Mauro Roberto Gomes de. Da crise de energia elétrica e a proteção do consumidor dos serviços públicos privatizados. *Revista de Direito Administrativo*, n. 225, p. 143-168.

MATTOS, Paulo Todescan Lessa. Agências reguladoras e democracia. In: SALOMÃO FILHO, Calixto (Coord.). *Regulação e desenvolvimento*. São Paulo: Malheiros, 2002.

MAYER, Otto. *Derecho administrativo alemán*: parte general. Buenos Aires: Depalma, 1949. t. I.

MEDAUAR, Odete. Regulação e auto regulação. *Revista de Direito Administrativo*, n. 228, p. 123-128.

MEDINA ORS, Guillermo. Regimen jurídico de las telecomunicaciones en los Estados Unidos. In: CREMADES, Javier (Coord.). *Derecho de las telecomunicaciones*. Madrid: Ministerio de Fomento, 1997.

MEIRELLES, Hely Lopes. *Direito municipal brasileiro*. 5. ed. São Paulo: Revista dos Tribunais, 1995.

MEIRELLES, Hely Lopes. Polícia de manutenção da ordem pública e suas atribuições. In: CRETELLA JÚNIOR, José (Coord.). *Direito administrativo da ordem pública*. 3. ed. Rio de Janeiro: Forense, 1998.

MELLO, Vanessa Vieira de. *Regime jurídico da competência regulamentar*. São Paulo: Dialética, 2001.

MELLO. Luiz de Anhaia. *O problema econômico dos serviços de utilidade pública*. São Paulo: Prefeitura de São Paulo, 1940.

MENDES, Conrado Hübner. Reforma do estado e agências reguladores: estabelecendo os parâmetros de discussão. In: SUNDFELD, Carlos Ari (Coord.). *Direito administrativo econômico*. São Paulo: Malheiros, 2000.

MENEGALLE, J. Guimarães. *Direito administrativo e ciência da administração*. 2. ed. Rio de Janeiro: Borsoi, 1950.

MENEZELLO, Maria D'Assunção Costa. *Agências reguladoras e o direito brasileiro*. São Paulo: Atlas, 2002.

MIRANDA, Jorge. *Manual de direito constitucional*. Coimbra: Coimbra, 1997. t. V.

MODESTO, Paulo; MENDONÇA, Oscar (Coord.). *Direito do estado*: novos rumos. São Paulo: Max Limonad, 2001. t. II.

MONTERO PASCUAL, Juan José. Titularidad privada de los servicios de interés general. In: CREMADES, Javier. *Derecho de las telecomunicaciones*. Madrid: La Ley, 1997.

MORAND-DEVILLER, Jacqueline. *Cours de droit administratif*. 6. ed. Paris: Montchrestien, 1999.

MOREIRA NETO, Diogo de Figueiredo. *Curso de direito administrativo*. 12. ed. Rio de Janeiro: Forense, 2001.

MOREIRA NETO, Diogo de Figueiredo. Direito administrativo da segurança pública. In: CRETELLA JÚNIOR, José (Coord.). *Direito administrativo da ordem pública*. 3. ed. Rio de Janeiro: Forense, 1998.

MOREIRA NETO, Diogo de Figueiredo. *Mutações do direito administrativo*. Rio de Janeiro: Renovar, 2000.

MOREIRA, Egon Bockmann. Agências administrativas, poder regulamentar e o sistema financeiro nacional. *Revista de Direito Administrativo*, n. 218, p. 93-112.

MOREIRA, Vital. *Auto-regulação profissional e administração pública*. Coimbra: Almedina, 1997.

MOTTA, Paulo Roberto Ferreira. *Agências reguladoras*. São Paulo: Manole, 2003.

MOTTA, Paulo Roberto Ferreira. Direito e moral: qual o conteúdo para a Constituição?. *A&C*, n. 8, p. 173-180.

MOTTA, Paulo Roberto Ferreira. O cidadão usuário de serviços públicos na Constituição Federal. In: FERRAZ, Luciano; MOTTA, Fabrício. *Direito público moderno*: homenagem especial ao professor Paulo Neves de Carvalho. Belo Horizonte: Del Rey, 2003.

MUÑOZ MACHADO, Santiago. *Servicio público y mercado*. Madrid: Civitas, 1998. t. I.

MUÑOZ MACHADO, Santiago. *Servicio público y mercado*. Madrid: Civitas, 1998. t. II.

MUÑOZ, Guillermo Andrés. Os entes reguladores como instrumento de controle de serviços públicos no direito comparado. In: SUNDFELD, Carlos Ari. *Direito administrativo econômico*. São Paulo: Malheiros, 2000.

MUÑOZ, Guillermo Andrés. Servicio público y concesión. *AeDP* 7, p. 83-89.

MUÑOZ, Guillermo Andrés; SALOMONI, Jorge L. *Problemática de la administración contemporánea*: una comparación europea-argentina. Buenos Aires: Ad-Hoc, 1997.

NIETO, Alejandro. *Derecho administrativo sancionador*. 2. ed. Madrid: Tecnos, 1994.

NUSDEO, Ana Maria de Oliveira. A regulação e o direito da concorrência: agências reguladoras e concorrência. In: SUNDFELD, Carlos Ari (Coord.). *Direito administrativo econômico*. São Paulo: Malheiros, 2000.

NUSDEO, Ana Maria de Oliveira. *Defesa da concorrência e globalização econômica*: o controle da concentração de empresas. São Paulo: Malheiros, 2002.

NUSDEO, Fábio. Desenvolvimento econômico: um retrospecto e algumas perspectivas. In: SALOMÃO FILHO, Calixto. *Regulação e desenvolvimento*. São Paulo: Malheiros, 2002.

OFFE, Claus. *Capitalismo desorganizado*. São Paulo: Brasiliense, 1994.

OLIVEIRA, Fernando Andrade. O poder do Estado e o exercício da polícia administrativa. *Revista Tributária de Direito Público*, n. 29, p. 71-98.

OLIVEIRA, Gesner. *Concorrência*: panorama no Brasil e no mundo. São Paulo: Saraiva, 2001.

OLIVEIRA, José Roberto Pimenta. A ANEEL e serviços de energia elétrica. In: SUNDFELD, Carlos Ari (Coord.). *Direito administrativo econômico*. São Paulo: Malheiros, 2000.

OSÓRIO, Fábio Medina. *Direito administrativo sancionador*. São Paulo: Revista dos Tribunais, 2000.

PAREJO ALFONSO, Luciano. *Eficacia y administración*: tres estudios. Madrid: Instituto Nacional de Administración Pública: Boletín Oficial del Estado, 1995.

PAREJO ALFONSO, Luciano. La categoría de las relaciones especiales de sujeción. In: MUÑOZ, Guillermo A.; SALOMONI, Jorge L. *Problemática de la administración contemporánea*: una comparación europea-argentina. Buenos Aires: Ad-Hoc, 1997.

PASTOR, Verónica. Las telecomunicaciones en Iberoamerica. In: CREMADES, Javier (Coord.). *Derecho de las telecomunicaciones*. Madrid: La Ley: Ministerio de Fomento, 1997.

PERRET, Bernard; ROUSTANG, Guy. *La economía contra la sociedad*: crisis de la integración social y cultural. México: Fondo de Cultura Económica, 2000.

PESSOA, Fernando. *Tabacaria e outros poemas*. Rio de Janeiro: Ediouro, 1996.

PINTO, Bilac. Concessão de serviço público. *Estudos de direito público*: edição comemorativa do cinqüentenário da fundação da Revista Forense. Rio de Janeiro: Revista Forense, 1953.

PINTO, Bilac. O declínio das sociedades de economia mista e o advento das modernas empresas públicas. *Revista de Direito Administrativo*: seleção histórica, matéria doutrinária publicada em números antigos (de 1 a 150), Rio de Janeiro, 1991.

PINTO, Bilac. *Regulamentação efetiva dos serviços de utilidade pública*. Rio de Janeiro: Forense, 1941.

PINTO, Carlos Alberto Motta. *Teoria geral do direito civil*. 3. ed. Coimbra: Coimbra, 1992.

PONTES FILHO, Valmir. *Curso fundamental de direito constitucional*. São Paulo: Dialética, 2001.

PROENÇA, José Marcelo Martins. *Concentração empresarial e o direito de concorrência*. São Paulo: Saraiva, 2001.

PRUDENTE, José Marcelo Martins. *Concentração empresarial e o direito da concorrência*. São Paulo: Saraiva, 2001.

QUADRA-SALCEDO, Tomás de la. Las transformaciones del derecho administrativo al final del siglo XX. In: RODRÍGUEZ-ARANA MUÑOZ, Jaime; CALVO CHARRO, Maria (Coord.). *La administración pública española*. Madrid: Instituto Nacional de Administración Pública, 2002. p. 15-58.

QUADRA-SALCEDO, Tomás de la. Telecomunicaciones y derecho público. In: CREMADES, Javier (Coord.). *Derecho de las telecomunicaciones*. Madrid: La Ley: Ministerio de Fomento, 1997.

RAVENTÓS, Alberto. Servicios de valor añadido: conmutación de datos por paquetes, por circuitos... In: CREMADES, Javier (Coord.). *Derecho de las telecomunicaciones*. Madrid: La Ley: Ministerio de Fomento, 1997.

REIS, José Carlos Vasconcellos dos. Os municípios no estado federal brasileiro: algumas considerações ante a nova lei de diretrizes urbanas (Lei 10.527, de 10/07/2001). *Revista de Direito Administrativo*, n. 228, p. 149-176.

RIBEIRO, Renato Janine. *A sociedade contra o social*: o alto custo da vida pública no Brasil. São Paulo: Companhia das Letras, 2000.

RIVERO ORTEGA, Ricardo. *Administraciones públicas y derecho privado*. Madrid: Marcial Pons, 1998.

RIVERO ORTEGA, Ricardo. *Introducción al derecho administrativo económico*. Salamanca: Ratio Leis, 1999.

ROCHA, Carmen Lúcia Antunes. Democracia, Constituição e administração pública. *Revista Trimestral de Direito Público*, n. 26, p. 60-67.

ROCHA, Cármen Lúcia Antunes. *Estudos sobre concessão e permissão de serviço público no direito brasileiro*. São Paulo: Saraiva, 1996.

ROCHA, Cármen Lúcia Antunes. *Princípios constitucionais da administração pública*. Belo Horizonte: Del Rey, 1994.

RODRÍGUEZ CHIRILLO, Eduardo J. *Privatización de la empresa pública y post privatización*: análisis jurídico. Buenos Aires: Abeledo Perrot, [s.d.].

RODRÍGUEZ, Maria Luisa. Servicios finales: telefonía básica y definición de servicio universal, liberalización y el segundo operador. In: CREMADES, Javier (Coord.). *Derecho de las telecomunicaciones*. Madrid: La Ley: Ministerio de Fomento, 1997.

RODRÍGUEZ-ARANA MUÑOZ, Jaime. Reformas y modernización de la administración española. In: RODRÍGUEZ-ARANA MUÑOZ, Jaime; CALVO CHARRO, Maria (Coord.). *La administración pública española*. Madrid: Instituto Nacional de Administración Pública, 2002.

RODRÍGUEZ-ARANA MUÑOZ, Jaime; CALVO CHARRO, Maria (Coord.). *La administración pública española*. Madrid: Instituto Nacional de Administración Pública, 2002.

ROLIM, Maria João Pereira. *Direito econômico da energia elétrica*. Rio de Janeiro: Forense, 2002.

SALOMÃO FILHO, Calixto (Org.). *Direito concorrencial*: as estruturas. São Paulo: Malheiros, 1998.

SALOMÃO FILHO, Calixto (Org.). *Regulação e desenvolvimento*. São Paulo: Malheiros, 2002.

SALOMÃO FILHO, Calixto. *Regulação da atividade econômica*: princípios e fundamentos jurídicos. São Paulo: Malheiros, 2001.

SALOMONI, Jorge Luis. La cuestión de las relaciones de sujeición especial en el derecho público argentino. In: MUÑOZ, Guillermo A; SALOMONI, Jorge L. *Problemática de la administración contemporánea*: una comparación europeo-argentina. Buenos Aires: Ad-Hoc, 1997.

SALOMONI, Jorge Luis. Reforma del estado: su configuración constitucional a través de la reforma de 1994. *AeDP* 7, p. 121-125.

SALOMONI, Jorge Luis. Regulação dos serviços públicos e defesa da concorrência na Argentina. In: SUNDFELD, Carlos Ari (Coord.). *Direito administrativo econômico*. São Paulo: Malheiros, 2000.

SANTOS PASTOR. *Sistema jurídico y economía*: una introducción al análisis económico del derecho. Madrid: Tecnos, 1989.

SANTOS, Milton. *Por uma nova globalização*: do pensamento único à consciência universal. 9. ed. Rio de Janeiro: Record, 2002.

SANTOS, Nelson Garcia Pereira dos. Regulação de serviços públicos. In: SOUTO, Marcos Juruena Villela; MARSHALL, Carla C. (Coord.). *Direito empresarial público*. Rio de Janeiro: Lumen Juris, 2002.

SARAMAGO, José. El 'factor Dios'. *El País*, 18 set. 2001. Disponível em: <www.elpais.es>.

SCHIER, Adriana da Costa Ricardo. *A participação popular na administração pública*: o direito de reclamação. Rio de Janeiro: Renovar, 2002.

SCHIER, Paulo Ricardo. *Direito constitucional*: anotações nucleares. Curitiba: Juruá, 2001.

SCHIERA, Pierangelo. A polícia como síntese de ordem e de bem-estar no moderno estado centralizado. In: HESPANHA, António Manuel. *Poder e instituições na Europa do antigo regime*: colectânea de textos. Lisboa: Fundação Calouste Gulbenkian, [s.d.].

Regulação e universalização dos serviços públicos | 235

SCHIERA, Pierangelo. Sociedade de estados, de ordens ou corporativa. In: HESPANHA, António Manuel. *Poder e instituições na Europa do antigo regime*: colectânea de textos. Lisboa: Fundação Calouste Gulbenkian, [s.d.].

SILVA, José Afonso da. *Curso de direito constitucional positivo*. 9. ed. São Paulo: Malheiros, 1992.

SILVEIRA, Raquel Dias da. A reforma dos serviços de telecomunicações e o atual modelo de concorrência do sistema telefônico fixo comutado. *Fórum Administrativo*. p. 1499-1505, nov. 2002.

SILVEIRA, Raquel Dias da. *Regime jurídico dos serviços de telefonia fixa*. Belo Horizonte: Fórum, 2003.

SORIANO GARCÍA, José Eugénio. *Derecho público de la competencia*. Madrid: Idelco (Instituto de Estúdios del Libre Comércio): Marcial Pons, 1998.

SOUTO, Marcos Juruena Villela. A função regulatória. In: SOUTO, Marcos Juruena Villela; MARSHAL, Carla C. (Coord.). *Direito empresarial público*. Rio de Janeiro: Lumen Juris, 2002.

SOUTO, Marcos Juruena Villela. *Direito administrativo regulatório*. Rio de Janeiro: Lumen Juris, 2002.

SOUTO, Marcos Juruena Villela; MARSHALL, Carla C. (Coord.). *Direito empresarial público*. Rio de Janeiro: Lumen Juris, 2002.

SOUVIRÓN MORENILLA, José Maria. *La actividad de la administración y el servicio público*. Granada: Comares, 1998.

SOUZA, Artur de Brito Gueiros. O estado contemporâneo frente ao princípio da indelegabilidade legislativa. *Revista Trimestral de Direito Público*, n. 13, p. 192-202.

SOUZA, Washington Peluso Albino. *Primeiras linhas do direito econômico*. 4. ed. São Paulo: LTr, 1999.

STIGLITZ, Joseph E. *A globalização e seus malefícios*. São Paulo: Futura, 2002.

STTOPINO, Mario. Ideologia. In: BOBBIO, Norberto et al. *Dicionário de ciência política*. 6. ed. Brasília: Ed. UnB, 1988.

SUNDFELD, Carlos Ari (Coord.). A administração pública na era do direito global. In: SUNDFELD, Carlos Ari; VIEIRA, Oscar Vilhena. *Direito global*. São Paulo: School of Global Law; Max Limonad, 1999.

SUNDFELD, Carlos Ari (Coord.). *Direito administrativo econômico*. São Paulo: Malheiros, 2000.

SUNDFELD, Carlos Ari. A regulação de preços e tarifas dos serviços de telecomunicações. In: SUNDFELD, Carlos Ari (Coord.). *Direito administrativo econômico*. São Paulo: Malheiros, 2000.

SUNDFELD, Carlos Ari. A regulação de preços e tarifas dos serviços de telecomunicações. Serviços públicos e regulação estatal. In: SUNDFELD, Carlos Ari (Coord.). *Direito administrativo econômico*. São Paulo: Sociedade Brasileira de Direito Público: Malheiros, 2000.

SUNDFELD, Carlos Ari. A regulação de preços e tarifas dos serviços de telecomunicações; CÂMARA, Jacintho de Arruda. Reforma das telecomunicações: o problema da implantação das novas redes. *Interesse Público*, n. 2, p. 30-49, abr./jun. 1999.

SUNDFELD, Carlos Ari. A regulação de preços e tarifas dos serviços de telecomunicações. In: VIEIRA, Oscar Vilhena. *Direito global*. São Paulo: School of Global Law; Max Limonad, 1999.

TÁCITO, Caio. Poder de polícia e polícia do poder. CRETELLA JÚNIOR, José (Coord.). *Direito administrativo da ordem pública*. 3. ed. Rio de Janeiro: Forense, 1998.

TÁCITO, Caio. Produtor independente de energia elétrica. *Revista de Direito Público*, n. 225, p. 1-4.

TÁCITO, Caio. *Temas de direito público*: estudos e pareceres. Rio de Janeiro: Renovar, 1997. v. 1.

TÁCITO, Caio. *Temas de direito público*: estudos e pareceres. Rio de Janeiro: Renovar, 2002. v. 3.

TALAMINI, Daniele Coutinho. Regulamento e ato administrativo. *Revista Tributária de Direito Público*, n. 21, p. 66-88.

TAWIL, Guido Santiago. *Administración y justicia*: alcance del control judicial de la actividad administrativa. Buenos Aires: Depalma, 1993. t. I.

TORRES, Silvia Faber. *O princípio da subsidiariedade no direito público contemporâneo*. Rio de Janeiro: Renovar, 2001.

TURCZYN, Sidnei. Regulação dos serviços públicos e os serviços privatizados. In: SUNDFELD, Carlos Ari (Coord.). *Direito administrativo econômico*. São Paulo: Malheiros, 2000.

VALOR ECONÔMICO. Proposta reduz impostos para teles. 30 e 31 dez. 2002.

VAZ, Manoel Afonso. *Lei e reserva de lei: a causa da lei na Constituição portuguesa de 1976*. (Dissertação de doutoramento em Ciências Jurídico-Políticas) – Faculdade de Direito, Universidade Católica Portuguesa, Porto, 1992.

VELLOSO, Carlos Mário. Do poder regulamentar. *Revista de Direito Público*, n. 65, p. 48-49.

VENANCIO FILHO, Alberto. *A intervenção do estado no domínio econômico*: o direito público econômico no Brasil. Rio de Janeiro: Renovar, 1998. Edição fac-similada.

VILLAR URIBARRI, José Manuel. Pautas para una nueva regulación de las telecomunicaciones en España. In: CREMADES, Javier (Coord.). *Derecho de las telecomunicaciones*. Madrid: La Ley: Ministerio de Fomento, 1997.

VILLEGAS BASAVILBASO, Benjamin. *Derecho administrativo*. Buenos Aires: Tipografia Editora Argentina, 1951. v. 3.

VILLORIA MENDIETA, Manuel. *La modernización de la administración como instrumento al servicio de la democracia*. Madrid: Ministerio de la Presidencia: Boletín Oficial del Estado, 1996.

VIVES, J. Vicens. A estrutura administrativa estadual nos séculos XVI e XVII. In: HESPANHA, António Manuel. *Poder e instituições na Europa do antigo regime*: colectânea de textos. Lisboa: Fundação Calouste Gulbenkian, [s.d.].

Regulação e universalização dos serviços públicos | 237

VOGT, Winfried; FRANK, Jürgen; OFFE, Claus. *Estado e capitalismo*. Rio de Janeiro: Tempo Brasileiro, 1980.

WALTENBERG, David A. M. O direito da energia elétrica e a ANEEL. In: SUNDFELD, Carlos Ari (Coord.). *Direito administrativo econômico*. São Paulo: Malheiros, 2000.

WEEKS, Lilian Rosemary. O serviço público na visão de Jèze, Rivero e Laso. In: SOUTO, Marcos Juruena Villela; MARSHAL, Carla C. (Coord.). *Direito empresarial público*. Rio de Janeiro: Lumen Juris, 2002.

WILLEMAN, Flávio de Araújo. O princípio da generalidade e o direito ao recebimento de serviços públicos ainda não prestados em caráter geral. *Revista de Direito Administrativo*, n. 227, p. 111-130.

YAZBEK, Otávio. Considerações sobre a circulação e transferência dos modelos jurídicos. In: GRAU, Eros Roberto; GUERRA FILHO, Willis Santiago (Org.). *Direito constitucional*: estudos em homenagem a Paulo Bonavides. São Paulo: Malheiros, 2001.

YMAZ VIDELA, Esteban M. *Protección de inversiones extranjeras*: tratados bilaterales: sus efectos en las contrataciones administrativas. Buenos Aires: La Ley, 1999.

ZANCANER, Weida. *Da convalidação e da invalidação dos atos administrativos*. 2. ed. São Paulo: Malheiros, 1996.

Esta obra foi composta em fonte Garnet corpo 11,5 e
impressa em papel Offset 75g (miolo) e Supremo 250g
(capa) pela Gráfica e Editora O Lutador.
Belo Horizonte/MG, outubro de 2009.